SERVICE MANAGEMENT

第二版

服务管理

张淑君◎编著

中国市场出版社
China Market Press

图书在版编目（CIP）数据

服务管理/张淑君编著. —2版. —北京：中国市场出版社，2016.1
ISBN 978-7-5092-1421-3

Ⅰ. ①服… Ⅱ. ①张…… Ⅲ. ①服务业-企业管理 Ⅳ. ①F719

中国版本图书馆CIP数据核字（2015）第280973号

服务管理（第二版）

FUWU GUANLI

出版发行 中国市场出版社
社　　址 北京月坛北小街2号院3号楼　　**邮政编码** 100837
电　　话 编 辑 部（010）68033692　读者服务部（010）68022950
发 行 部（010）68021338　68020340　68053489
68024335　68033577　68033539
总 编 室（010）68020336
盗版举报（010）68020336
邮　　箱 xhr1224@aliyun. com
经　　销 新华书店
印　　刷 河北鑫宏源印刷包装有限责任公司
规　　格 170 mm×240 mm　16开本　　**版　　次** 2016年1月第1版
印　　张 20. 25　　**印　　次** 2016年1月第1次印刷
字　　数 350 000　　**定　　价** 39. 00元

当今世界，现代服务业在各国经济中的地位和作用越来越重要，其兴旺发达的程度不仅是衡量现代化水平的一个重要标志，也是经济全球化背景下决定一个国家国际竞争力强弱的关键因素。国家统计局的数据表明，2013 年我国第三产业增加值占 GDP 比重达到了 46.1%，首次超过第二产业[1]，2014 年我国第三产业增加值占 GDP 比重达到了 48.2%，高出第二产业 5.6 个百分点[2]。这是我国服务业发展迅速、产业结构不断优化的结果，标志着中国经济正式迈入“服务化”时代，服务业将成为新常态下中国经济增长的新动力。

服务管理是一门研究服务业运行及发展规律的新兴学科。对服务管理问题的集中研究要追溯到 20 世纪 70 年代，北欧的一些营销人员发现，如果将基于实体产品的营销理论和方法应用于服务业，将会陷入“管理陷阱”。因此，服务业需要不同于制造业的新的管理理论和方法。他们根据营销活动中的服务、服务产出和服务传递过程的特性，进行了大量卓有成效的研究，提出了一系列新的模型、概念和工具，并把这些研究成果归类为“服务营销”。作为服务管理的一个研究领域，服务营销对服务管理理论体系的形成具有重要作用。进入 20 世纪 80 年代，国外学者对服务质量进行了广泛而深入的研究：北欧学者首

---

[1] 国家统计局. 2013 年国民经济和社会发展统计公报 [EB/OL].（2014-02-24）[2015-10-10]. http://www.stats.gov.cn/tjsj/zxfb/201402/t20140224_514970.html.

[2] 国家统计局. 2014 年国民经济和社会发展统计公报 [EB/OL].（2015-02-26）[2015-10-10]. http://www.stats.gov.cn/tjsj/zxfb/201502/t20150226_685799.html.

先对服务质量的内涵和性质等进行了开拓性的研究；美国营销科学院也开始资助一项为期十年的服务质量专项研究；欧美不少高校相继成立了服务质量研究机构；一些颇具影响的研究成果相继问世，促进了服务管理学科体系的完善和发展。随着对顾客价值理解的加深，提供高质量、顾客满意的服务成为企业管理的最终目标，而服务管理的结果是企业要围绕顾客来进行组织设计，重视顾客价值及顾客关系的管理。这样一来，建立在相互信任基础之上的企业与顾客之间的关系，又成为服务管理的重要内容之一。近年来，关于服务管理的研究又向纵深领域发展，服务包、服务链、服务接触等新概念层出不穷，相关的学术论著逐渐增多，服务管理这一学科的研究日渐丰富和完善。

在我国，计划经济时期服务业的发展受到了限制。改革开放后，服务业得以快速发展，服务管理由经验走向科学，服务质量也逐步提高。随着科学技术的发展和市场经济的不断完善，激烈的市场竞争促使企业在重视服务质量的同时也开始关注顾客管理。在服务管理理论研究方面，国内学者对服务利润链、服务的交互过程与交互质量、服务质量管理中的信息技术、服务业产品营销与制造业产品营销的比较及旅游业管理等热点与关键问题等都有所涉及。

本书是在借鉴了国内外大量服务管理研究成果的基础上编写的，共十章。本书力图全面、客观地介绍服务管理的基本理论和方法，重视吸收当代国内外有关服务管理理论的新观点，理论联系实际。可作为高等院校经管专业本科生、研究生及MBA的教材或教学参考书，服务型企业管理人员的培训教材，也可作为服务管理研究和咨询顾问等从业人员的职场修研参考书。

参加本书编写的人员有中央财经大学的张淑君、梁露茜、王钦昀、程芳莹、宋水利，广东工业大学的黄稚悦，山东青年政治学院的张颖。在编写过程中，我们参阅并借鉴了国内外许多专家的研究成果，在此表示谢意。

限于时间和水平，书中难免有不当之处，敬请各位专家同行批评指正。

张淑君

2015年10月

SERVICE MANAGEMENT

第一章　服务管理概述

第一节　服务在国民经济中的作用

第二节　服务的特性与类别

第三节　服务管理理论的形成与发展

【学习目的与要求】

学完本章后，应当能够：

（1）界定服务和服务业的基本概念；

（2）了解服务业与社会经济的发展；

（3）阐释发展我国服务业的意义；

（4）描述服务的基本特性；

（5）说明服务的类别；

（6）了解服务管理学科发展的过程；

（7）说明服务管理的学科特征及学习方法。

【本章概要】

本章界定了服务及服务业的基本概念。随着社会经济的发展，服务业逐渐形成、不断壮大，至今已成为国民经济的主体。服务活动具有区别于制造业的明显特征，但服务企业门类庞杂，根据不同的标准可以将服务分为不同的类别。服务管理的研究对象是从事服务经营活动的各类服务企业，学者们对服务管理领域的研究开始于20世纪70年代，这是一门交叉性学科，具有较强的实践性。

第一节　服务在国民经济中的作用

世界经济发展的实践经验表明，服务业是国民经济的重要组成部分，服务业的发展水平是衡量社会经济发达程度的重要标志。

一、基本范畴的界定

（一）服务

服务（service）是一个极具争议的范畴。最早关于服务的定义，要追溯到亚当·斯密的时代，但迄今为止，尚无一个普遍认可的权威性说法。

20 世纪 60 年代，美国市场营销协会（AMA）将服务定义为：消费者从有偿的活动或从所购买的相关商品中得到的利益和满足感。

美国著名营销学家菲利普·科特勒（Philip Kotler）认为，服务是一方向另一方提供的基本上属于无形的任何行为或绩效，并且不导致任何所有权的产生。

格朗鲁斯（Christian Gronroos，2000）提出：服务是由一系列或多或少具有无形特性的活动所构成的一种过程，这种过程是在顾客与员工、有形资源的互动关系中进行的，这些有形资源是作为顾客问题的解决方案而提供给顾客的。

詹姆斯·A. 菲茨西蒙斯（James A. Fitzsimmons，2003）将服务定义为：一种顾客作为共同生产者的、随时间消逝的、无形的经历。

森吉兹·哈克塞弗（Cengiz Haksever，2005）认为“服务就是提供时间、空间、方式或是心理效用的经济活动”，服务的构成要素包括顾客、服务人员、服务传递系统和实体设施。

以上关于服务概念的界定，分别从经济学或营销学的角度出发，对服务的特性、运营过程进行了描述。从运营过程来看，“服务与普通产品的最大区别，在于它主要是一个过程、一种活动”。这一服务过程（活动）通常具有无形性、生产与消费的不可分性和生产能力的不可储存性。

综上所述，服务是通过与顾客接触而形成的在一定时间范围内满足顾客需要的一系列活动。首先，服务过程需要顾客的参与，如美容美发服务需要顾客亲临服务现场，教育、咨询服务需要与顾客不断地交流、沟通；其次，服务的生产与消费同时开始、同时结束，二者不可分开；最后，服务的目的在于满足顾客的需要，服务者所提供的是有形产品与无形服务的组合（参见图 1-1），而顾客所得到的也是显性效益和隐性效益的组合。

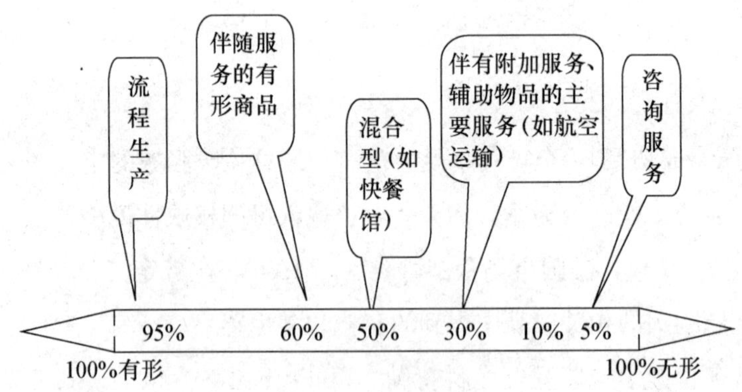

图 1-1 有形产品与无形服务的组合

（二）服务业

在不同的历史时期，或在不同的国家和地区，服务业所涵盖的范围存在着很大的分歧。至于服务业概念的界定，有的侧重于服务业特性的描述，有的采用排他式的统计定义，至今尚无一个普遍认可的权威性的说法。

美国社会学家丹尼尔·贝尔（Daniel Bell）的“后工业化社会”理论认为，随着“服务经济”的到来，发达国家的经济结构将从物质生产型经济转向服务型经济。所谓服务业，包括批发、零售、美容、洗衣等生活服务，银行、保险等企业服务，运输、通信、公用事业、卫生、教育、科研、行政管理等其他服务。其他的服务业的概念不包括传统服务业以及与物质产品生产紧密相关的服务业。

实际上，世界银行、经济合作与发展组织（OECD）都是用农业、工业和服务业的概念来区分经济活动领域的。进入21世纪，我国国内关于服务经济的研究越来越多，并已与世界接轨。许多专家学者纷纷从不同的角度对服务业的各个层面进行研究，最近几年，中央正式文件和政府主管部门都在使用服务业这个概念。

服务业（service industry）是生产或提供各种服务的经济部门或企业的集合（黄维兵，2003）。随着社会经济活动的变化，一些服务行业会逐渐消亡，一些新的服务行业会陆续产生，所以服务业所包括的行业不可能一一列举。服务业生产的基本特征是，以服务形式提供满足社会生产需要和人们消费需要的各种使用价值。

《服务贸易总协定》（general agreement of trade in services，简称GATS）第一条规定，服务是指除政府当局为履行职能所提供的服务之外的所有部门的一切服务（张汉林，2003）。在国际多边贸易体系中，服务业是指我国现行国民经济统计体系中第三产业和建筑业（不含建材和设备生产）之和（郑志海，2002）。

服务业是为人类生活或社会生产提供服务的行业部门。判断服务业的标准主要有：第一，以提供无形服务为主，其生产具有无形性、不可分割、不可储存和差异性等基本特征；第二，能够为国民经济创造新增的价值。[1]

---

［1］ 张淑君．服务业就业效应研究［M］．北京：中国财经出版社，2007：6．

（三）生产性服务业

关于生产性服务业的含义有多种说法。1966 年，美国经济学家 H. Greenfield 在研究服务业及其分类时最早提出了“生产性服务行业”的概念。

一般情况下，生产性服务业并非以最终的消费者为目的，而是为了满足某些企业或者组织生产而进行的中间投入服务。

生产性服务业包括：(1) 直接作为工业企业的中间投入；(2) 作为商品交换过程的一部分的流通和金融服务；(3) 与新生产结构相适应的人力资本形成所需要的服务；(4) 对整个生产体系进行空间上协调和规制所需要的服务。[1]

总的说来，生产性服务业所提供的服务具有较高的知识、核心的技术与高素养的人力资本含量等特点，其重点发展领域有信息业、金融业、现代物流业、商务和现代职业培训等。[2]

二、服务业与社会经济的发展

服务业的发展是和社会分工、经济增长密切相关的，服务业的形成和发展是社会分工的结果，也是社会需求的产物。

（一）服务业发展的一般历程

在以农业和手工业自然经济为主的前工业社会，由于人口的自然增长和土地占有的不均衡，大量农村剩余劳动力流向城市，城市的扩张使得商品流通的速度和规模迅速扩大，逐步兴起的小商品经济改变了封建社会的经济形态、产业结构、劳动方式，同时，日渐繁荣的城市经济生活改变了城市居民的消费规模和消费偏好，商业的发展带动了交通运输业、饮食业、旅馆业等服务业的相应发展，

---

[1] 郑吉昌. 服务经济论 [M]. 北京：中国商务出版社，2005：30.

[2] 李双强. 我国生产性服务业发展的现状分析与对策探究 [J]. 中国商贸，2012 (8)：23.

促使邮电业产生；包括旅馆业、医疗卫生业、洗染业在内的生活服务业和部分生产服务业明显地扩张发展，服务业初具规模，成为社会经济的一个组成部分。但由于经济发展水平较低，社会生产和人们的生活对服务的需求不高，这个时期还是以生活服务为主。

工业革命之后，机器化生产扩展到各个行业，工厂制度取代了手工作坊；大中型企业替代了个体劳动者和小企业；集约化经营替代了粗放经营的农业生产，因而大量农业劳动力游离出来，涌向城市。在这种背景下，服务业总体呈现出膨胀趋势，服务业内部结构发生变动，一些新的服务业出现。

第二次世界大战之后，服务业总体规模、内部行业结构和服务经济物质技术设备、生产组织形式均发生剧烈变动。由于工业劳动生产率的提高，一些人从制造业的生产中分离出来，还有一些从属于制造业的服务劳动也独立分化出来，形成了运输、通信等专业服务部门。随着工业化的发展，社会分工越来越细，服务业所涉及的领域越来越多，金融、保险和流通服务业得到较大发展。

在后工业化社会，由于生产方式和生活方式的改变，知识密集型、技术密集型的新兴的或为生产者的服务行业越来越多，服务业内部结构调整加快。金融、保险、商务服务业等进一步发展，现代物流、科技服务、信息服务等生产性服务迅速发展。服务不是“边缘化的或奢侈的经济活动”，而是位于经济的核心地带（见图 1-2）。

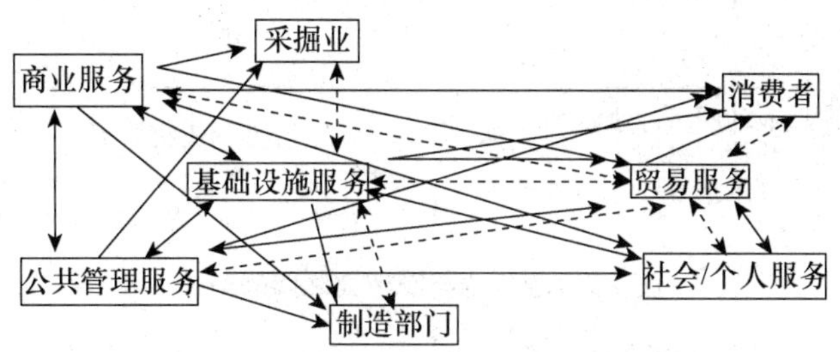

图 1-2 服务在交互经济中的作用

资料来源：RIDDLE D. Service-Led Growth：the Role of the Service Sector in World Development [M]. NY：Praeger Publishers，1986.

（二）服务业与制造业的关系及其对国民经济的影响

美国哈佛商学院教授迈克尔·波特（Michael E. Porter）在其代表作《国家竞争优势》（*The Competitive Advantage of Nations*）中提到，制造业与服务业是唇齿相依的关系[1]，从服务业发展的历程来看，制造业的崛起带动了服务业的发展，而服务业的发展又反过来促进了制造业的发展，二者之间是相辅相成、相互依存的关系。服务业在很大程度上是以制造业为服务对象的；而制造业整体水平和产品品质的提升，依赖于服务的附加和服务业的整合。A·佩恩（Adrian Payne）指出，随着工业化的成熟与服务经济的发展，服务和制造已经进入到高度相关和相互补充的阶段（见图 1-3）。具体地说，工业化和专业化不断加深，为生产者服务业的发展提供了广阔的空间；金融、保险、运输、工程、法律、会计、广告、管理与技术、咨询等生产者服务迅速发展，又可以为制造业的发展提供较大的空间并可大大提高其质量。

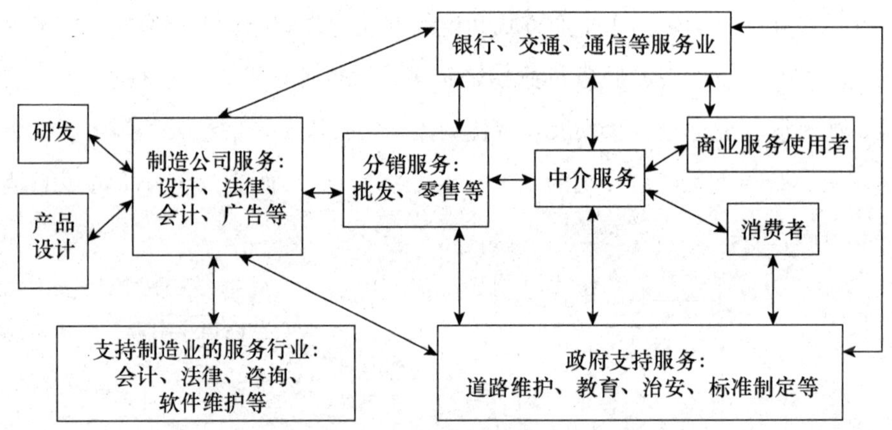

图 1-3 服务业与制造业之间的关系

一个国家或地区的经济服务化，不是从对居民的生活服务开始的，而是从对农业和工业生产提供有效服务开始；经济服务化的深刻根源在于服务业能够

[1] 〔美〕迈克尔·波特．国家竞争优势［M］．北京：中信出版社，2012：227.

为工农业生产提供全面和系统的服务（白仲尧，1999）。在现代经济中，运输、通信、银行、教育、保健和公用事业等服务行业在各国发挥着国民经济的基础作用；金融业、旅游业、物流业等服务业的发展对不同行业、不同地区经济的发展都有着很强的联动效应。“把国民经济比作人的机体，农业是血肉，工业是骨骼，服务业就是人体的神经系统、循环系统和组织器官。例如，情报信息服务业收集、整理和分配信息，起着神经系统和感官系统的作用；交通运输起着循环系统的作用；商业、外贸、金融等行业既是循环系统，又有调节功能。有的人把服务业称作柔软的产业，它能帮助各生产部门柔和地从而又是紧密地结合起来。这种结合的本身就会产生出巨大的效率和效益”（白仲尧，1999）。实际上，无论在工业化的哪个阶段，服务业都是与工业相伴相随、不可替代的。服务业不发达，不仅不利于促进经济增长、优化产业结构、增加就业、实施城市化和改善人民生活质量，而且会使交易成本和商务成本升高，影响工业化的进程。正是高科技工业的发展，才需要新兴服务业的支撑。高科技行业在发展的初期，需要新兴服务业的支撑，这点非常重要。高新科技企业初期都是中小型企业，越是在这样一个创业的时候，越是需要新型服务业的支持，包括从金融保险到科技服务。高新技术行业的发展是工业化升级的重要表现，同时它也需要现代服务业，特别是现代生产型的、科技型的服务（郭克莎，2001）。

目前，服务业已经成为国民经济的主体，成为现代经济结构优化的重点，成为在经济全球化背景下决定一国（地区）竞争力强弱的关键因素。从国民经济贡献看，发达国家的服务业产值已占到国内生产总值55%左右，个别国家甚至达到75%以上。尤其是生产性服务业的增长远远超出服务业的平均增长水平，发展速度非常引人注目。生产性服务业已经成为发达社会经济的支柱产业，在提高国民生产总值、增强区域竞争力、提升企业创新能力、增加就业等方面起着越来越重要的作用。

三、我国大力发展服务业的意义

（一）我国服务业的发展历程

我国服务业的发展，最初是建立在薄弱的半封建半殖民地经济基础上的。从新中国成立至今，我国服务业经历了波动起伏的发展历程。

1. 形成时期

新中国成立后，劳动人民成了国家的主人，企业内部的资本家和工人的雇佣关系必须改变；社会主义社会中的新的人际关系要求改变旧的服务方式和服务态度；由于消费者的阶级、阶层发生了变化，原来专为满足帝国主义分子、官僚买办阶级和地主阶级需要而生产的服务产品或者专为满足他们的需要而投入的服务生产能力失去了市场，服务生产能力需要尽快转变；服务企业及其网点布局需要改变。因此，人民政府采取了扶植和改造同时并行的措施，以改变服务业的处境。一是将帝国主义和官僚资本主义控制的企业改变为国家所有的国有企业，如铁路、民航、邮电、大的旅店（如北京饭店）等，它们在新的生产关系下进行服务商品的生产，以满足新的需要。二是以公私合营的方式改造资本主义企业，通过行业管理和公私合营等方式逐步将民族资本服务业与个体饮食业、理发业、浴池业、洗染业、照相业、殡葬业、修理业纳入了公有制经济轨道。同时，政府把大量的个体劳动者组织起来，走合作化的道路，如组织合作食堂、合作小组等，在加强管理和指导的同时，政府还采取措施帮助服务业解决原材料供应的困难。

经过 1953 年到 1957 年的社会主义改造，社会主义服务经济初步形成。交通运输、邮电通讯在全国范围内形成统一的服务网络；饮食业及旅店、理发等生活服务业也改变了过于密集的状况，适当分散地接近消费者；企业规模“大、中、小”型相结合，经营档次“高、中、低”档相结合。

总体来看，这一时期服务业的发展是倾斜的。在社会主义改造过程中，既没有考虑行业特点，也没有顾及行业发展过程的特殊规律，就盲目地对转变为社会主义经济组成部分的个体服务经济进行了大规模的结构调整和网点撤并，结果是把大量的拥有专业技能的服务业人员赶向其他产业，服务业网点锐减，使本来就低水平发展的服务行业陷于支离破碎的境地。服务业中，由于交通运输、邮电通讯是关系国计民生的重要行业，故全部或绝大部分转变为全民所有制企业。各种剧团或艺术（商品经营的）团体，大多变成“文工团”（中国人民解放军中的文化工作团，专为部队战士演出音乐、舞蹈、戏剧的机构，简称文工团，是自我服务性质单位）式的国家事业机构，退出了商品市场领域。其他服务业则因其主要服务于消费领域，从而把它们当作福利事业来看待。在这一时期，由于服务业被认为是福利性、消费性的行业，服务生产的数量和质量不断下降。

2. 波动时期

1958 年“大跃进”期间，服务业抽出了相当一部分人员去支援工业。

1960 年，组织人民经济生活的活动又将一些服务企业直接纳入居民的消费活动。

1963 年至 1965 年期间，整个国民经济经过调整、巩固、充实，提高的治理有了好转，服务商品市场也有所复苏。

1965 年之前，尽管我国当时的口号是实现工业化，但由于重视教育、交通运输和邮电通讯业的发展，因而服务业是同工业齐头并进的。

1966 年至 1976 年“文化大革命”的十年动乱，对服务业的打击最大，影响最深。服务网点和人员的大量减少，服务项目大量削减，服务质量严重下降。在“破四旧”（旧思想、旧风俗、旧习惯、旧文化）的口号的鼓动下，大量传统的服务项目被取消。“左”倾思想对服务劳动者的思想、对服务业的服务质量，产生了极坏的影响。

3. 恢复发展时期

1978 年党的十一届三中全会之后，我国的社会主义服务经济开始进入低速增长的时期。随着有计划的商品经济的不断成熟和发展，人们逐渐认识到了发展服务经济的必要性。因此，旧有的服务行业开始振兴并迅速扩张，新兴服务业如旅游业、广告业等也逐步开展和成熟起来。1979 年到 1989 年是我国服务业迅猛发展的 10 年，服务业产值占 GDP 比例由 1979 年的 20.6%上升到 1988 年的 25.7%。服务产业的劳动者人数也达到了 17.9%，详见表 1-1。

表 1-1　按产业分的社会劳动者人数　单位：万人

年份	合计		农业		工业		服务业	
	人数	构成（%）	人数	构成（%）	人数	构成（%）	人数	构成（%）
1952	20 729	100	17 317	83.5	1 531	7.4	1 881	9.1
1957	23 771	100	19 309	81.2	2 142	9	2 320	9.8
1962	25 910	100	21 276	82.1	2 059	8	2 575	9.9
1965	28 670	100	23 396	81.6	2 408	8.4	2 886	10
1970	34 432	100	27 811	80.8	3 518	10.2	3 103	9
1975	38 168	100	29 456	77.2	5 152	13.5	3 560	9.3
1980	42 361	100	29 181	68.9	7 836	18.5	5 344	12.6
1985	49 873	100	31 187	62.5	10 524	21.1	8 162	16.4
1988	54 334	100	32 308	59.5	12 295	22.6	9 731	17.9

资料来源：中国统计年鉴 1989 [M]. 北京：中国统计出版社，1989：105.

1992 年，国务院做出了“关于加快发展第三产业的决定”，我国政府也加大了对服务业的产业调整力度。“九五”期间，国家发展计划委员会提出了《关于发展第三产业扩大就业的指导意见》，要求在继续发展批发零售贸易和社会服务业等传统产业的同时积极发展旅游、信息、咨询服务等新兴产业，规范和发展金融、保险业，引导房地产业健康发展，健全资产评估、业务代理、行业协调等中介服务。据此，各地政府围绕发展服务业做了许多工作，使得我国服务业的规模扩大、结构优化。2001 年 11 月，国务院办公厅转发了国家计委关于《“十五”期间加快发展服务业若干政策措施的意见》，这是政府第二次专门就服务业发展发布的政策性文件。提出了加快发展服务业的政策措施，象征着国家促进服务业发展的政策导向力度逐步加大。

1990—1999 年，服务业新增就业 7 160 万人，相当于吸收了同期 6 680 万的全部新增劳动力和 480 万其他产业转移出来的劳动力，平均每年吸收就业近 800 万人，是工业和建筑业的 2.8 倍。根据《中国的就业状况和政策》白皮书，

1990—2003年，我国服务业从业人员所占比重由18.5%提高到29.3%，从业人员达到21 809万人。1995—2000年，我国第三产业净增3 500多万就业人员，占全部新增就业人员的87%。尽管“九五”以来，我国国民经济减速运行，服务业增长速度也在放慢，但服务业对经济增长的带动作用却在逐步增强。按1990年不变价格计算，2000年我国服务业对GDP增长的贡献率为28%，比1995年提高5个百分点；按现价计算，服务业对经济增长的贡献率提高到了40%，呈现与工业并驾齐驱的态势。

4. 开放发展时期

2001年12月11日，中国正式成为世界贸易组织第143个成员。随着国家促进服务业发展的准入政策的放松和国内外资本投入的加大，服务业的发展速度继续保持增长。

2002年以来，我国相继颁布了一批开放服务贸易领域的法规和条例，“入世”协议中的承诺正在逐步变成现实，经济运行中服务业全面开放的格局开始形成。

为了促进我国服务业的快速发展，表明中国政府对服务业发展的重视和支持，经国务院批准，2004年6月30日至7月3日在北京举行了由国家发展改革委员会、商务部、中国银行业监督管理委员会和北京市政府共同主办，北京市贸促会承办的“中国国际服务业大会和展览会”。大会的基本宗旨是“促发展、促开放、促交易、促合作”，会上，国务院领导代表中国政府向世界介绍我国服务业未来发展的规划、前景和广阔的中国市场。充分体现了加入WTO后中国服务业和国际服务业发展潮流快速融合的大趋势，对我国服务业的对外开放具有深远影响。大会活动主要围绕金融、物流、旅游、中介四大现代服务业，采取大会演讲、专题研讨、展览展示等形式，进行了广泛地国际交流。多国政府相关领域官员，包括多届诺贝尔奖获得者在内的国外知名专家、学者，以及40家左右的国际权威机构、近百名全球跨国公司及知名企业参加了这次大会。国际专家学者对全球性服务业的发展方向及应对措施的研讨也对我国服务业有借鉴作用。

《中华人民共和国国民经济和社会发展第十一个五年规划纲要》提出，要“坚持市场化、产业化、社会化方向，拓宽领域、扩大规模、优化结构、增强功能、规范市场，提高服务业的比重和水平”。

2007 年 3 月，国务院制定印发了《国务院关于加快发展服务业的若干意见》（国发〔2007〕7 号，简称 7 号文件），进一步明确了加快发展服务业的主要目标、政策措施和工作要求。明确提出：加快发展服务业，尽快使服务业成为国民经济的主导产业，是推进产业结构调整、转变经济增长方式、提高国民经济整体素质、实现全面协调可持续发展的必由之路。

为促进中国服务贸易加快发展，加强服务贸易的国际交流与合作，实现国家“十一五”规划提出的服务贸易发展目标，商务部于 2007 年 11 月 26 日至 28 日在上海举办首届中国服务贸易大会。第二届中国服务贸易大会于 2009 年 11 月 24 日至 25 日在北京举办，第三届中国服务贸易大会于 2011 年 6 月 1 日至 3 日在北京举办。为更好地促进国内外服务贸易领域合作，经国务院批准，自 2012 年起中国服务贸易大会将正式更名，永久落户北京，每年 5 月 28 日在国家会议中心举办，会期 5 天。“服务贸易京交会”是目前全国唯一涵盖服务贸易十二类领域（商业服务、通讯服务、建筑及相关工程服务、金融服务、旅游与旅行相关服务、娱乐文化与体育服务、运输服务等）的国家级、国际性、综合型交易平台。形成“商品贸易广交会、服务贸易京交会”的格局。未来“中国制造”与“中国服务”要并驾齐驱。[1]

5. 加速发展时期

党的十八大召开以来，服务业开放与服务贸易发展受到党中央、国务院的高度重视。2012 年 12 月 1 日，国务院下发了《服务业发展“十二五”规划》纲要，要求到 2015 年，服务业增加值所占的比重要明显提高，同时推动生产性服务业向中、高端发展，向深化产业融合、细化专业分工等横向发展。

---

[1] 李钢，李俊. 推进服务业国际化发展［N]. 国际商报，2015-04-03（A02).

2013 年，国务院相继出台了多项加快服务业发展的利好政策，服务业尤其是消费者服务业显示出了强大的熨平经济周期性波动的作用。[1]

2014 年，在中国经济进入新常态背景下，服务业的改革开放进入加速期，国务院密集出台了促进服务业发展的规划、意见、通知等，从不同侧面指出了相关领域服务业发展的重点方向和业态。8 月 6 日，国务院批准印发了《关于加快发展生产性服务业促进产业结构调整升级的指导意见》，明确了研发设计、第三方物流、融资租赁、信息技术服务、节能环保服务等重点领域及相关政策，提出了引导市场主体行为的发展导向，这是国务院首次对生产性服务业发展做出的全面部署。

2015 年 1 月 16 日，国务院发布了《关于促进服务外包产业加快发展的意见》，对今后一个时期服务外包产业发展做出了具体部署。

2015 年 2 月，国务院印发《关于加快发展服务贸易的若干意见》，首次全面系统地提出了服务贸易发展的战略目标和主要任务，成为中国未来发展服务贸易的指导性文件。

随着科学技术的发展，基于大数据、云计算、物联网的创意设计、远程诊断、系统流程服务、设备生命周期管理服务等新业态发展迅速，电子商务、网络银行、远程教育、生态旅游、数字家庭、智慧社区等新的服务模式快速发展；文化、网络零售、快递、健康服务、餐饮、住宿、旅游等生活性服务业逐步适应新的发展环境，积极调整转型，提升了发展质量。服务业的内部结构日趋优化[2]，整体而言，服务业对国民经济的带动和支撑作用明显增强。

当然，从国际竞争力上看，我国具有竞争力的服务行业不多，服务贸易逆差的规模不断扩大。从服务能力和发展水平看，我国生活性服务业的发展方式仍比较粗放，部分行业的服务供给能力和质量亟须提高，发展潜力有待进一步释放。我国研发设计服务、信息技术服务、物流配送、人力资源服务等生产性服务业的

[1] 刘志彪. 全面深化改革推动服务业进入现代增长轨道 [J]. 天津社会科学，2015 (1)：122-127.
[2] 黄鑫. 从“工业经济”迈向“服务经济” [N]. 经济日报，2013-11-04 (A03).

发展质量并不高，对相关产业发展、资源有效配置和价值创造的促进作用尚未充分发挥出来。我国服务业迫切需要提质增效升级。[1]

（二）大力发展我国服务业的必要性

加入世贸组织后，我国服务业已经融入世界经济与市场体系，得到了更大的发展空间，借助于全球性服务产业结构调整的机会大力发展我国服务业，是十分必要的。

1. *大力发展服务业是我国经济结构调整和产业结构升级的必然要求*

国际经济发展经验表明，在一个国家的整体经济由中低收入水平向中上等收入水平转化的时期，服务业的发展速度比较快。进入 21 世纪，我国人均 GDP 达到 1 000 美元，正处于产业结构快速变动、服务业加速发展的转折时期。抓住机遇，促进服务业加速发展，是我们的必然选择。现代新兴服务业的发展将导致服务领域所需劳动力数量的增加，高新技术在生产、服务领域的应用将促使新型工作组织和新职业的出现，如制造业和信息技术含量较高的金融、通信、房地产和市场营销等服务行业，这些行业对劳动力素质要求较高。这些服务行业或部门的发展，不仅可以提高服务业在国民经济中的比重，而且可以优化服务业内部的产值结构和就业结构。

2. *大力发展服务业是提高企业竞争力和经济效益的必然要求*

现代服务业的发展，不仅对服务业本身，而且对提升其他产业竞争力、改善我国投资环境都将发挥重要的推动作用。实际上，金融、保险、法律、咨询信息、物流、会计等服务业的发展有利于降低农业、制造业的运输成本和交易费用，保证正常的生产秩序、创造更好的经营环境、增进专业分工协作、创造新的部门和就业岗位、提高整个国民经济效率和产业国际竞争力。随着工业化的发

[1] 孙璇. 来有为：中国正从“工业经济”迈向“服务经济”[EB/OL]. (2015-01-21) [2015-10-10]. http://news.hexun.com/2015-01-21/172616583.html.

展，服务业特别是现代服务业中物流与营销、研发、人力资源开发、软件与信息服务、金融服务、会计审计律师等专业化生产服务和中介服务所占的比例越来越高，发展服务业已经成为提高企业竞争力和经济效益的重要因素。

纵观服务业的发展历程，服务业在国民经济发展中的作用主要体现在两个方面：首先，服务业形成的需求本身是社会总需求的组成部分，其发展会直接推动国民经济的增长和社会福利水平的提高；其次，服务业与工业以及其他产业的发展具有非常强的联动性，没有服务业的发展，不能及时满足工业发展对服务业提出的需求，工业发展就难以持续推进。过去，我国曾片面强调工业化的发展。实际上，没有服务业的支撑，工业化的发展进程只能停留在比较初级的阶段。在现代经济体系中，制造业不能孤军奋战，完善现代服务业结构，丰富现代服务品种，提高现代服务业的附加值和服务业的国际化水平，是制造业快速发展的重要保障，也是提高制造业的国际竞争力的重要条件。当前，我国已经基本完成了经济供给快速扩张的历史任务，迫切需要进行产业结构的战略性调整与全面优化，加速高新技术产业和现代服务业的发展。实施现代服务业和先进制造业的“两轮驱动”，客观上要求在加快发展消费性服务业的同时，更加注重生产性服务业对先进制造业的全方位服务。加快发展服务业，特别是现代商务服务业，是提高制造业产业竞争力、实现新型工业化的重要动力来源。

3. *大力发展服务业是转变经济增长方式、保持国民经济可持续发展的必然要求*

服务业具有能源和原材料消耗低、占用土地少、增加就业多、环境污染少等优势，服务业的加快发展将促进经济增长模式的转变，减少就业对投资膨胀和GDP增长率的依赖，并对缓解城镇就业和城乡差距问题产生有利的影响。加快发展现代服务业，有利于实现产业结构优化，减少对自然资源的依赖，减轻对环境的损害，是我国实现经济可持续发展的必然选择，是发展循环经济和节约型社会的迫切要求，同时也是促进经济社会和人的全面发展的必要条件。此外，科教、文化、卫生、旅游等服务业的发展，有利于消费者个人的全面发展，有利于和谐社会的建设和发展。现代通信服务、电子商务、信息服务、现代金融服务、文化娱乐和医疗保健等现代服务业的发展，是坚持以人为本，树立全面、协调、可持续发展观的集中体现。

根据我国的国情，调整发展思路，从效率优先转向效率与公平兼顾，在保持适度发展工业的条件下，注重培育新的经济增长点，优化产业结构、增加就业、关注资源的循环利用和环境保护、促进社会和谐发展，应该成为新的发展战略重点，而加快服务业发展是实现这轮转型的重中之重。

4. 大力发展服务业是提高我国人民生活水平的客观需要

大力发展服务业可以有效拉动需求，促进消费，促进经济增长。发展经济的终极目标是提高人民的生活质量，而生活质量的提升主要靠发展现代服务业来完成，必须以现代服务业的快速发展为途径。不断提高城乡居民的物质和文化生活水平，是发展经济的根本出发点和归宿。近年来，随着人民收入水平的提高，我国城乡居民消费结构升级加速，特别是一些服务含量高的消费需求成为新的需求热点，对吃、穿、用的质量需求不断提高，对教育、医疗、旅游、居住、交通、通信娱乐、运动、保健等服务性产品的需求日渐增长，消费性服务需求再次得以快速增长。因此，必须大力发展服务业，才能满足人们的这些需求，真正提高生活质量。

5. 大力发展服务业是增加就业的主渠道

在工业和农业结构调整过程中，将分离出大量的富余劳动力。只有为这些劳动力提供新的就业机会，结构调整才能顺利进行。服务业的加快发展，有可能为之提供大量的就业机会。与西方发达国家和绝大部分发展中国家相比，我国服务业平均吸收就业劳动力的比重仍然很低。从长远看，大力发展教育、文化等服务业，有利于从根本上改变劳动力素质结构，使我国由人口大国转化为人力资源强国。

6. 大力发展服务业是提高我国国际竞争力的需要

在全球竞争日趋激烈的情况下，服务业的竞争日益成为国际竞争的重要内容。我国企业必须集中力量，通过深化产业结构调整，提高核心竞争力，缩减成本，提高效率。服务业的快速发展，将为其他产业提供更好、更多的服务，从而增强这些产业的竞争能力。

第二节　服务的特性与类别

一、服务的特性

泰罗的科学管理理论曾强有力地推动了企业管理水平的提高，促进了工业经济的迅猛发展。然而，当人们试图运用这些基于制造业的传统的管理理论和方法解决服务问题时，却遇到了诸多障碍和限制。这是因为，服务产出活动与有形产品的生产制造过程有着本质的区别（见表 1-2）。

表 1-2　　产品制造和服务活动的区别

特征	有形产品制造	服务活动
产品	产品是有形的、耐久的	产品无形、不可触、不耐久
产出储存	产出可储存	产出不可储存
顾客接触	顾客与生产系统极少接触	顾客与服务系统接触频繁
响应需求周期	响应顾客需求周期较长	响应顾客需求周期很短
服务范围	可服务于地区、全国乃至国际市场	主要服务有限区域范围内
设施	设施规模较大	设施规模较小
质量可控性	质量易于度量	质量不易度量

通过比较可以看出，服务活动具有如下特性：

（一）无形性

服务的产出是一种不能预先被品尝、感觉、触摸、看见或嗅到的特殊消费品，顾客在购买以前难以感知，他们必须参考许多意见与态度等方面的信息，再次购买则依赖先前的经验，根据看到的服务设施人员、价格和环境来判断服务质量和效果。不仅如此，顾客享用服务后的利益也很难被察觉，或是要等一段时间后才能感受到其存在。由此可见，服务的生产率难以测定。例如，一个工厂可以计算它所生产的产品的数量，一个律师的辩护则是难以计量的。

（二）不可分割性

服务不存在时间上的间隔和空间上的分离，不可能先投入原材料进行加工制造，然后再通过一系列中间环节，才能使产品转移到消费者手中。由于服务本身是一系列活动或过程，消费者和生产者直接发生联系，服务人员为顾客提供服务之时，也正是顾客消费服务之时，生产过程也就是消费过程，服务的生产和消费是同时同地进行的，顾客只有而且必须加入到服务的生产过程中才能最终消费到服务。由此可见，服务绩效的好坏不仅取决于服务提供者的素质，也与顾客的行为密切相关。

（三）不可储存性

由于服务的产出不可感知以及服务生产与消费的不可分割，使得服务产品不可能像有形产品那样被储存起来以备将来出售或消费。尽管提供服务的各种设备、劳动力等能够以实物形态存在，但它们只代表一种生产能力，而不是服务本身。当消费者购买服务时，服务产品即产生，但生产出来的服务如不当时消费，它就会消失，造成企业获利机会的丧失（如车船的空位），这种损失不像有形产品损失那样明显，它仅表现为机会的丧失和折旧的发生。制造业的存货成本发生在贮藏产品的花费上，而服务业的存货成本则是闲置生产力成本，表现为有提供服务的能力和时间，却没有顾客。由此可见，服务企业的管理必须解决由于服务产品不可储存所导致的产品供求不平衡问题。

（四）差异性

服务的产出构成及其质量水平经常变化，很难统一界定，因而服务性生产的质量很难像制造性生产那样用统一的质量标准来衡量，进而其缺点和不足也就不易发现和改进。由于人是服务的一部分，服务的质量水平依赖于由谁、在何时、何地提供服务，这些因素都是可变的。一方面，由于人的气质、修养、能力和水平各不相同，服务的质量也就会因人而异，服务的好坏主要取决于服务人员的个人技能、技巧和态度；另一方面，由于顾客直接参与服务的生产和消费过程，顾客本身的因素也直接影响服务的质量和效果。

（五）互动性

互动性即顾客参与性。顾客的参与是有目的的，如病人去医院诊断和治疗是为了身体健康。对于服务人员而言，大多数服务只是他们日常工作的一部分，服务人员通过自己的劳动，得到应有的报酬。在大多数情况下，顾客和服务人员无须事先相识，离开了服务场所，他们一般不会有什么交互活动。在服务过程中，供需双方的信息交流受到服务内容的限制。为了保证服务的高效率，服务人员与顾客在服务中的交互活动也需要遵循一定的行为规范，有些是约定俗成的，有些则需要服务人员向顾客作一些说明，服务双方各尽其职，如病人必须回答医生的提问并遵循医嘱。此外，在服务中暂时忽略服务双方“既有的”社会地位，这是服务中的一项重要特征，如律师可能为罪犯提供服务。

不难看出，无形性是服务的最基本特性，其他特性都是从这一特性所派生出来的。

二、服务的类别

由于服务的概念是宽泛的，并且具有层次性和动态性，因而可根据不同的标准对其进行分类。

（一）根据服务对象的不同进行分类

根据服务对象的不同，服务可分为以人为对象的服务和以物为对象的服务。

如图 1-4 所示，这种分类还可以进一步划分为“有形活动的服务”和“无形活动的服务”。

服务特征	服务对象	
	人	物
有形活动	直接服务于消费者身体	直接服务于物品或其他有形体
	医疗保健 交通 美容院 诊所 餐馆 理发厅	货物运输 工业设备维修 看门 洗衣、干洗店 修剪草坪 兽医
无形活动	直接服务于消费者的精神世界	直接服务于无形资产
	教育 广播 信息服务 电影院 博物馆	银行 法律咨询 会计师事务所 文秘 保险

图 1-4　以人和以物为对象的服务

一般说来，以人为对象的服务往往需要面对面的交流，如医生给病人看病，律师给人办案，理发师给顾客理发。以物为对象的服务往往比较灵活，如汽车修理工为一位顾客修汽车，顾客则没有必要一定要在现场。

（二）根据服务传递方式的不同分类

从地理因素来看，服务传递方式可以是单一场所，也可以是多个场所；从服务提供者与顾客交互作用的程度来看，可以是现场服务，也可以是远程服务（见图 1-5）。

在多地服务中，保证服务的质量和一致性非常重要。随着现代科学技术尤其是电信技术和互联网的发展，远距离服务越来越多。

（三）根据服务需求和供给的性质分类

有些服务需求具有明显的季节性或在不同的时间段波动较大，前者如旅游，

<table>
<tr><td colspan="2" rowspan="2"></td><td colspan="2">服务的可获得性</td></tr>
<tr><td>单一场所</td><td>多个场所</td></tr>
<tr><td rowspan="3">顾客与服务企业交互的性质</td><td>顾客去服务场所</td><td>剧院
理发店</td><td>公共汽车
快餐连锁店</td></tr>
<tr><td>上门服务</td><td>整修草坪服务
灭虫服务
出租车</td><td>邮递
紧急维修</td></tr>
<tr><td>远程服务</td><td>信用卡公司
地方电视台</td><td>广播网
电话公司</td></tr>
</table>

图 1-5　根据服务传递方式分类

资料来源：LOVELOCK C H. Classifying Services to Gain Strategic Marketing Insights [J]. Journal of Marketing，1983，47（3），18.

后者如餐饮。而供方的供给能力，却不一定能随着需求的波动而变化。根据需求随时间波动的程度和供给受限制的程度，可将服务分为以下四类（见图 1-6）。

<table>
<tr><td colspan="2" rowspan="2"></td><td colspan="2">需求随时间波动的程度</td></tr>
<tr><td>大</td><td>小</td></tr>
<tr><td rowspan="2">供给受限制的程度</td><td>最高需求通常能被满足而无较大延迟</td><td>电力
天然气
电话
医院妇产科
火警和匪警</td><td>保险
法律服务
银行业
洗衣和干洗业</td></tr>
<tr><td>最高需求经常超过能力</td><td>会计和税收准备
客运
宾馆和汽车旅馆
餐馆
剧院</td><td>与上面服务类似，但企业的基础能力不足</td></tr>
</table>

图 1-6　根据服务需求与供给的性质分类

资料来源：LOVELOCK C H. Classifying Services to Gain Strategic Marketing Insights [J]. Journal of Marketing，1983，47（3）：17.

（四）根据顾客参与程度的不同分类

由于服务的生产与消费同时进行，顾客常常是过程的参与者。但由于服务需求特征的不同，顾客的参与程度有所差异。因此，可以将服务分为通用型服务和专用型服务。

通用型服务是针对一般的、日常的社会需求所提供的服务，如零售批发业、学校、运输公司、银行、餐饮业等。其特点是服务过程比较规范，服务系统有较明显的前、后台之分，顾客只在前台接受服务，后台提供技术支撑，与顾客不直接发生关系。在某种意义上，与制造业生产类似，需要考虑通过引入自动化程度更高的设备和技术来实现规模效益。

专用型服务是针对顾客的特殊要求或一次性要求所提供的服务，如医院、汽车修理站、咨询公司、会计师事务所、律师事务所等。专用型服务与顾客有较紧密的接触，一般无前后台之分，服务性特点更为明显，难以制定统一的服务过程规范，其效益的提高也必须从规模以外的其他方面去考虑，如时间响应、高素质人员所提供的高质量服务等。

一般来说，专用型服务的定制程度较高。所谓定制（customization），是指顾客影响所要交付的服务性质的能力，定制化程度越高，标准化程度就越低。顾客与服务提供者之间就需要多的交互，如医生与病人必须在诊断与治疗阶段充分交互才能取得令人满意的结果。

此外，还有些服务需要由现场服务人员凭自己的判断来进行调整，以更好地满足顾客的需求，如图 1-7 中的外科或专业服务。

（五）根据服务人员与设施装备的比例关系分类

根据运作系统人员与设施装备的比例关系，可分为技术密集型服务和人员密集型服务。

技术密集型服务主要是由自动化设备或由人监控的设备所提供的，如自动洗

<table>
<tr><td colspan="2" rowspan="2"></td><td colspan="2">服务特征定制的程度</td></tr>
<tr><td>高</td><td>低</td></tr>
<tr><td rowspan="2">供方行使判断的程度</td><td>高</td><td>专业服务
外科诊所
美容师
出租车服务
管道工
特色餐馆
教育（辅导）</td><td>教育（大课）
预防性健康计划
大学餐饮服务</td></tr>
<tr><td>低</td><td>电话服务
宾馆服务
家庭餐馆</td><td>公共交通
器具的常规维修
电影院
快餐店</td></tr>
</table>

图 1-7 根据定制与判断的服务分类

资料来源：LOVELOCK C H. Classifying Services to Gain Strategic Marketing Insights [J]. Journal of Marketing，1983，47（3）：15.

车设备、自动取款机、自动零售设备等均为以自动化设备为主的服务；而电影院则是通过由人监控的设备来提供服务的。这种服务性生产更注重合理的技术装备投资决策，要求加强技术管理，控制服务交货进度与准确性。

人员密集型服务主要是通过人的技能向消费者提供服务，如律师提供的法律服务、教授提供的教育服务、修理工提供的修理服务等。图 1-8 表明，这种服务性生产对人的技能有不同层次的要求，更注重员工的聘用、培训和激励，工作方式的改进，设施选址和布置等问题。

（六）根据要素密集度分类

美国印第安纳大学商学院教授罗杰·施米诺（Roger W. Schmenner）根据影响服务交付过程性质的两个主要维度设计了一个服务过程矩阵，垂直维度衡量劳动力密集度，即劳动力与资本成本的比率，如果一个产业的劳动报酬占增

<table>
<tr><td rowspan="14">服务</td><td rowspan="10">以人为基础</td><td rowspan="3">专　家</td><td>律师</td></tr>
<tr><td>管理顾问</td></tr>
<tr><td>会计师</td></tr>
<tr><td rowspan="4">熟练工</td><td>零件修理工</td></tr>
<tr><td>水暖工</td></tr>
<tr><td>招募员</td></tr>
<tr><td>宴席筹办人</td></tr>
<tr><td rowspan="3">非熟练工</td><td>修剪草坪人员</td></tr>
<tr><td>保卫人员</td></tr>
<tr><td>守门人</td></tr>
<tr><td rowspan="4">以设备为基础</td><td rowspan="3">由技术人员监控的设备</td><td>开采</td></tr>
<tr><td>航空</td></tr>
<tr><td>计算机</td></tr>
<tr><td>可由非技术人员监控的设备</td><td>电影院</td></tr>
</table>

图 1-8　技术和人员密集型的服务

加值的比重高于资本报酬占增加值的比重，那么，这个产业便是劳动密集型的，反之，则是资本密集型的；水平维度衡量企业与客户之间的相互作用及定制程度。

如图 1-9 所示，资本密集型的服务，如航空公司和医院，其在房屋和设备上的投资大大高于在劳动力上的投资。而劳动力密集型的服务有餐饮业和咨询业，前者是雇佣的劳动人数多，后者是劳动力报酬相对其他要素来说比较高。服务工厂提供标准化服务，具有较高的资本投资；服务作坊则允许有更多的服务定制，但在高资本的环境下经营。大众化服务的顾客在劳动力密集的环境中得到无差别的服务；而寻求专业化服务的顾客则会得到经过特殊训练的专家为其提供的个性化服务。

在根据资本、技术、劳动要素分类的基础上，再加上知识密集度这一指标，便可以根据劳动、资本、技术、知识等要素对服务业进行分类，如图 1-10 所示。

<table>
<tr><td colspan="2" rowspan="2"></td><td colspan="2">交互定制程度</td></tr>
<tr><td>低</td><td>高</td></tr>
<tr><td rowspan="2">劳动力密集程度</td><td>低</td><td>服务工厂：
航空服务
运输服务
旅馆
度假胜地与娱乐场所</td><td>服务作坊：
医院
机动车修理厂
其他维修服务</td></tr>
<tr><td>高</td><td>大众化服务：
零售业
批发业
学校
商业银行的零售服务</td><td>专业服务：
医生
律师
会计师
建筑师</td></tr>
</table>

图 1-9 服务过程矩阵

资料来源：〔美〕詹姆斯·A·菲茨西蒙斯，莫娜·J·菲茨西蒙斯. 服务管理——运营、战略和信息技术［M］. 张金成，范秀成，等，译. 北京：机械工业出版社，2003：17.

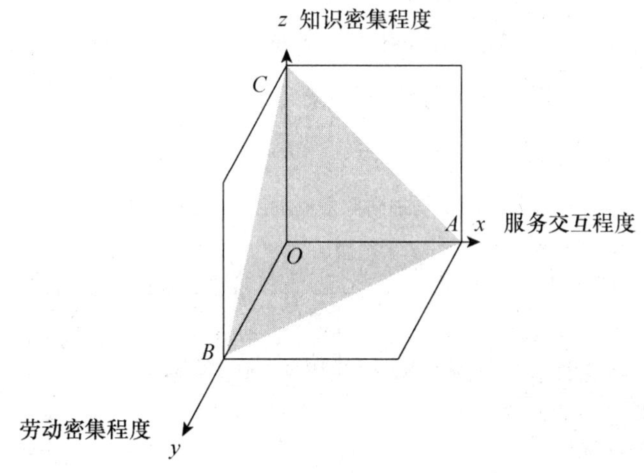

图 1-10 服务业按要素密集度分类

图 1-10 中 x、y、z 坐标分别表示服务交互程度、劳动密集程度和知识密集程度。

坐标轴 x 上的 A 点，对应的是高交互程度的服务产业，如家庭理财、机器维修、医院等；坐标轴 y 上的 B 点，对应的是劳动密集型的服务产业，如餐饮、修理、建筑承包、旅游、运输等；坐标轴 z 上的 C 点，对应的则是知识密集型的服务产业，如计算机软件、法律服务、技术咨询和工程设计、会计服务等。知识型服务业的主要目的是以尽可能理想的方式为服务对象的存在和发展提供支持，它强调的不是与传统服务业在资本和劳动力使用程度上的差别，而是凭借专业知识、信息和经验为顾客提供个性化的服务。

第三节　服务管理理论的形成与发展

一、服务管理理论的发展阶段

服务管理是一门研究服务产业运行及发展规律的新兴学科，国际上对服务管理的研究大致开始于 20 世纪 70 年代。约翰逊（Johnston，1999）根据理论发展成熟所需要经历的过程，将服务管理研究分为服务觉醒、突破、服务管理和归根[1]四个阶段，见表 1-3。

表 1-3　　服务管理研究发展的四个阶段

阶段	研究性质	研究焦点	研究成果	职能间的关系
服务觉醒期 1980 年以前	描述性	商品与服务	服务不同于商品	OM　MKT　HRM
突破期 1980—1985 年	概念性	服务与服务管理的特征	概念框架	OM　MKT　HRM

[1] JOHNSTON R. Service Operations Management：Return to Roots [J]. International Journal of Operations & Production Management，1999，19（2）：104-124.

续表

阶段	研究性质	研究焦点	研究成果	职能间的关系
服务管理期 1985—1995 年	实证性	概念框架的开发与验证	关于跨职能推演出的新模型，获得了大量服务素材	OM MKT HRM
归根期 1995 年至今	应用性	指导实践	在最终成果与其驱动因素之间建立联系	OM MKT HRM

资料来源：JOHNSTON R. Service Operations Management：Return to Roots［J］. International Journal of Operations & Production Management，1999，19（2）：113.

（一）服务觉醒期（service awakening）

20 世纪 80 年代之前的研究，是服务管理研究的起步阶段，其特点是意识到了服务的存在，研究的重点在于服务与产品的区别，但大多为分散的、描述性的研究。

引发商品与服务之间关系论战的是约翰逊的博士论文，1969 年，约翰逊在其博士论文中首次提出了“商品和服务是否有区别”的论题。当时，由于西方国家对服务业的管制放松，不少传统的垄断性行业转变为竞争性行业，空前激烈的竞争使得服务企业不得不寻求提高管理水平和竞争力的方法。人们也曾试图借助于长期以来为产品制造业所运用的管理理论和方法解决服务问题，但大量事实证明，如果在服务管理中过分强调降低成本和规模经济等管理方法，反而会使得服务质量下降、员工士气低落、供求关系破裂、企业利润下降。瑞典学者诺曼（Norman）和芬兰学者格朗鲁斯（Gronroos）把这种现象称为“管理陷阱”。同时，随着科学技术的发展、人们生活质量的提高和消费观念的变化，市场竞争已进入了服务竞争的时代，企业获得持久竞争优势的关键在于把握顾客关系中的服务要素，这就迫切需要相应的理论、方法来指导服务竞争。由于服务过程与实体商品存在本质差异，所以，需要探索一套不同于制造业的服务管理理论和方法。

在这种背景下，来自于市场营销、生产运营和人力资源管理等不同学科的学者从不同角度致力于开发适合服务特性的管理理论和方法。

欧美的一些营销学者发现，基于实体产品的营销理论和方法不能适应服务业营销的客观情况。他们根据营销活动中的服务、服务产出和服务传递过程的特性，进行了大量卓有成效的研究，提出了一系列新的模型、概念和工具，并把这些研究成果归类为“服务营销”。1974 年，Rathmall 的专著《服务市场营销》问世，明确指出不能直接将市场营销学的概念、模型、技巧应用于服务领域，因为无形服务不同于有形实体产品。[1]1977 年，Shostack 在《从产品营销中解放出来》一文中提出，必须认清服务营销与产品营销之间的本质区别，使服务营销成为独立的学科。[2]

1976 年，沙瑟（Sasser）的《在服务业中平衡供给与需求》一文在《哈佛商业》周刊上发表，两年后，由沙瑟等人合著的《服务运作管理》问世，这是第一部以服务运作为研究对象的教材。

（二）突破期（breaking free from product-based roots）

1980—1985 年，是服务管理研究的探索阶段。在前一阶段研究的基础上，人们开始集中于对服务管理概念和结构的研究。这一阶段的研究是抽象、集中的，研究对象主要是服务领域自身的内容和特征，并与其他相关学科的研究项目相联系，开始了服务管理的跨学科研究。

1982 年，由诺曼所著的第一部研究服务的书《服务管理》问世。

在此期间，美国市场营销协会（AMA）和营销科学学院（MSI）组织了多次学术会议，*Journal of Marketing* 和 *Harvard Business Review* 刊发的论文，开始对服务分类、服务接触、服务质量模型、服务营销组合、关系营销等问题进行深入探讨，使得服务营销学得以进一步发展。

---

[1] RATHMALL J M. Marketing in the Service Sector [J]. Cambridge：Winthrop Publishers Inc.，1974.
[2] SHOSTACK G L. Breaking Free from Product Marketing [J]. Journal of Marketing，1977，41 (2)：73-80.

（三）服务管理期（service management era）

1985—1995 年，是服务管理快速发展的阶段，其主要特点是学科研究的交叉性，营销、运营、人力资源管理等不同职能领域的研究人员共同探讨服务管理的相关问题。经过十多年的努力和不同学科分支研究的相互渗透，服务管理基本形成较为独立的研究领域。

在美国德克萨斯大学教授詹姆斯·A·菲茨西蒙斯等学者的推动下，1987年，决策科学研究院（DSD）在波士顿会议上明确了服务运营管理的学术地位，使之成为一个独立的分支学科；同年，Jacques Horovitz 的《服务的品质》出版，书中所讲的服务质量方法，既适用于快餐、零售等人员密集型的服务领域，也适用于软件、电信等技术密集型服务领域。1988 年，阿尔布兰特（Albrecht）将服务管理定义为"为了形成被顾客感觉到的服务质量而运用的一种组织的整体运作方法"。1989 年，《服务业管理国际学报》创刊。1990 年，首届服务管理学术会议在法国召开，吸引了来自运营管理、市场营销、组织行为学等学科的众多学者，这次会议进一步明确了服务管理多学科交叉的性质，并将服务运营管理更名为服务管理。

20 世纪 90 年代初，西方国家经济缓慢复苏，顾客倾向性需求、倾向性服务、顾客满意度理论初步兴起。因此，这一时期就这一主题出版了一系列的书籍，发表了多篇文章。在众多的研究成果中，有代表性的是芬兰学者格朗鲁斯发表的一系列论著。1990 年，他在《服务管理与营销》一书中将企业的竞争战略划分为以成本、价格、技术和服务为主的四种形态，指出目前的市场处于服务竞争阶段，促使企业经营战略转向以服务为主导的战略。在《从科学管理到服务管理：服务竞争时代的管理视角》一文中，他从理论上阐述了服务管理与科学管理的区别，论证了服务管理的特征及其理论和实践对经济发展的贡献；他根据认知心理学的基本理论，提出了顾客感知服务质量的概念，论证了服务质量从本质上讲是一种感知，是由顾客的服务期望与其接受的服务经历比较的结果，服务质量的高低取决于顾客的感知。

格朗鲁斯在这一领域的研究成果为服务管理理论体系的形成奠定了基础，他对服务管理的定义包括四个方面的内涵：了解顾客及其需要；了解组织创造价值的能力；了解组织如何创造价值；了解组织如何实现目标。并且，“将顾客感知服务质量作为企业经营管理的第一驱动力”。服务管理的这种定位意味着管理重点从研究产品的效用转变为研究顾客关系总效用；从短期交易转变为长期伙伴关系；从产品质量或产出技术质量转变为顾客感知质量；从把产品技术、质量作为组织生产的关键转变为把全面效用和全面质量作为组织生产关键。从此，服务质量成为服务管理的核心。

20 世纪 80 年代以后，美国哈佛大学商学院、凡德彼尔特大学服务研究中心等院校的学者和专家在服务质量领域的研究日趋深入。

（四）归根期（return to roots）

1995 年至今，是服务管理研究的回归本原阶段，服务管理研究真正实现了由跨学科研究向交叉边缘学科本质的回归。约翰逊认为，运营、人力资源管理等职能学科在服务管理研究的第四阶段相互分离，将服务观念和服务管理已有研究成果带回到各自的核心学科，并基于服务观念对各自核心学科的原有理论体系进行了重建。

1997 年，汉斯凯特（Heskett）、沙瑟等人合著的《服务利润链》出版，提出了服务利润模型，该书将内部服务质量、员工满意度、员工生产率、顾客价值、顾客满意度、顾客忠诚度与企业利润联系在一起。

拉斯特（Rust）在主持服务质量回报的研究中，阐述了提高服务质量给企业带来的收益及途径和机理，论证了服务质量与企业获利性之间的关系：从广义的服务质量角度来看，高质量可减少返工成本，进而导致高利润；高质量可以导致顾客高满意度，可达到效率提高、成本降低的目的；高质量可吸引竞争者的顾客，产生高的市场份额和收益。

近年来，关于服务管理的书目不断增多，服务包、服务集、服务链、服务图、满意镜、服务剧本、服务冲突、服务品牌等新概念层出不穷。这一时期，各种理论研究成果集中体现于詹姆斯·A·菲茨西蒙斯教授及其夫人合著的《服务管理：运营、战略和信息技术》一书中，其主要内容包括服务的内涵和竞争战略、服务企业的构建、服务运营管理和迈向世界级的服务四个部分，菲茨西蒙斯教授夫妇对自己的研究成果不断更新和完善，该书数次再版，不仅被国内外许多学校作为研究生、本科生的教材，而且也成为许多从事服务管理工作或研究人员的重要参考书，堪称美国管理教材的经典之作。

二、服务管理的研究对象与方法

（一）研究对象

服务管理的研究对象是从事服务经营活动的各类服务企业，旨在研究适用于这些服务企业的管理理论和方法，以其独特的经营战略和运营策略来提高服务质量，使顾客真正满意。

（二）服务管理的学科特点

1. 交叉性和多学科性

从服务管理学科的形成过程可以看到，服务管理研究的内容涉及服务营销、客户关系、服务运营等诸多方面，需要运用技术科学、数学、营销学、组织行为学等多学科知识来分析服务管理中的问题。所以，它具有交叉性和多学科性的特点。

2. 应用性和实践性

服务管理是管理学基本原理在服务企业的具体运用。由于服务是无形的，服务管理就不可能直接套用工业企业管理的理论和方法。因此，人们通过重新认识服务管理的客观规律性，不断总结服务管理实践中的经验和教训，并将其提炼升华为服务管理的理论原则和方法，然后再把这些理论原则和方法运用到实践中，在指导实践的过程中不断完善。

（三）服务管理的研究方法

1. 全面系统的研究方法

服务管理是对管理实践经验的科学总结和理论概括，而服务管理实践是不断变化发展的，因此，研究服务管理必须用全面系统的方法去观察和分析问题，不能孤立静止地研究服务管理问题。

2. 兼收并蓄的知识和方法

由于服务管理涉及的内容十分广泛，不仅需要掌握多学科的知识，而且要运用多种研究方法，如实证分析、案例研究等，以及技术方法和数量分析方法等。

3. 理论联系实际

由于服务管理是一门实践性较强的学科，在研究中必须坚持理论联系实际。

【本章小结】

服务是通过与顾客接触而形成的在一定时间范围内满足顾客需要的一系列活动。服务业是指为人类生活或社会生产提供服务的行业部门。服务业的发展是和社会分工、经济增长密切相关的，服务业的形成和发展是社会分工的结果，也是社会需求的产物。我国服务业经历了起伏曲折的发展过程。随着改革开放的不断深入、经济结构的不断调整和产业结构的优化，我国服务业就业人口的绝对量及其占全社会就业人口的比重均呈不断上升趋势。大力发展服务业，是我国经济结构调整和产业结构升级的必然要求；是提高企业竞争力和经济效益的必然要求；是转变经济增长方式、保持国民经济可持续发展的必然要求；是提高我国人民生活水平的客观需要；是增加就业的主渠道；是提高我国国际竞争力的需要。

服务活动具有无形性、不可分割性、不可储存性、差异性和互动性。根据不同的标准，可将服务分为不同的类别。

服务管理是一门研究服务产业运行及发展规律的新兴学科，国际上对服务管理的研究大致开始于 20 世纪 70 年代。约翰逊根据理论发展成熟所需要经历的过程，将服务管理研究分为服务觉醒期、突破期、服务管理期和归根期四个阶段。

服务管理的研究对象是从事服务经营活动的各类服务企业，旨在研究适用于这些服务企业的管理的理论和方法，以其独特的经营战略和运营策略来提高服务质量，使顾客真正满意。由于服务管理是一门多学科的交叉性学科，具有强烈的实践性。所以，在进行服务管理的研究时，需要运用全面系统的研究方法，需要兼收并蓄多学科的知识和方法，需要理论联系实际。

【关键术语及其定义】

服务　通过与顾客接触而形成的在一定时间范围内满足顾客需要的一系列活动。

服务业　为人类生活或社会生产提供服务的行业部门。

生产性服务业　是为了满足某些企业或者组织生产而进行的中间投入服务。

京交会　指中国（北京）国际服务贸易交易会，自 2012 年起每年 5 月 28 日在北京举行，获得了世界贸易组织、联合国贸发会议、经合组织三大国际组织的永久支持，是目前全球唯一涵盖服务贸易 12 大领域的国家级、国际性、综合型服务贸易平台。

【讨论题】

1. 服务的基本特征有哪些?
2. 如何进行服务分类?
3. 结合实际分析发展我国服务业的必要性。

【互动练习】

1. 病人必须回答医生的提问并遵循医嘱，这是因为服务绩效的好坏与顾客的行为密切相关，即服务具有（　　）。

A. 无形性　　B. 不可分割性　　C. 不可储存性　　D. 差异性

2. 航空公司进行机票打折所依据的是服务的（　　）。

A. 无形性　　B. 不可分割性　　C. 不可储存性　　D. 差异性

3. 下列选项中，为顾客提供资本密集型的标准化服务的是（　　）。

A. 航空公司　　B. 零售批发　　C. 汽车维修　　D. 医疗服务

4. 下列选项中，由具有专业知识和技能的专家向顾客提供个性化服务的是（　　）。

A. 咨询服务　　B. 娱乐场所　　C. 快餐服务　　D. 洗车服务

5. 在服务过程矩阵中，劳动力密集度低但交互与定制程度高的是（　　）。

A. 服务工厂　　B. 服务作坊　　C. 大众化服务　　D. 专业化服务

【案　例】

案例背景资料："互联网＋"[1]

新华网北京3月5日电（记者赵文君、齐中熙）5日提请十二届全国人大三次会议审议的政府工作报告首次提出"'互联网＋'行动计划"。这意味着，将培育更多的新兴产业和新兴业态，形成新的经济增长点，促进经济社会各领域的融合创新。

全国人大代表、腾讯CEO马化腾说，"互联网＋"概念，指的是利用信息通

[1] 资料来源：http://www.gov.cn/zhengce/2015-03/05/content_2826854.htm.

信技术以及互联网平台，把互联网与传统行业结合起来，创造新的发展生态。这意味着互联网与传统行业要进行深度融合。

3D打印、工业机器人、云计算、电子商务、快递物流……众多新兴产业和新兴业态蓬勃涌现。“这些都具备高科技、高附加值、高成长性，有很大的创业投资规模，蕴藏着巨大的市场空间。”全国政协委员、广东省政府参事刘昕说。

今年1月，首个促进新业态创新发展的国务院文件出台，国家已设立400亿元新兴产业创业投资引导基金。新兴业态带来了技术创新、产业融合、产业链整合、区域分工及企业组织方式的变革。

“中国电脑产量世界第一，但芯片主要依靠进口，芯片进口额已超过原油。”全国人大代表、中国工程院院士樊会涛说，基于云计算的新模式、新业态，如移动互联网、电子商务、互联网金融等，是实施创新驱动发展战略的有效手段，将为中国制造业转型升级提供有力支撑。

新兴业态还与人们生活的关联度越来越高。全国政协委员、国家邮政局局长马军胜说，小快递拉动大民生，年增长率超过40%的快递行业已步入大数据时代。通过移动互联网快速调动社会运力，在客户还没有下单之前，就能根据大数据的预测，将商品送到最后一公里物流的集散地。

春节的互联网“红包大战”，是新兴业态在移动支付和在线生活服务市场的激烈争夺。全国政协委员、中国财政学会副会长贾康说，新兴业态需要进一步激发创新活力，在市场竞争中赢得新发展。而政府的互联网思维转型，对推动产业互联网转型升级非常重要。互联网支撑下的新兴业态，需要政府和市场合作与互补，走向长期可持续发展的道路。

案例思考

我国服务业发展的新业态具有什么特点？

SERVICE
MANAGEMENT

第二章　服务战略

【学习目的与要求】

学完本章后，应当能够：

（1）理解战略性服务的内涵；

（2）解释服务竞争的特点；

（3）运用一般性竞争战略分析解决服务领域的问题；

（4）说明服务竞争战略的制定过程。

【本章概要】

本章阐释了服务包的概念，企业的服务是由支持性设施在内的，使用辅助物品实现的，显性、隐性和支持性服务的组合。服务包的五个要素可转化为构成战略性服务概念的四种结构要素——传递系统、设施设计、服务地点和能力规划，也可以转化为战略性服务概念的四个管理要素——服务接触、服务质量、能力和需求管理、服务信息。在特殊的服务竞争环境中，为了使企业获得竞争优势，可以选择的竞争战略有三种基本类型——全面成本领先、差异化或集中化战略。制定服务竞争战略的理论指导为战略服务观。

第一节　服务战略的概念与特征

一、战略性服务的概念

（一）服务包的概念

战略是企业为自己所确定的长远性的主要目的与任务，以及为实现此目的及完成此任务而选择的主要行动路线与方法。它所涉及的是企业的远期发展方向和经营结构。

企业远期发展方向是指由企业未来宗旨（或使命）所决定的产品结构和目标市场的发展方向，也称为企业未来的经营范围或经营领域。经营结构是指由企业宗旨和经营领域所决定的软结构和硬结构的有机总和。对于服务企业而言，服务包（service package）的概念可以较好地解释服务企业的软、硬结构的构成。

克罗格（Kellog）于1995年对服务包概念给出解释：由有形和无形两方面组成，当时视此为服务包唯一的特点，而服务包的优劣用有形和无形因素中满足顾客的程度来描述。[1]

[1] KELLOGG，LETORAH L NIE，WINTER. Framework for Strategic Service Management [J]. Journal of Operations Management，Holland，1995，13 (4)：323-325.

美国的詹姆斯·A·菲茨西蒙斯等研究人员于1998年在《服务管理：运营、战略和信息技术》一书中提出，服务包是关于服务的性质，甚至某一行业具体的服务也是由支持性设施在内的使用辅助物品实现的显性和隐性利益构成的服务包。服务包概念的提出为考察一系列产品和服务组合的效果提供了依据。[1]

企业的服务包是指企业在某种环境下提供的一系列产品和服务的组合。该组合包含以下五个要素（见表2-1）。

表2-1　　服务包要素构成表

支持性设施	提供服务前必须到位的物质资源
辅助物品	与服务相关的顾客购买或者消费的物质产品
显性服务	顾客可以用感官察觉到的、构成服务基本或本质特性的利益
隐性服务	能模糊感到服务带来的精神上的或非服务本质特性的收获和满足
支持性服务	提供现行服务所必需的支持性工作

资料来源：根据宋严军《TQM、ISO9000与服务质量管理》（机械工业出版社，2004年版）第225页归纳而得。

1. 支持性设施

支持性设施是在提供服务之前必须到位的物质环境，是服务的物质载体，包括各种提供服务所需的硬件设施、设备和物质空间，即提供服务前必须到位的物质资源。如高尔夫球场，滑雪场的缆车，餐饮企业的门店，厨灶炊具等。

2. 辅助物品

辅助物品是与服务提供相关的供顾客购买或者消费的物质产品，或是顾客自备的物品。如高尔夫球棒，滑雪板，食物，医疗器械，餐饮企业的菜肴，饮料，食物等。

3. 显性服务

显性服务是指顾客通过体验服务过程，可以用感官察觉到的、构成服务基本或本质特性的利益。如治疗后疼痛感的消失，修理后物品的重新使用，到餐饮企

[1] 〔美〕詹姆斯·A·菲茨西蒙斯，莫娜·J·费茨西蒙斯. 服务管理：运营、战略和信息管理［M］. 张金成，范秀成，译. 北京：机械工业出版社，2000：19.

业进餐后酒足饭饱，运动之后的轻松和惬意，在学校获得知识的满足，补牙后消失的疼痛感，以及从甲地平安地到达乙地等。

4. 隐性服务

隐性服务是指顾客通过体验服务过程，能模糊感到服务带来的精神上的收获，或非服务本质特性的收获和满足。如贷款办公室的保密性，购物免费停车，到高档餐厅就餐就体现了对所请客人的重视，是对顾客较高的身份和较强的经济实力的认同。

5. 支持性服务

支持性服务是指为提供显性服务所必需的支持性工作，常常表现为后台工作。如快餐厅厨师的烹调工作和洗碗工的清洁工作。

所有这些特性都要由顾客经历，并形成顾客对服务的感知。从服务要素的有形性和无形性角度，可以将它们之间的关系表示如图 2-1 所示。

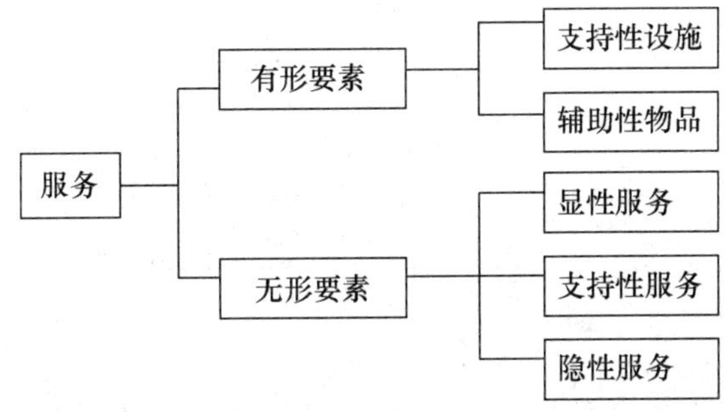

图 2-1 从服务要素的有形性和无形性角度看服务包组成

资料来源：宋严军. TQM、ISO9000 与服务质量管理［M］. 北京：机械工业出版社，2004：225.

格罗鲁斯将服务要素分为技术性要素和功能性要素。他认为，技术性要素构成了服务的技术质量，是可以衡量并且可控的，也可依据一定的规则去设计。而功能性要素构成的是服务的功能质量，是更深层次的隐含性的心理因素，受到被服务者主观感受的影响很大，很难被测量和控制。所以从服务提供的层次和各要素的可控制程度分析，服务包各要素之间的关系如图 2-2 所示。

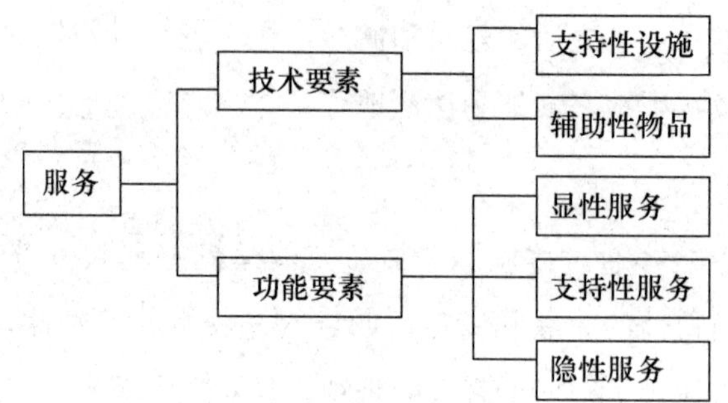

图 2-2　从服务提供的层次和各要素可控制程度看服务包组成

资料来源：宋严军. TQM、ISO9000 与服务质量管理［M］. 北京：机械工业出版社，2004：226.

从上面的分析可以看出，支持性设施、辅助性物品、显性服务、支持性服务和隐性服务之间从不同的角度来说具有不同的特性。这些服务包要素相互之间的关系综合表示如图 2-3 所示。

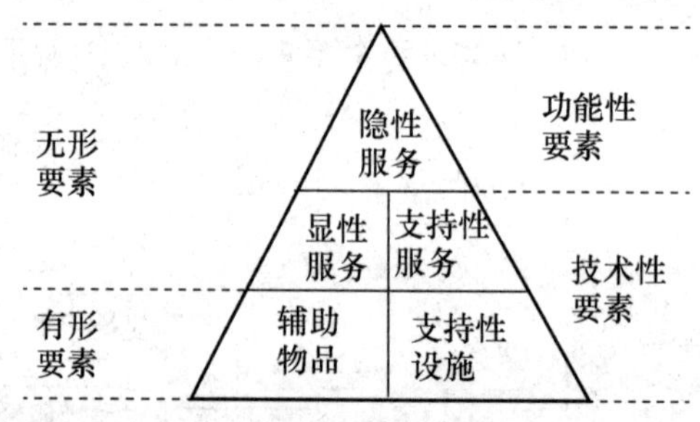

图 2-3　服务包的结构层次综合图

服务包结构层次图显示出这五个要素之间的关系：辅助物品和支持性设施处于整个服务包的底部，它们是有形要素，也是技术性要素的底部组成部分，它们直接为显性服务和支持性服务提供物质支持和基础；显性服务和支持性服务处于金字塔的中部，它们属于无形要素，是为顾客提供直接服务的要素，而且也是技术性要素较为高级的形式；隐性服务也属于无形要素之一，但它是整个“服务包”唯一的功能性要素，是更深层次的隐含性心理因素，而隐性服务是通过显性服务和支持性服务的过程来对顾客心理产生影响的。

在服务战略中，服务包的五个要素“将转化为战略上更具体的包含八个要素的战略概念或设计”。[1]

(二) 系统要素

能够勾画出战略性服务概念的系统要素，能够表明预期将提供什么样的服务，保证实现预期的战略目标。这些系统要素包括结构要素和管理要素两大类。

1. 结构要素

结构要素属于服务管理的硬件，指的是传递系统、设施设计、服务地点和能力规划四个方面的要素。

(1) 传递系统。服务传递系统包括服务前台和后台、自动化的服务流程及顾客的参与。由于服务的生产和消费密不可分，服务传递系统在服务过程中的重要作用不言而喻，往往影响甚至决定着服务总体战略。

(2) 设施设计。设施设计包括设施的规模、美学以及布局等，这将影响到顾客的感觉和态度，所以常被看作服务差别化战略的重要因素。

(3) 服务地点。一般来说，服务地点的选择要考虑顾客的人口统计特征和场所特征，单一或多个场所的规划往往是竞争战略的重要内容。

(4) 能力规划。由于服务具有不可储存性，服务能力的规划是平衡供需必不可少的环节。在进行能力规划时，要运用管理排队的理论和方法，规划服务人员数量、平均接待量或最高需求。

2. 管理要素

管理要素属于服务管理的软件，指的是服务接触、服务质量、能力和需求管理、服务信息等要素。

(1) 服务接触。顾客参与是服务的基本特性之一。在服务生产过程中，服务提供者和顾客之间必然发生接触，这种短暂的接触过程恰恰是顾客评估服务质量

---

[1] 〔美〕詹姆斯·A·菲茨西蒙斯，莫娜·J·菲茨西蒙斯. 服务管理——运营、战略和信息技术 [M]. 张金成，范秀成，等，译. 北京：机械工业出版社，2000：66.

的关键时刻。因此，服务管理人员必须营造良好的服务文化，并做好员工的管理，包括员工的挑选和培训，并利用适当的激励和授权，使员工在服务传递过程中与顾客有效地沟通，充分满足客户的需求。

（2）服务质量。顾客参与服务活动的过程便是对服务质量的感知过程，顾客对服务质量的评价是将这种感知同其对服务的期望进行比较的结果。如果感知的服务质量与期望的服务质量比较吻合，甚至超出期望时，顾客的满意程度就会较高，对服务质量的评价也就比较高；反之，如果对服务质量的感知没有达到期望，顾客就会产生不满，对服务质量的评价也较差。顾客对服务质量的评价具有一定的主观成分。每次服务接触都有可能使顾客满意或者不满意。要想使顾客满意，就应该重视服务的质量，建立相应的监督机制，采取服务担保等措施，以提高顾客的满意度，从而提高企业的竞争能力。

（3）能力和需求管理。当服务能力小于顾客需求时，顾客或者得不到服务，或者得不到令其满意的服务。所以，服务企业要采取一定措施来调整消费需求，同时通过队伍管理来扩大供给能力，从而保证服务需求与供给能力的平衡，以保证服务质量，从而使顾客满意。

（4）服务信息。如果企业重视信息管理工作，那么该企业就会得到比较多的竞争资源，通过相关数据的搜集，充分掌握顾客以及竞争者的信息，从而更好地满足客户需求，在竞争中取胜。

二、服务竞争的特殊性

（一）服务竞争环境的特殊性

1. 进入壁垒相对较低

由于服务创新无法像专利一样受到保护，容易被竞争者模仿，因而在大多数情况下，服务业不是一个资本密集型行业，新的竞争对手比较容易进入。尽管如此，服务业的进入壁垒在一定程度上还是存在的，例如，通过服务业务的不断创新来构筑的进入壁垒；航空运输、物流以及旅游业等通过规模经营降低单位服务业务成本所构成的壁垒；一些天然的旅游景区独自占有特殊的旅游资源，由于拥有垄断性的资源而获得强大的进入壁垒；证券投资等服务业务与资本密集型业务，大量的资金需求可以构成一定的进入壁垒。

2. 难以形成规模经济

由服务特性可知，服务的生产和消费是同时开始同时结束的，服务过程离不开消费者的参与，所以，消费者必须亲临服务现场，或者服务人员亲自上门服务。这样一来，不仅交通费用较高，而且由于许多服务都分散在不同的地方，为某一特定的地理区域提供服务，服务的市场范围受到限制。目前，现代科学技术的迅猛发展和企业经营模式的创新为企业扩大经营规模创造了条件，如特许经营可以使企业通过联合采购和分摊广告取得一定的规模经济效益。

3. 在谈判交易中很难占领主动地位

许多服务企业规模较小，在与强大的购买者或供应商的谈判交易中，它们常常比较被动，在讨价还价中处于不利地位。

4. 消费需求不规则波动

服务需求的变化往往要受到季节性、时令性或时间段等多种因素的影响，在不同时间的需求内容不尽相同，很多服务需求每季、每周、每天甚至每小时都在变化，几乎无规律可循。而服务又是不可储存的，需求低谷期富余的供给能力不可能存续到需求高峰期使用，可见服务供求矛盾是在所难免的。

5. 替代产品较多

服务替代存在多种多样的可能性。首先，创新的有形产品可以替代原有的服务项目，如家用多功能洗衣机替代洗衣房的服务；其次，不同的服务行业之间的替代，如航空运输与铁路运输之间的替代；最后，创新的服务项目能够替代原有的服务项目，如现代通信服务中移动通信服务对传统的电话、电报的替代。

6. 顾客忠诚度较难培育

提供个性化服务的企业能够形成一批忠诚的顾客群体，这也为其他服务企业设置了进入的障碍。但顾客忠诚度的培育是比较艰难的，因为顾客变更服务提供者的转换成本并不高。

企业制定竞争战略时要充分考虑服务竞争环境的这些特殊性，但不同服务企业所要考虑的重点各不相同。

（二）服务竞争要素的特殊性

有形商品的质量特性通常体现为性能、寿命、安全性、可靠性和经济性，消费者在选购商品时往往通过对这几个因素的评价分析进行决策。而无形服务的购买决策，其影响因素与有形商品是有所不同的。

1. 赢得消费者的条件

所谓赢得消费者的条件，是指那些能够吸引消费者的注意力，促使其采取购买行动的因素。主要包括可得性、方便性、价格、声望等。

可得性是指消费者如何得到所需要的服务，这是赢得消费者的首要条件。

方便性主要取决于地理位置、交通条件等因素，因为它们决定了消费者到达服务场所的方便程度。

价格是企业竞争最常用的手段。但对于服务业，由于成本是难以测量的，价格也难以判断，消费者往往根据自己的满足程度来判定服务的价值。此外，时间是构成价值的重要因素，所以它也是影响服务价格的重要因素。

声望是企业长期积累形成的无形资产。名声好的企业能够比较容易地得到消费者的信任，甚至可以使消费者愿意为之付出较高的价格。因此，声望也是赢得消费者的重要因素。

2. 失去消费者的条件

所谓失去消费者的条件，是指一旦服务达不到规定的条件就极有可能引起消费者不满甚至中断服务消费过程的因素。这些因素包括可靠性、个性化、速度等。

可靠性就是正常工作过程的性能，它表现为在规定条件下无故障特性的持续时间或概率。可靠性是服务质量的核心，是消费者基本需求的保证，失去可靠性的服务，也就意味着失去了消费者。

个性化是现代消费需求的突出特性之一，提供有特色的个性化服务不仅可以提高企业的竞争能力，也是留住消费者的基本手段。

速度是影响消费者满足度的特殊因素。服务的不可储存性使得服务供求匹配成为服务企业经常要面对的问题，如果服务速度过慢导致出现了排队等待现象，那就意味着有些消费需求得不到满足，就会有一部分消费者走失。

3. 进入服务市场的资格条件

进入市场的资格条件是指能够进入并在行业内生存的必备条件。例如，对于航空服务业来说，安全是最基本的资格条件；而对于餐饮业来说，食品的质量保证则是必备的基本因素。

第二节　一般性服务竞争战略

在激烈的市场竞争中，企业为了实现其既定目标可以选择的竞争战略有很多。归纳起来，可以概括为以下三种基本类型。

一、全面成本领先战略

全面成本领先战略又称低成本战略，是指在较长时间内企业在同行业中保持成本最低水平，靠低价格吸引消费者，使企业能够获得同行业平均水平以上的利润，赢得更高的市场占有率。

采用这一战略的服务企业应具备的条件是：具有一定规模的先进设备设施；不断进行技术创新；能够严格控制一切开支，最大限度地减少费用，以此来获得较高的市场份额。此外，企业靠较高的市场占有率赢得较高的利润后，又重新对先进设备投资，进一步维护其成本领先地位，这种再投资也是保持低成本状态的先决条件。

服务企业可以通过多种方式达到并保持全面成本领先地位，其中常见的几种基本方式如下。

（一）寻求低成本顾客

通过对潜在需求的分析可以发现，消费者的需求特征是存在差异的。有些消费者抱着求实、求廉的心理，注重服务的内在质量和效用，讲究经济实惠、使用方便，对服务的环境、方式等外在因素不太在意。如果将这一消费者群作为企业的目标市场，那么，服务成本就可以保持在比较低的水平，因为服务于这些消费者比服务其他消费者的花费要少。例如，在众多的零售商中，能够批量购买的零售商就是理想的低成本顾客。

（二）服务标准化

顾客需求的多样性会导致服务品种的增多，服务品种增加会降低效率，而服务标准化则可以用有限的服务满足不同的需求。饭馆里的菜单或快餐店食品都是标准化的例子，如麦当劳就采用生产线方法来满足顾客需求；在前台，顾客仍可按菜单点他们所需的食品；在后台，则采用流水线生产方式加工不同的元件（食品），然后按订货型生产（make-to-order）方式，将不同的元件（重点）组合，供顾客消费。这种方式生产效率非常高，从而达到低成本、高效率和及时服务。

（三）减少服务传递中人的因素

有的服务业通过操作自动化限制同消费者的接触，如银行的自动柜员机、商店的自动售货机。这种方法不仅降低了劳动力成本，而且能给顾客带来便利，容易被顾客接受。

（四）非现场集中作业

将不需要与消费者接触的那部分操作与消费者分离是常用的提高效率、降低成本的手段。许多服务，如理发和客运，如果消费者不在现场，就无法提供服务；而有些服务企业的服务交易和服务作业可以部分分离，如修理业可以在很多分散的站点收活，然后将收到的需要修理的对象集中到某个修理厂集中修理。集中作业可以享有规模经济和低成本的设施场地，同时避免消费者直接参与，从而有效地降低成本。所以，对于这些不一定非要消费者在现场的服务，服务交易和服务作业可以部分分离。

另一种常用的方法是设置前台和后台，前台直接与顾客打交道，后台专门从事生产运作，不与顾客直接接触。比如餐厅的前台服务员接待顾客，为顾客提供点菜服务；后台厨师专门炒菜，不与顾客直接打交道。这样一来，既可以改善服务质量，又能够提高服务效率。

（五）降低网络费用

凡是需要通过一套网络将服务提供者与消费者连接起来的服务企业，都面临着高额的开业成本，如电力公司、快递公司等。联邦快递公司曾通过使用独特的“中心辐射网”降低了网络费用，该公司在某一个城市装备了先进的分检设备的中心，这样，需要隔日送到的包裹可以通过这个中心送达美国任何城市，包括那些城市之间没有直接航线的地区。当新的城市添加到网络中来时，联邦快递公司只需要增加一条来往于中心的航线即可，无须在所有城市间都增加航线。

二、差异化战略

差异化战略是指企业提供的产品与服务具有与众不同的特色，这些特色表现在服务设计、技术特性、品牌形象、服务方式、交易网络等一个或几个方面。由于企业在某一个或几个方面与竞争对手不同，使企业能够被识别被认同，因而可以赢得消费者的信任和忠诚，在竞争中处于有利地位。

采用差异化战略，可以降低消费者对产品价格的敏感程度，有利于企业在特定领域形成独家经营的市场，取得差别经营利益。

近年来，由于科技发展水平和企业管理水平的日益提高，企业降低成本的空间越来越小，而消费者的消费水平却日益提高，对服务质量的要求也越来越高。因此，以有别于其他竞争者的特色服务来吸引消费者成为服务企业强有力的竞争手段，差异化战略的应用更为广泛。服务企业实现差异化战略的途径很多，常见的主要有以下几种。

（一）无形服务有形化

由于服务是无形的，不能即刻展示或交流，也难以进行服务的广告宣传。由于缺乏有形依据，消费者不易识别服务，也难以考核服务质量。因此，服务企业应尽量采取多种手段使无形服务有形化。

1. 树立品牌形象

服务企业可以为自己的服务制定一个品牌，以强化消费者的偏好。同时，设计出一个能代表该服务的品牌标志，也可以把服务同某种有形物体联系起来进行宣传，以便于消费者理解和记忆。

2. 宣传服务提供者

由于服务的不可感知性，消费者很难对服务本身的质量进行评价和比较，于是服务提供者的服务态度和服务技能就显得十分重要。因此，对服务提供者进行宣传，如对美容美发师技术和信誉进行宣传，就可以达到突出服务特色、提高竞争水平的目的。

（二）标准服务定制化

服务的差异化是建立在消费需求的基础上的，是能够满足某种消费需求的特色服务。因此，根据消费者不同的需求提供不同的服务，是提高顾客满意度的有效途径。

标准化的服务有利于提高效率、降低成本，而定制化服务是根据消费者自身要求而提供的特色服务，带给消费者的是个性的感受，同时也是消费者满意的服务。有时，定制化的服务并不需要付出多少成本，如记住顾客的名字、特征，这种定制化的关注通常可以给客人留下很好的印象，赢得顾客的满意，并且可以带来回头客。

（三）降低感知风险

由于服务具有无形性、差异性等特点，消费者评判服务的难度较大。当要进行购买决策时，许多消费者便产生风险感。由于对服务缺乏了解或自信，消费者希望服务企业能够提供一些相关信息。因此，服务企业不仅要保证其服务的特色和质量，还要注意做好服务沟通工作，通过有效途径向消费者传递相关信息，让消费者更容易地感受服务企业及其服务产品的独特魅力，进而产生信赖感，放心地去体验服务。

（四）重视员工培训

服务的互动性决定了服务过程离不开供需双方的共同参与，当消费者与服务人员接触时，真实瞬间所包括的所有服务要素都为之带来最生动的，也是最深刻的印象，会影响消费者的满意度和再次购买或使用服务产品的意向。因此，服务企业应加强员工培训，提高员工素质，以保证员工为顾客提优质服务，从而提升消费者满意度。实践证明，由于重视员工培训所带来的服务质量的提高，是竞争对手难以模仿的优势。

三、集中化战略

集中化战略是指企业聚焦于供应链的某一特定环节，或将目标集中于某一特定顾客群，通过深入了解消费者的具体需求，为某特定目标市场提供比竞争对手更为有效和优质的服务。这一战略是企业在一个或几个细分市场上保持成本领先或实施产品差异化战略，力求在较小的细分市场上占有较大的市场份额。其最突出的特征是企业专门服务于总体市场的一部分，通过满足特定消费者群体的特殊需要，或集中服务于某一有限的区域市场，来建立企业的竞争优势。

采用集中化战略，有利于企业集中使用人、财、物等资源，熟悉市场需求、竞争等方面的情况，精通有关的专门技术，进行专业化服务，取得规模经济效益。这一战略更适用于中小企业。

采用这一战略应具备的条件是：在行业中或在某一地区有特殊需求的消费者存在；没有其他竞争者试图在上述目标细分市场中采用集中化战略；企业经营实力较弱，不足以追求广泛的市场目标；产品在各细分市场的规模、成长速度、获利能力、竞争强度等方面有较大差别，因而使部分细分市场有一定吸引力。

第三节　服务竞争战略的制定

服务竞争战略的制定，旨在面对未来动荡不安的市场环境，企业能够在激烈的竞争中生存发展下去。因此，企业所制定的服务竞争战略必须能够体现消费者的利益，为消费者创造价值，只有这样，企业才能赢得消费者的青睐，拥有自己的市场。

哈佛商学院詹姆斯·赫斯克特教授（James L. Heskett）曾在《服务经济中的管理》（*Managing in the Service Economy*）一书中，提出了著名的“战略服务观”（strategic service vision）[1]，即“市场细分-市场定位-服务概念-价值/

[1] JAMES L HESKETT. Managing in the Service Economy [M]. Boston: Harvard Business School Press, 1986.

成本杠杆–经营战略–战略系统整合–服务传递系统”这样一个互动的过程结构（见图 2-4），这一理论成为企业制定服务竞争战略的理论指导。

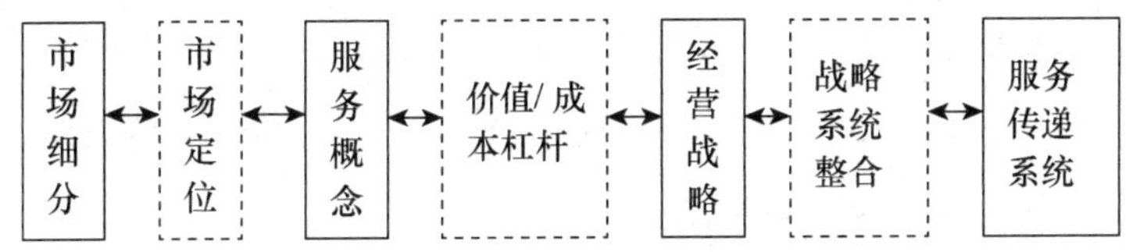

图 2-4　战略服务观的基本要素与整合要素

由图 2-4 可见，战略服务观由七个环节构成，Heskett 将之分为基本要素和整合要素两个部分。

一、基本要素

战略服务观的基本要素是指服务战略的核心组成部分，包括市场细分、服务概念、经营战略和服务传递系统四个要素。

（一）市场细分

市场细分的目的在于选择目标市场。因为消费需求是多种多样且又不断变化的，一个服务企业无论多大、实力多雄厚，也难以满足所有消费者的所有需求，占领整个市场。服务的不可分性决定了消费者要参与到服务过程之中，因而，选择一个合适的消费者群作为自己的服务对象，对服务企业来说具有十分重要的意义。

市场细分是根据消费需求的差异性，把规模较大的整体市场分成两个或两个以上具有类似需求的消费者群的过程。通过这样的过程，服务企业选择所要进入的目标市场，也就是确定企业能够为之提供有效服务的消费者群，这些人有着相同或极其相似的需求特征，这些特征可以体现在许多方面，如地理统计特征、人口统计特征或心理统计特征。

（二）服务概念

确定了目标市场，企业就要清晰地界定自己的服务概念，即明确企业为消费者提供的核心服务及其服务方式，并将服务概念中的关键元素传递给消费者，以便消费者清楚企业的经营活动内容。

（三）经营战略

经营战略是实现企业服务概念的途径，包括企业的运营、财务、营销、人力资源规划和控制等一系列的战略和策略，其目的是把企业服务概念转化为可以操作的具体内容。

（四）服务传递系统

服务传递系统是企业在提供服务过程中的运作系统，包括设施、布局、技术及设备、传递流程、员工培训、员工与顾客的交互作用等。服务传递直接影响服务质量，良好的服务传递系统有利于提高消费需求的满意度，从而强化企业的差异化优势，最终提高企业的服务竞争能力。

二、整合要素

战略服务观的整合要素是指连接战略服务基本要素的三个环节，即市场定位、价值/成本杠杆、战略系统整合。

（一）市场定位

市场定位是指服务企业根据市场竞争情况和自身资源条件，建立和发展差异化竞争优势，使企业自身及其服务在消费者心目中形成良好的形象的过程。这是连接目标市场与服务概念的整合环节。

市场定位强调的是，与竞争者比较，企业在满足市场需求方面应当处于什么位置，使消费者产生何种印象和认识。所以，企业在进行市场定位之前，首先要了解消费者的需求，以便能针对不同消费者群的需求特点开发出不同的服务；同时，服务企业还要清楚自己与竞争对手相比有哪些优势和劣势，以确定企业在市场上的位置。可见，企业在目标市场上进行定位的前提是市场细分和服务差异化，只有充分把握消费需求，才能有清晰的服务概念，为服务对象提供有特色的服务。

（二）价值/成本杠杆

价值/成本杠杆是指企业将其提供的有价值的特色服务与服务成本进行权衡，力争以最低的服务成本创造最大的服务产出，实现消费者的感知价值与成本间差额的最大化。这是连接服务概念与经营战略的整合环节。

（三）战略系统整合

战略系统整合是连接经营战略与服务传递系统的环节。服务企业所制定的经营战略能否实现，取决于其服务传递系统的保证性。战略系统整合的作用就在于保证服务企业的经营战略与服务传递系统之间的一致性，确保整个体系的完整性。

【本章小结】

服务包是指企业在某种环境下提供的一系列产品和服务的组合，这一组合包括支持性设施、辅助物品、显性服务、隐性服务和支持性服务五个要素。在服务战略中，服务包的五个要素“将转化为战略上更具体的包含八个要素的战略概念或设计”。这些系统要素包括结构要素和管理要素两大类，其中，结构要素属于服务管理的硬件，指的是传递系统、设施设计、服务地点和能力规划四个方面的要素；管理要素属于服务管理的软件，指的是服务接触、服务质量、能力和需求的管理、服务信息等要素。

服务竞争的特殊性可以概括为：进入壁垒相对较低、难以形成规模经济、在谈判交易中很难占领主动地位、消费需求不规则波动、替代产品较多、顾客忠诚度较难培育。

服务企业赢得消费者的条件主要包括可得性、方便性、价格、声望等；失去消费者的条件包括可靠性、个性化、速度等；进入服务市场的资格条件主要是安全和质量。

企业服务竞争的基本战略包括全面成本领先战略、差异化战略和集中化战略。服务企业保持全面成本领先地位常见的几种基本方式有：寻求低成本顾客、服务的标准化、减少服务传递中人的因素、非现场集中作业、降低网络费用；服务企业实现差异化战略的途径主要有：无形服务有形化、标准服务定制化、降低感知风险、重视员工培训。

战略服务观是企业制定服务竞争战略的理论依据。战略服务观由七个环节构成，Heskett 将之分为基本要素和整合要素两个部分。其中，战略服务观的基本要素是指服务战略的核心组成部分，包括市场细分、服务概念、经营战略和服务传递系统四个要素；战略服务观的整合要素是指连接战略服务基本要素的三个环节，即市场定位、价值/成本杠杆、战略系统整合。

【关键术语及其定义】

支持性设施 提供服务前必须到位的物质资源。

辅助物品 与服务相关的顾客购买或者消费的物质产品。

显性服务 顾客可以用感官察觉到的、构成服务基本或本质特性的利益。

隐性服务 能模糊感到服务带来的精神上的或非服务本质特性的收获和

满足。

支持性服务 提供现行服务所必需的支持性工作。

服务包 企业在某种环境下提供的一系列产品和服务的组合。

战略性服务概念 保证实现预期的战略目标、能够表明预期将提供什么样的服务系统要素。

全面成本领先战略 在较长时间内企业在同行业中保持成本最低水平，使企业能够获得同行业平均水平以上的利润，赢得更高的市场占有率。

差异化战略 企业提供的产品与服务具有与众不同的特色，因而可以赢得消费者的信任和忠诚，在竞争中处于有利的地位。

集中化战略 通过深入了解消费者的具体需求来更好地为某特定目标市场服务。

战略服务观 由哈佛商学院詹姆斯·赫斯克特教授提出的指导企业制定服务竞争战略的理论，包括市场细分—市场定位—服务概念—价值/成本杠杆—经营战略—战略系统整合—服务传递系统七个环节。

【讨论题】

1. 结合实际分析服务竞争环境有何特殊性?
2. 举例说明企业如何在服务领域运用全面成本领先战略取得竞争优势。
3. 结合实际说明如何才能实现服务差异化。
4. 分析集中化战略在服务业的运用情况。

【互动练习】

1. 顾客看牙医多次之后，牙齿疼痛的病症彻底消除了，这种构成服务基本或本质特性的利益是（　　）。

A. 显性服务　　B. 辅助服务　　C. 支持性服务　　D. 隐性服务

2. 服务包中与服务提供相关的供顾客购买或消费的物质产品或由顾客自备的物品是（　　）。

A. 支持性设施　B. 辅助物品　　C. 支持性服务　　D. 隐性服务

3. 顾客通过体验服务过程，能模糊感到服务带来的精神上的收获，是（　　）。

A. 支持性设施　B. 辅助物品　　C. 支持性服务　　D. 隐性服务

4. 一般来说，服务企业失去顾客的条件是（　　）。

A. 方便性　　B. 可得性　　C. 价格　　D. 速度

5. 服务企业赢得顾客的条件是（　　）。

A. 方便性　　B. 可靠性　　C. 个性化　　D. 速度

【案　例】

案例背景资料[1]

近年来，我国火锅业发展迅猛，连锁店网点数量不断增加，企业规模和实力不断增强，涌现出一些知名的火锅餐饮品牌，如德庄、小肥羊、海底捞、呷哺呷哺等。[2]其中，呷哺呷哺是我国台湾企业家贺光启先生于 1998 年创办的，他将吧台式小火锅引进大陆，经过十几年的精研细磨，逐渐形成了独具特色的经典口味，颇具规模的统一化、标准化的经营管理流程，已经发展成为国内规模最大的吧台式涮锅连锁企业。

呷哺呷哺虽然在快餐火锅行业独树一帜，但仍面临来自行业内部竞争者的威胁，由于小火锅这种形式很受欢迎，且快餐火锅业的入行门槛很低，投资限制较小，额度不大，而且利润可观，因此就存在大批的市场潜在进入者，甚至已经出

[1] 资料来源：张淑君，王月英. 服务设计与运营：30 余家品牌企业服务运营深度揭秘［M］. 北京：中国市场出版社，2016.

[2] 杨洋. 呷哺呷哺战略分析［J］. 经营管理，2011（5）：139.

现了模仿呷哺呷哺的“山寨者”，这给呷哺呷哺的品牌造成了很大冲击，致使其难以“突围”。

从行业内来看，国内的火锅品牌众多，且差异并不明显，呷哺面临着诸如“东来顺”“小肥羊”“重庆小天鹅”等行业内替代产品的威胁。同时，火锅业只是餐饮行业中的业态形式之一，且成为日常化的正餐或商务用餐的可能性都比较小，存在众多替代产品的威胁。另外，洋快餐如“肯德基”“麦当劳”等的威胁也不容忽视，现在西式快餐在中国三四线城市的发展速度极快，其餐饮文化对中国的影响日益深入，这也在一定程度上对呷哺呷哺形成了竞争威胁。

呷哺呷哺作为火锅餐饮企业，其服务需求存在很明显的时段性、季节性、时令性变化，在不同时点上不同消费者的需求都不尽相同，用餐高峰期排队等位现象已成为常态。而呷哺呷哺的供给能力是没有弹性的，受到经营面积、吧台式桌椅及火锅数量的限制，其需求低谷期富余的供给能力不可能存续到需求高峰期使用，所以其服务供求矛盾在所难免。

呷哺呷哺之所以能在竞争如此激烈的火锅行业中树起自己的一面旗帜，很大程度上要归功于其准确地把目标市场定位在青年群体上，其寻求的是低成本顾客。这类顾客往往抱着求实、求廉的心理，注重的是服务内在的质量和效用，讲究的是经济实惠，快捷方便。因此，考虑到目标人群的消费习惯，呷哺呷哺的菜品单价普遍较低，其人均消费一般不超过 50 元。最贵的菜品为眼肉和上脑，价格分别为 22 元和 20 元，而最贵的套餐为牛羊肉套餐，价格为 42 元。这样的价格水平远低于同业中的其他高端品牌。

在前台，点单式的菜谱、标准化的套餐都加快了服务效率，使顾客的就餐速度大大提升，以有限的服务满足了不同顾客的需求。在后台，现代化厨房设备取代传统的手工操作，食材的生产加工全部按照标准工艺和流程操作，确保了产品的安全和口感。

由于涮煮、添加小料等主要的“烹饪”工作都由顾客自己完成，同时，用电磁炉代替了以往火锅的酒精、石蜡点燃方式，由顾客根据自身需要调节火候，因而既减少了人工服务成本，又给顾客一种全新的体验，同时提高了服务效率和就餐满意度，使企业和顾客达到双赢。

由呷哺呷哺官网资料可知，2013 年其总店铺数就已经超过 400 家，成为全国大型连锁餐饮企业之一，拥有自己的冷链物流配送中心以及与农业合作社相结合的供应链管理运营体系，并采用网络管理信息系统进行配送和进货管理。所有门店当天中午 12 点前将其需求订单通过信息系统送达物流配送中心；门店订单经物流与采购汇总确认后直接到达原材料生产基地；基地当天下午完成采摘、分拣，并于当晚 24 点前运送到物流配送中心；物流中心边接收、边检测、边分拣，第二天早 8 点前将蔬菜等配送到餐厅门店，并保证全程冷链。另外，其汤底、小料均由中央厨房统一生产。这样一来，不仅保证了产品品质和服务质量，而且大大降低了其采购和运输成本，使供货效率大大提高[1]。

案例思考

1. 分析呷哺呷哺面临的竞争环境；
2. 分析呷哺呷哺的服务竞争战略。

[1] 富宇. 呷哺呷哺农餐对接新鲜配送［J］. 餐饮世界，2012（1）：11-12.

SERVICE MANAGEMENT

第三章　服务设计与开发

【学习目的与要求】

学完本章后， 应当能够:

（1） 理解新服务的基本内涵;

（2） 阐述服务设计与开发的动因;

（3） 概述新服务的设计与开发过程;

（4） 说明服务蓝图的作用;

（5） 了解服务流程的类别;

（6） 阐明服务流程设计的原则;

（7） 掌握服务设计的基本方法。

【本章概要】

本章界定了新服务的概念， 全新服务、 改良服务都属于新服务的范畴， 根据创新程度的不同可以分为六种类型。 新服务的设计与开发的动因来源于科技发展、 市场竞争的加剧、 消费需求的变化， 开发过程可分为导向、设计、 试验和引入四个阶段。 企业可以运用服务蓝图开发新的服务流程， 根据顾客需要、 服务的内容及其财务目标选择适宜的服务流程类型。 在讨论了服务设计应遵循的原则之后， 介绍了服务设计的基本方法。

第一节　新服务的开发

一般来说，凡是受消费者欢迎的服务都离不开精心设计。但由于消费需求的多变性，要想在激烈的市场竞争中立于不败之地，还必须不断完善现有的服务、开发全新的服务。

一、新服务的概念和类型

（一）新服务的概念

所谓新服务，是指新开发的前所未有的全新服务以及在原有基础上进行了改良的服务。只要是以前不曾提供的服务，不论是对服务传递过程的整体创新或重大变动，还是对现有的服务包、服务传递过程逐步做出改善，都能为消费者带来新的感受，因而都属于服务创新的范畴。

（二）新服务的类型

根据服务创新程度的不同，新服务可以分为以下六种类型。

1．完全创新（major innovations）

完全创新又称重大创新或主要创新，是指市场上未曾出现过的新型服务。这类服务处于产品生命周期的最初起步阶段，对其市场与价值难以评估和预测，因此具有高风险性和不确定性。通常，这些创新是靠以计算机为基础的信息技术推动完成的，作为市场的先行者，如果这些新服务获得成功，将能获得较高的回报和收益。

2．启动新的业务（start-up businesses）

启动新的业务是指为已经和正在服务的市场提供新的服务，或者这些新的服务与现有的服务组合在一起出现。

3．现有服务市场中的新产品（new products for the currently served market）

现有服务市场中的新产品是指为现有的服务消费市场提供新的服务项目，这些新的服务项目可以与原有的服务捆绑在一起来满足消费者需求，也可以在原有服务基础上单独提供解决方案。

以上三种新服务的开发被称为激进式创新，因为开发这些新服务需要较多资源投资，具有较大的风险性。而下面三种新服务的开发通常只需要对现有服务的相关人员、系统和技术做微小的调整，属于渐进式创新。

4．产品链的延伸（product line extensions）

服务产品链的延伸是指加长现有的服务线，包括丰富现有的服务项目，扩展现有的服务范围等。例如，美发店在传统的理发服务中，新增按摩、美容、美甲服务，这些都属于服务产品链的延伸。

5．产品改进（product improvements）

服务产品改进是指通过改变服务的特征，为顾客提供质量更好或价值更高的服务。包括加快现有的服务速度、增加服务花色、提高服务的等级等，如化妆品专柜为顾客提供的免费化妆服务。这些服务能提升顾客的消费满意度，有助于企业品牌忠诚度的培养。

6. 风格变化（style changes）

服务风格变化是指将服务项目作一些能使消费者直接感受到的改变，以影响消费者的感觉、感情及看法，直接刺激消费。这类变化主要包括服务场所的重新装修、服务产品形式的变化、服务人员的着装改变以及服务企业更换的统一全新的 logo 等。这是服务创新中最常见的形式，但改变的只是服务的形式，服务的根本性质没有变。

二、服务设计与开发的动因

进入 21 世纪，科学技术的发展突飞猛进，市场需求的变换化日新月异，消费需求的多样化和个性化特征越来越明显，这为服务设计与开发提供了可能或必要的条件。

（一）实现经营目标的需要

企业经营的目的是要实现预期的经济目标。对于服务企业而言，提高经济效益的途径之一是改进现有的服务质量，建立顾客的品牌忠诚度，以扩大市场占有率，增加盈利和收入。在消费需求多样化、个性化发展的今天，提高服务企业经济效益的另一个重要途径就是开发新的服务项目，以服务创新来吸引更多的消费者，更有效地提高市场份额、增加企业利润，从而实现企业的经营目标。

（二）提高竞争能力的需要

由于服务企业为消费者提供的只是一种服务，容易被竞争对手所模仿，行业的同质化现象比较明显。一方面，成本领先战略难以获得较大的利润空间和市场份额；另一方面，激烈的竞争也是刺激新服务开发的因素。因此，企业需要不断地创新，提供差异化的服务，以增强服务企业的竞争能力。

（三）平衡服务供求的需要

相对于实物产品的需求，服务需求具有一定的波动性。当服务需求处于低谷时，该服务的收益就处于一种瓶颈状态。只有开发出新的服务项目，才能唤起消费者新的需求，从而运用闲置的人力资源和设备设施，获得新的利润。

（四）技术进步的推动

技术的革新与进步不仅使现有的服务水平提高到新台阶，同时也派生出新的服务需求和机会。因为无论多好的服务创意，都要依托现有的技术水平才能实现，正如没有计算机的发明，酒店客房的管理就无法电子化；同样，技术进步也催生着新服务的产生，如电子信息技术的发展，使得航空机票从纸质票时代进入了电子客票时代，既提高了航空公司的服务效率，又为乘客带来了方便，同时也有利于节省资源。

（五）全球经济一体化的推动

全球化、区域化将世界各地有效地联系在一起。随着全球贸易的发展，国家和地区之间的联系愈加紧密，这为服务企业的发展提供了新的契机。面对这样的机会，服务企业必须设计和开发新的服务项目，以适应全球经济一体化的新趋势。

三、新服务开发的过程

新服务的设计与开发过程可分为导向、设计、试验和引入四个阶段，包括15个步骤（见图3-1）。[1]

---

[1] 〔美〕森吉兹·哈克塞弗，等．服务经营管理学（第二版）[M]．顾宝炎，等，译．北京：中国人民大学出版社，2005：229.

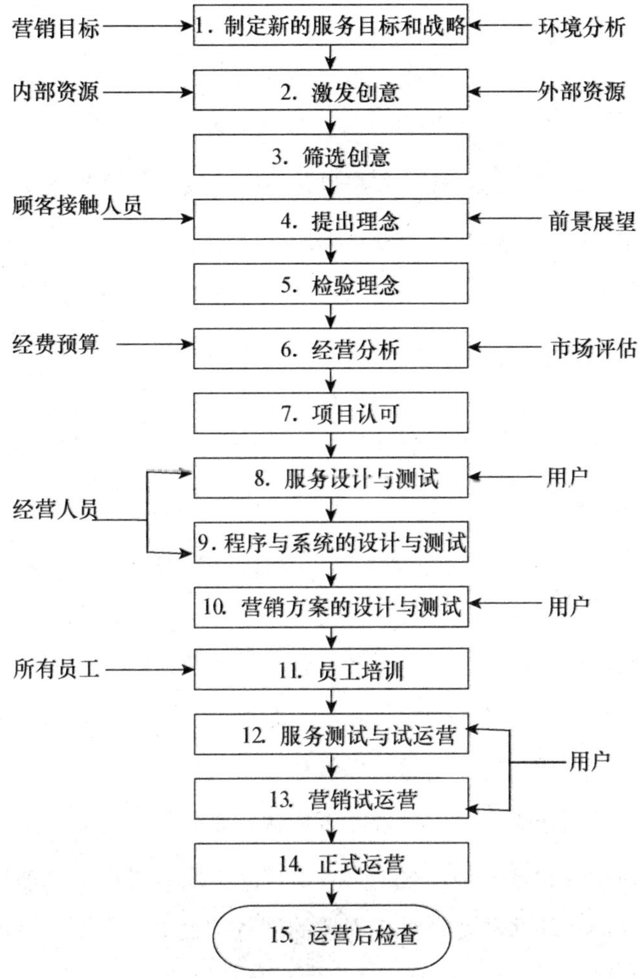

图 3-1　服务设计与开发模型

（一）导向阶段

这一阶段决定了服务设计与开发的方向，包括制定新的服务目标和战略、激发创意、筛选创意三个步骤。

首先是要制定新的服务目标和战略。任何一家企业都会有全局性战略和规划，其服务战略和目标的确定必须服从于企业的总体目标，并且以目标市场的需求为导向。

新的服务目标和战略制定完成之后，接下来就是要激发创意。新服务的创意来源很多，可以动员企业全体员工参与，但更多的创意可能来自顾客、供应商，甚至是竞争对手。激发创意思维的方法也很多，主要有集体思考法、水平和垂直思考法、跳跃联想法、转移经验法等。

激发的创意可能有很多，但每个最初的创意雏形都或多或少存在缺陷，并且这众多的创意中只有少数几个能够在市场上成功运作，所以下一步是要筛选创意。即把通过各种渠道和途径获取的创意搜集在一起，然后对这些创意进行分析比较，从中筛选出少数有希望的创意。在筛选的过程中，要谨慎仔细，注重创意的可行性和潜在收益性。

（二）设计阶段

这一阶段包括从提出理念到员工培训的八个步骤。

提出理念是将经过筛选的创意发展成为服务理念。服务理念所表达的是为消费者创造什么利益，如何解决问题，提供什么价值。

检验理念的目的在于了解消费者能否理解并接受服务理念，服务项目能否满足顾客需求。检验理念是一种调查工具，运用这一工具可以发现消费者对哪些创意感兴趣，从而淘汰那些消费者没有兴趣的创意，集中精力发展对消费者有吸引力的服务理念。

经营分析包括市场评估、需求分析、收入预测和成本分析。这是在服务理念获得认可之后，进一步检验服务理念在经济上的可行性。如果分析结果表明，服务理念将会有足够大的市场，运营后能为企业带来所期望的利润，就可以向高层管理者推荐实施这一服务。

如果经营分析和利润预测的结果符合企业高层管理者的标准要求，那么这一服务项目就会被认可，这就意味着新服务的设计和实施所需的资源将有所保证。

服务设计与测试阶段必须要对服务做出详尽描述，突出其特征，以区别于其他的服务。但是，服务设计与测试往往是与下一步程序和系统的设计与测试并行操作的，因此，在实际操作中需要跨部门的团队合作。

在程序和系统的设计与测试过程中，要完成最详尽的服务设计，因为大多数服务都是操作流程的产物。此时的设计决定着服务的品质和价值，可以运用基于质量功能展开的质量屋、标杆管理、服务蓝图等方法进行设计，并需要进行反复修改、调整和内部的检验测试。

营销方案的设计与测试需要在潜在顾客的配合下进行，这是对新服务项目的品牌宣传、渠道推广、促销策略等方案的设计和测试。

员工培训首先是对新员工的招聘，这要与服务设计同步展开；当新员工被招募选定之后，就要对他们进行培训，使之了解整个服务系统，并赋予他们一定的权力，以及时有效地为消费者服务。

（三）试验阶段

这一阶段包括服务测试与试运营、营销试运营两个步骤。

服务测试与试运营是一种实地测试，旨在获取第一手资料，以判断消费者对服务的认可度，并根据消费者的反馈信息进一步完善和改进服务。测试与试运营的范围一般选定在有限的一个或几个区域内。

营销试运营的目的在于检验新服务项目及其营销方案的可行性，试运营的范围略广一些。

（四）引入阶段

这一阶段包括正式运营和运营后检查两个步骤。

正式运营是指在新服务测试完毕并调整、改进之后将服务全面推向市场。

运营后检查的目的在于测定预期目标的实现程度，并决定是否需要做进一步调整、修改和完善。这一步并非服务设计与开发的最后一个环节，而应当时刻注意服务员工和消费者的反馈以及运营环境的变化，不断地改进和完善服务设计，以保持服务的高质量和高效率。

第二节　服务流程设计

将服务创新的最初设想变为可操作的服务系统，需要借助一定的工具。服务蓝图是一种进行服务设计的基础工具，它从企业的角度对服务系统进行描述。服务流程也是进行服务设计的基础工具，它从顾客的角度来描述服务系统。

一、服务蓝图

（一）服务蓝图的概念

服务蓝图是一种基于过程流程图的设计工具，它是一种有效描述服务提供过程的可视技术，以一种直观的方式展示现有的服务过程，既可以用来分析改善现有服务过程，又可以用来开发新的服务流程。

由图 3-2 可见，服务蓝图包括顾客行为、前台员工行为、后台员工行为和支持行为。其中，顾客行为是指顾客在购买和消费服务以及对服务进行评价的过程中所采取的行动及其程序，其中包括与员工的互动，比如在快餐店，顾客先要排队、点餐，然后再用餐，或许还要填写服务质量评价表等。前台员工行为是指顾客能够看到的服务人员的行为及其程序，比如快餐店的前台服务人员为顾客推荐餐饮、填写点餐单、收款、开具发票等。后台员工行为是指顾客看不到的服务人员为支持前台服务所采取的行为，比如快餐店厨师的烹调和洗碗工的清洁行为。支持行为是指发生在企业内部的支持服务人员的所有服务行为及其程序，其中包括内部员工之间的互动，比如快餐店的材料购买和储存等。用于连接以上四种行为的箭线称为流向线，而将以上四种行为隔离开的三条线依次为外部互动线、可视线和内部互动线。

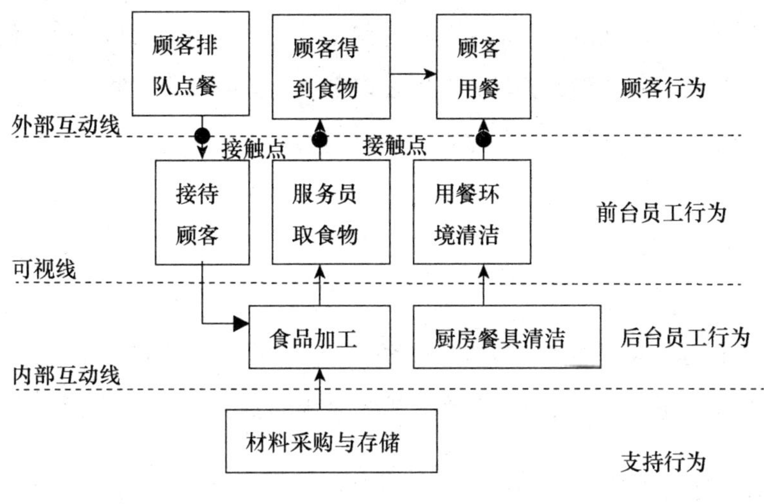

图 3-2 快餐店服务蓝图

（二）服务蓝图的作用

1. 清楚地将前台与后台分开

服务蓝图是国际上流行的一种用于服务过程设计的标准工具，它比服务流程的口头及文字的表达更加精确，因此减少了口头及书面表述过程中可能产生的概念不清和误解，且简单直观。如图 3-2 所示，一条可视线将顾客能看到的服务行为与不能看到的服务行为分开，前台员工的服务行为属于高顾客接触作业，是顾客一目了然且可以亲身体验的；而后台员工的服务行为则属于低顾客接触作业，是顾客看不到的。

2. 明晰服务细节

就像建筑蓝图可以描述建筑整体的结构一样，运用服务蓝图可以确定原料以及服务过程中每一步的细节。同时，运用服务蓝图还可以确定某些关键性操作的标准或最大执行时间，所谓关键性操作指的是那些决定服务效果的要素。

3. 事先识别潜在服务失误和薄弱环节

服务蓝图是对服务传递系统的准确定义，运用这一工具可以在进行任何实际的承诺和行动之前，通过书面对服务进行概念上的创新、研究和检验。同时，运用服务蓝图还可以鉴别潜在失误，及时发现服务流程中可能的失败点，从而及时采取调整措施，防止失误，以此来保证高质量的传递服务。

二、服务流程选择

服务流程选择是指服务企业根据顾客的需要、提供服务的内容以及企业自身的财务目标等因素确定整个服务过程，选择最优的服务流程。

（一）服务流程的类型

根据不同的分类标志，可以对服务流程进行不同类型的划分。

1. 按服务差异化程度划分

根据服务差异化程度大小的不同，可以将服务流程分为标准化服务与专业化服务两大类。

差异化程度低的为标准化服务，这种服务流程具有简单重复性，对服务人员的要求不高，也可以用自动化的机器设备代替人员操作。

差异化程度高的为专业化服务，这种服务流程没有固定的模式，要求服务人员具有较高水平的服务技巧和分析判断的能力，适时地与顾客进行沟通，以灵活的服务来满足顾客的个性化需求。

2. 按服务的客体划分

一般来说，服务流程的客体可以是实体产品、信息和人。

以实体产品为服务客体的服务流程，是在服务现场对顾客的有形资产实施服务行为，顾客本人不必在场。如汽车修理、衣物干洗等服务均不需顾客留在操作现场，但服务人员对其服务作用的客体特别爱护，必须保证这些实体物品没有任何损坏。

以信息为服务客体的服务流程，是服务于顾客的资金财务、数据文件等无形资产，顾客本人也没有必要留在服务现场，甚至可以不与服务人员发生任何面对面地接触，只需通过网络、电话等现代服务技术和设施进行信息交流。

以人为服务客体的服务流程，是在服务现场对顾客本人的身体或精神发生服务行为，使顾客的身体面貌、精神状态或地理位置发生变化。如医疗、美容、客运、教育等，这种服务流程具有与顾客的高接触性，对服务员工的技术水平及沟通能力都有一定的要求。

3. 按顾客参与服务的方式划分

根据顾客参与服务的方式不同，可以将服务流程分为直接参与、间接参与和无参与三种类型。

直接参与是指在服务过程中顾客与员工密切接触、交互影响；或者顾客自助服务，与服务人员无任何交互作用。在这种服务流程中，要求顾客必须熟悉服务环境。

间接参与是指顾客通过电子媒介与服务员工交流；无参与是指服务在完全没有客户参与的条件下完成。这两种类型的服务流程均不需要顾客出现在服务过程中，可以使顾客与服务传递系统分割开来。

（二）服务流程设计过程

进行服务流程的设计，首先要细分服务过程，其次查找其中的薄弱环节，并制订详尽的时间计划，最后还要分析成本收益。

1. 细分服务过程

在进行服务流程设计之前，首先要把服务提供的整个过程分为几个阶段。这样划分的原因在于，服务尽管是无形的，但是整个服务的提供不可能仅仅靠某一个部门进行，必须要通过几个部门的协调运作来进行。因此，把服务提供过程按照流程顺序和工作内容进行划分是十分必要的，这也是服务流程设计的前提。

2. 鉴别薄弱环节

对服务流程的整个过程和各个步骤进行分析，对一些可能出现问题的环节进行预先矫正。有些环节是直接与客户接触的，这些环节往往最容易发生问题。设计者可以通过绘制整个服务的流程图，将容易出现问题的环节识别出来，制定相应措施，防患于未然。

3. 制订时间计划

明确了服务流程的环节和可能出现问题的环节之后，需要制订一个详尽的、可操作性强的时间计划。由于服务的特殊性质，服务的成本和时间有密切的关系，因此，对整个服务流程要制订比较可行的时间计划，这样可以对员工的工作进行量化考核，同时也方便企业进行管理。

4. 分析成本收益

设计的流程不仅要具有可操作性，更重要的是能够符合经济性的要求，作为营利性的组织，服务企业要求整个服务流程可以给企业带来最大的收益。对于服务流程的经济性分析主要从财务角度着手，进行成本收益分析，影响成本和收益的因素主要包括原材料的价格、各种管理和期间费用的支出以及员工工资支出等，企业的流程设计的目标是保证整个流程的成本最小。

三、服务设计的原则

任何行业的设计都不是脱离现实的空想，都必须基于该行业的现实情况和企业自身的现状。在设计过程中，要遵循以下原则，保证服务设计具有可行性。

（一）从消费需求出发

在服务设计中，最先要考虑的因素就是消费需求。消费需求既是服务设计的出发点，也是服务设计的核心。

首先，要分析消费者的基本特征，一个企业在充分了解潜在消费群体的特征之后，才可能设计出让消费者满意的服务。对目标对象进行特征分析时，主要从性别、年龄、职业、收入、生活地区和生活方式六个方面收集信息并加以整理，归纳出消费者的个性和兴趣。

其次，在对消费者特征分析的基础上，对消费者的潜在需求加以判断。每个消费者的需求往往不止一个，企业是无法满足所有消费者的所有需求的。因此，在分析出消费者的潜在需求后，要寻求出企业能够给予消费者的服务。服务分为核心服务和补充服务，其中，核心服务是指能够满足顾客的大部分基本需求和重要需求的服务；补充服务是指向顾客提供额外利益的其他服务。[1]

（二）制定竞争性服务战略

服务战略的制定可以构建企业的竞争优势，这种优势会在消费者心目中转化为服务价值。没有价值的服务，消费者是不愿意支付和购买的。因此，制定服务战略的第一步就要分析服务能否给顾客带来价值以及能带来多大的价值。

服务与实物产品不同，制定服务战略需要突出服务的差异性和独特性。为了获得差异化的服务，顾客愿意支付额外的费用。一家企业如果能提供独一无二的服务，就会在消费者心中留下独特的印象，从而成为企业的盈利点。

（三）使用并行工程方案进行设计

服务是一个产出和消费并行的过程。在服务设计时，除了服务本身，还需同时设计服务传递系统、服务人员的需求以及服务实体环境。四要素同时考虑，才是一个完整的服务设计。并行工程设计能够节约设计时间，加强各职能部门的交流，提高服务效率和服务质量。跨部门的团队合作，能最大限度调动员工的创造

---

[1] 〔美〕森吉兹·哈克塞弗，等. 服务经营管理学［M］. 2版. 顾宝炎，等，译. 北京：中国人民大学出版社，2005.

性，设计出顾客满意的服务产品。

（四）关注顾客和服务人员

服务流程设计是服务设计中最重要的一环。过程的好坏，直接影响到服务项目实现的效果。

顾客是服务项目的最终受用者，在流程设计上应优先考虑顾客的感受。服务过程可能涉及多个服务部门和人员，顾客享受服务的过程，要尽可能地减少中间环节，满足快捷和方便的要求，提高服务满意度。例如，北京市民乘坐地铁时，在换乘环节上需要花费大量时间和精力，在北京地铁 4 号线建设的规划中，设计者们将“零换乘”作为地铁站点设计规划的一个重要目标，力求给乘客带来最大的便利。

然而，在设计过程中也不能忽视服务人员。服务的实现需要服务人员的劳动，不能为了要顾客尽可能满意而令服务人员付出大大超出其劳动负荷量和服务实现的可行范围的服务。服务人员实现服务劳动产出的过程也需要有条不紊，否则，难以达到预期的服务质量和服务水平。

（五）把后台服务作为前台服务的依托

服务前台是直接与顾客进行服务交易的场所，是感受服务效果的直接场所。但是，上乘的服务背后存在一个设计缜密详细的后台操作过程。后台服务是前台服务的基础，根基越稳，原有的设计效果才越可能实现。

（六）注意数据收集

数据不仅用于设计服务决策，还可以作为监测、评估服务质量的参考。新服务实施之后，对企业业绩、收入变化数据的收集，对顾客满意度、顾客建议的调查，能评测出服务的质量，有助于改进服务工作。因此，服务设计之初，预先制定一套有效的数据收集方法，能迅速获取消费者对服务质量的反馈信息，降低反馈滞后的消极影响。

（七）注重系统的适应性并不断改进

服务设计的顺利实现可能会受到外部环境的影响，尤其是突发事件的制约，如国家新政策、经济大背景等。服务系统必须具有应对各种突发状况的能力。服务设计系统要松弛有度，在保证构造的大框架不变的前提下，内部各环节需要一定的灵活性。新服务推出后未能达到预期目标或者服务推出一段时间后收效不显著，就应该根据消费者的需求和外部环境的变化做出相应的调整和改进，不断改进服务。

四、服务设计的方法

服务设计的基本方法包括工业化设计法、定制化服务设计法、技术核分离设计法等。

（一）工业化设计法

工业化设计法又叫生产线设计法，是借助制造业的经验来管理服务运营，试图在服务的各个环节提供标准化的服务，以保证稳定的质量和高效运转，从而使服务企业获得成本领先优势的方法。在根据这一方法设计的服务提供系统中，顾客的参与程度最低，其特征体现在以下三个方面。

1. 环境系统的标准化

服务环境、设备设施及操作规范都必须统一标准。例如当顾客走进麦当劳，即使没有看到它的标识也能快速而准确地认定这就是麦当劳，因为每一家麦当劳的装修风格都是一样的。

2. 服务产品的标准化

为消费者所提供的服务是一致的，这种标准化的常规服务使得服务项目的数量受到限制，但同时也使服务变成了事先设定好的常规工作，当顾客准备接受服务时，事先就可以预测到自己大概会得到什么样的服务。标准化便于顾客有序流动，便于稳定服务质量，只要企业提供的标准化服务能满足顾客的适当期望，企业便可以以这种最低的成本进行标准化生产，获得最大的收益。

3. 自动化设备的应用

通过分析服务运营的各个阶段，在适当的地方采取机械化和自动化设备来替代劳动密集型的人工操作，以提高标准化程度和服务效率，减少人为差错。如麦当劳采用的自动烹饪设备、自动点餐和收银机，保证了后台食物制作、前台接待顾客的质量和标准，提高了服务效率。

运用工业化设计法的前提是要有明确、细致的分工，这样有利于实现服务的专业化和规范化，也便于以机器替代手工。所以说，劳动分工决定着服务设计与运营的效果，是服务设计中非常重要的基础性环节。此外，工业化设计重点是用现代化的软硬件技术和设施替代人工操作，为此，必须考虑技术应用范围的大小、程度的深浅以及具体环节等，所应用的技术必须易于操作。为了减少人为因素的影响，服务人员的行为也要标准化，这需要事先制定明确的服务流程和操作规范，只要员工执行这些规定，就可以保证服务质量、提高服务效率。

这一方法适用于技术密集型的、标准化和大规模的服务。

（二）定制化服务设计法

随着服务业的发展，人们对于服务的要求不断提高，顾客需求的个性化日益突出。因此，企业的服务设计开始重视顾客需求的差异性，把顾客作为一种生产资源来对待。

定制化服务设计法是基于顾客需求的个性化，试图使顾客参与到服务过程之中，以提高顾客满意度的方法。即在服务过程中，顾客并非只是一个被动的旁观者，在某些服务环节，顾客是积极的参与者。其特征体现在以下四个方面。

1. 强调消费需求的个性化

运用定制化服务设计法进行服务设计，要充分地把握目标市场的需求特点：分析消费需求的偏好和个性化特征；分析顾客在服务提供过程中可能出现的各种行为和需求，如儿童或残障人的特殊需求；分析整个服务流程，确定由顾客参与的具体环节以及参与程度等。可见，运用这一方法所设计的服务系统能更好地满足顾客的需求偏好，因而，顾客的满意度和忠诚度也比较高。

2. 突出服务提供系统的灵活性

定制化服务设计法的突出特点是强调在服务过程中顾客的参与性。所以，其服务传递系统必须为顾客参与和控制留下一定的空间，并通过巧妙的设计使顾客能够尽快掌握操作技巧，避免由于顾客参与而影响服务的效率。为此，可以对顾客进行适当的培训，也可以利用广告宣传等大众传播形式介绍相关设施设备的使用方法，或在顾客方便看到的地方做出比较详细的使用说明，让顾客能快速地掌握、积极地参与，并能体会设计者的用意，与设计者有更为直接的交流，这对于进一步提高服务质量也有重要的作用。

3. 员工拥有更大的自主权

运用定制化服务设计法进行服务设计，不仅强调消费需求的个性化和顾客的参与性，也为企业的服务员工制定了相应的服务措施、操作规范和授权方式，以保证服务员工能够积极参与服务过程，有效地为顾客服务。

4. 动态监控和评价服务绩效

由于服务具有差异性，不同的消费者对服务的要求是不一样的；即便是同一个消费者，在不同的时期对服务的要求也是不一样的。因此，对服务绩效的监控和评价系统要随消费者的变化不断进行调整，这需要时刻注意并及时评价服务的提供过程和结果，不断改进服务系统，提高服务质量。

由于定制化服务设计法强调服务的个性化，这难免会影响服务系统的运营效率。因此，在强调顾客参与的同时也要注意整体的效率，适当安排好顾客参与的环节，适度限制顾客参与的程度，通过发挥顾客在提供服务过程中的作用来提高服务效率，从而使企业获利，使得整个服务过程得到改善。

定制化服务设计法适用于个性化的服务，当顾客参与的程度达到最大时，就表现为自助服务。

（三）技术核分离设计法

技术核分离设计法是指将服务系统分为高顾客接触部分和低顾客接触部分，对这两个不同的部分按照不同的方法进行单独设计。

顾客接触是指顾客出现在服务系统中直接参与服务过程；顾客接触程度是指顾客出现在服务系统中的时间占服务总时间的比重。

在高顾客接触服务中，顾客通过直接接触服务过程决定了需求的时机和服务的性质，顾客的体验和感知决定了服务感知质量的高低。因此，在进行服务设计时，可以运用定制化服务设计法，充分考虑到顾客感知，强调差异化服务和顾客参与。这对服务人员要求较高，灵活度较大。

在低顾客接触服务中，服务作业可以像制造工厂一样运营，不必考虑顾客的感知。因此，可以采用工业化设计法进行服务设计，使服务系统能够在高度标准化下进行批量生产以实现规模效益。

最后，要对整个服务系统的各个部分进行全面的考核和评价，以发现未能很好衔接以及其他未能使系统综合运营水平达到理想目标的环节，并对整个服务系统进行全面的完善。这样一来，顾客既可以感受到个性化的服务，同时又可以通过批量生产来实现规模经济。

技术核分离设计法能否成功的关键在于，服务生产过程中需要的顾客接触的程度大小以及在低顾客接触服务中分离核心技术的能力高低。高顾客接触服务同低顾客接触服务在设计特点上的主要区别见表 3-1 和表 3-2。高顾客接触的活动对服务员工的人际技能要求较高，因为在这些活动中，顾客决定服务的需求并在一定程度上决定服务本身，所以，服务的水平和任务是不确定的；而低顾客接触部分则可以与高顾客接触部分在实体上完全分离，按工厂运营的方式操作后台服务，充分利用企业的生产能力，这也充分体现了前台服务与后台服务分离带来的益处。

表 3-1　　高顾客接触与低顾客接触服务设计的差异

设计思想	高顾客接触	低顾客接触
组织目标	顾客满意度高	运营效率高
设施选址	接近顾客	接近供货、运输地点和港口
设施布局	考虑顾客的需求和期望	考虑生产能力的利用
产品设计	环境和实体产品决定了服务的性质	顾客在服务环境之外
过程计划	生产环节对顾客有直接影响	顾客不参与大多数处理环节
进度表	顾客包括在进度表之中	顾客主要关心完成时间
生产计划	为了不让顾客流失，订单不能被搁置	可能顺利生产也可能出现障碍
员工技能	较高的人际关系技能和服务技巧	只需具有一种技能
质量控制	质量标准取决于评价者，是可变的	质量标准可以测量，是固定的
时间标准	由顾客需求决定，不严格	时间标准严格
工资支付	易变的产出要求，按时计酬	固定的产出要求，按件计酬
能力规划	生产能力的设计标准是满足最大需求以避免销售损失	储存一定的产品以使生产能力保持在平均需求水平之上
预测	短期预测，以时间为导向	长期预测，以产品为导向

表 3-2　　高顾客接触与低顾客接触服务的不同控制特点

控制系统的特征	高顾客接触服务	低顾客接触服务
工作表现的衡量标准	主观，变化	客观，固定
缺点的衡量标准	不精确	较精确
反馈信息的明确程度	难	易
缺点的改善	必须立即进行	可以稍缓

运用技术核分离设计法时应特别注意与顾客接触程度的确定，因为这是划分高顾客接触部分与低顾客接触部分的主要依据。此外，还要注意前台与后台的衔接，因为这是影响服务系统整体运营效率的关键问题。

【本章小结】

新服务是指新开发的前所未有的全新服务以及在原有基础上进行了改良的服务。根据服务创新程度的不同，新服务可以分为完全创新、启动新的业务、现有服务市场中的新产品、产品链的延伸、产品改进和风格变化六种类型。服务设计与开发的动因主要是：实现经营目标的需要；提高竞争能力的需要；平衡服务供求的需要；技术进步的推动；全球经济一体化的推动。新服务的设计与开发过程可分为导向、设计、试验和引入四个阶段，包括十五个步骤。

服务蓝图是一种基于过程流程图的设计工具，它是一种有效描述服务提供过程的可视技术，以一种直观的方式展示现有的服务过程，既可以用来分析改善现有服务过程，又可以用来开发新的服务流程。服务蓝图的作用：一是清楚地将前台与后台分开；二是明晰服务细节；三是事先识别潜在的服务失误和薄弱环节。服务流程选择是指服务企业根据顾客的需要、提供服务的内容以及企业自身的财务目标等因素确定整个服务过程，选择最优的服务流程。根据不同的分类标志，可以把服务流程划分为不同的类型。进行服务流程的设计，首先要细分服务过程，其次是查找其中的薄弱环节，并制订详尽的时间计划，最后是要分析成本收益。服务设计的主要原则是：从消费者需求出发；制定竞争性的服务战略；使用并行工程方案进行设计；专注顾客和服务人员；把后台服务作为前台服务的依托；注意数据收集；注重系统的适应性并不断改进。服务设计的基本方法包括工业化设计法、定制化服务设计法、技术核分离设计法。其中，工业化设计法是借助于制造业的经验来管理服务运营，试图在服务的各个环节提供标准化的服务，以保证稳定的质量和高效运转，从而使服务企业可以获得成本领先的优势。定制化服务设计法强调顾客需求的个性化，鼓励顾客积极参与服务过程，即在服务过程中，顾客并非只是一个被动的旁观者，在某些服务环节，顾客是积极的参与者。技术核分离设计法将服务系统分为高顾客接触部分和低顾客接触部分，对这两个不同的部分按照不同的方法进行单独设计。

【关键术语及其定义】

新服务　是指新开发的前所未有的全新服务以及在原有基础上进行了改良的服务。

服务蓝图　是一种基于过程流程图的设计工具，它是一种有效描述服务提供过程的可视技术，以一种直观的方式展示现有的服务过程，既可以用来分析改善现有服务过程，又可以用来开发新的服务流程。

工业化设计法　又叫生产线设计法，是借助制造业的经验来管理服务运营，试图在服务的各个环节提供标准化的服务，以保证稳定的质量和高效运转，从而使服务企业获得成本领先优势的方法。

定制化服务设计法　是基于顾客需求的个性化，试图使顾客参与到服务过程之中，以提高顾客满意度的方法。

技术核分离设计法　是指将服务系统分为高顾客接触部分和低顾客接触部分，对这两个不同的部分按照不同的方法进行单独设计。

【讨论题】

1. 结合实际说明为什么要进行服务产品的设计与开发?
2. 举例说明服务蓝图的作用有哪些?
3. 服务设计应遵循哪些基本原则?
4. 进行服务设计的基本方法有哪些? 如何应用?

【互动练习】

1. 麦当劳之所以能使其服务产品标准化，服务系统标准化，做到了环境统

一、物品统一、显性服务统一、隐性服务统一，是因为成功地运用了（　　）。

A. 工业化设计法　　B. 定制化服务设计法

C. 技术核分离设计法　　D. 顾客接触设计法

2. 将服务系统分为前台和后台的设计方法是（　　）。

A. 工业化设计法　　B. 定制化服务设计法

C. 技术核分离设计法　　D. 生产线设计法

3. 适用于顾客需求多样化、个性化特点的服务设计方法是（　　）。

A. 工业化设计法　　B. 定制化服务设计法

C. 技术核分离设计法　　D. 顾客接触设计法

【案　例】

案例背景资料[1]

微信公众平台是微信于2012年8月推出的公众信息服务平台。通过微信公众平台，运营商可以向公众发布信息。为了适应移动互联网不断普及的动态环境，央视新闻频道于2013年4月1日推出“央视新闻”微信公众账号新服务，央视新闻中心策划部的媒拓组专门负责每天的选题和消息推送。当年底订阅用户达115万，是第一个订阅用户超百万且用户活跃度最高的媒体账号。

“央视新闻”微信公众号如此成功，是因为其在新闻内容的产生、推送、接受和反馈的各个环节带来了变革。

1. 新闻生产

在移动互联网与手机成为人们生活必需品的今天，新闻的产生也越来越多地

[1] 案例改编自以下资料：杨继红. “央视新闻”：于细“微”处着力［J］. 新闻战线，2014（3）：15-16. 王鹏翔. 传统媒体如何借力微信——以“央视新闻”官方微信为例［J］. 青年记者，2014（14）. 蔡雯，翁之颢. 微信公众平台：新闻传播变革的又一个机遇——以“央视新闻”微信公众账号为例［J］. 新闻记者，2013（7）：40-44.

依赖于普通民众，即“人人都能成为新闻记者”。

在 2013 年 7 月 7 日播报韩亚航班失事的新闻时，“央视新闻”官方微信与央视新闻频道共同发起了“微信报平安”活动，旨在让搭乘该航班的华人朋友可以通过微信客户端告知自己的情况，央视新闻频道再通过电视将微信平台收集到的视频、音频、图文内容传达给观众。

2015 年 1 月 21 日，央视新闻频道通过其微信公众账号发布《2015 回家过年》视频拍摄征集令：“你就是记者，你就是摄像！拍下你的回家路；拍下和父母、亲戚、同学短暂的团聚；拍下正在变化的家里家外……央视新闻频道将在春节假期连续播出你的回家故事。”央视新闻频道将网友上传的视频进行编辑整理后，在农历的腊月廿八到正月初六在新闻频道播出，大年初一到初三，《新闻联播》每天播出一期。

2．新闻推送

“央视新闻”公众账号编辑团队经过多次调整，先后向关注用户推送过央视主持人口播语音信息、独家视频信息，最终形成了目前“早晚推送精选新闻图文专题，随时推送重大突发新闻独家资源，以图文素材为主，注重多媒体搭配”的推送模式。

在日常精选新闻的选取上，“央视新闻”一般为订户选择四条消息，包括一条重大新闻、一条央视的独家报道、一条民生消息、一条网络热点信息。在实际操作上还会灵活变通，比如新闻中心重点项目的推介、互动话题等。下一阶段，编辑团队已经达成共识，将更加注重公众账号的消息质量，严格控制推送次数和推送消息的数量。

3．新闻接收

在信息爆炸的时代，人们倾向于利用碎片化时间进行阅读。“央视新闻”微信公众号利用微信短小精悍、反应快速的特点，强化“观点”和“话题”，满足人们的阅读需求。例如：习总书记在河北考察时，如果用传统新闻的处理手法报道，网民的关注度就不会很高，而“央视新闻”微信公众号提炼出了

“要看真贫”的关键词重点强调，这就吸引了很多普通网民的眼球，传播效果很好。

同时，“央视新闻”微信公众号设计研发了新的媒体产品“一图解读”，将枯燥的数据和新闻背后复杂的逻辑转为直观好看的图形。例如，为配合时政高访，推出了“你所不知道的某国”系列；在十八届三中全会报道的新闻争夺战中，先于其他媒体最早实现公报核心内容图形化、可视化；两会期间，“一张图带你看懂两会”“一张图搞懂人大和政协的区别”“一张图带你了解大部制”等知识帖，起到了政治常识“扫盲”的作用，也让用户在较短时间内接收到更多有用的信息，提高了阅读效率。

4. 用户反馈

微信最显著的特征之一就是互动性。“央视新闻”微信公众号充分利用微信的这一特点，积极与用户进行互动，获取用户反馈，弥补传统媒体的不足。

2013年，“央视新闻”微信平台在所有媒体中率先发起光盘行动，在几个网络平台上，单周收到的响应就超过5 800万次；重阳节时候，通过微信平台发起“我的父亲母亲”大型公益行动，为失智老人赠送黄手环的倡议，得到近15万次转发，唤起了网友对央视公益行动前所未有的关注和参与。大型公益活动，在社会上激发了一波又一波的正能量，同时也扩大了“央视新闻”的知名度和影响力。

在两会期间，“央视新闻”与晚间的《24小时》节目组进行合作，推出“微观两会”，每天对一个两会热点话题征集微信评论，每天的回复量都在2万～3万次。与微博互动的“留言板”效果不同，在微信平台上的互动更为私密，类似于“小纸条”的功能。从编辑团队的整理结果看，相比微博的网友评论来说，微信网友的回复质量要更高。

为了更好地与用户进行互动，拉近“央视新闻”与用户的距离，互动的话题也不再局限于一板一眼的新闻主题。2014年4月23日到5月3日，每晚22点都有一位央视主持人通过微信语音，用“夜读”的方式推荐自己喜欢的好书。敬一丹、白岩松、欧阳夏丹、张越等主持人的微信单日互动量都超过了10 万次。

案例思考

1. “央视新闻”微信公众号属于哪种新服务?

2. “央视新闻”微信公众号的推出动因包括哪些方面?

3. 为了更好地向公众推送新闻，“央视新闻”微信公众号还可以做怎样的功能扩展和服务改进?

SERVICE
MANAGEMENT

第四章　服务设施选址与布局

第一节　服务设施设计概述

第二节　服务设施选址

第三节　服务设施布局

【学习目的与要求】

学完本章后，应当能够：

（1）了解服务场景的内涵和类型；

（2）阐释服务场景的环境维度；

（3）分析影响服务设施设计的因素；

（4）说明服务设施选址应考虑的因素；

（5）掌握服务设施布局的原则；

（6）运用服务设施选址和布局的方法解决相关问题。

【本章概要】

本章关于服务设施设计的分析从服务场景入手，包括气氛、空间布局、标识及制品，服务设施设计需考虑组织的性质与目标、面积与空间、社会与环境、柔性、美学等因素。在分析了影响服务设施选址的因素之后，介绍了服务设施选址的方法。最后介绍了服务设施布局的原则及其方法。

第一节　服务设施设计概述

服务设施是指服务包中的服务支持设施要素，它是服务企业开展服务活动和顾客消费的物质基础，包括设施位置、设施布局、设施装饰和支持设备四个要素。

设施位置即服务设施的宏观和微观选址；设施布局是指对服务设施的各种功能要素进行合理的空间布局，以及协调各种服务功能的运作秩序；设施装饰是指通过对服务设施的内外部装饰设计来满足服务功能和企业目标要求，创造良好的工作环境；支持设备一般具有很强的专业性，在不同的服务部门之间具有很大的差异性。对于服务企业而言，采用全面成本领先战略时往往选择标准化或公式化的设施，而采用差别化战略时设施设计则是差异化的一个重要组成部分。进行服务设施设计，首先要为企业进行位置（location）的选择；其次是在此基础上进行地点（site）选择；最后就是服务设施的布局。

一、服务场景

服务场景（service scope）又称服务环境，指的是经过布局和装饰设计后的用来支持服务设施的物质环境，包括布景和气氛。其中，布景又包括内部设施和外部设施。

服务设施设计的目的在于营造一种促进顾客与服务员工之间交互作用的服务场景，通过有形展示使无形服务有形化。有形展示又称服务证据，是指服务企业为使无形服务有形化而向顾客提供的、顾客能够感知和体验的有关服务特征的各种线索的组合，由服务场景与便利产品共同构成（见图 4-1）。

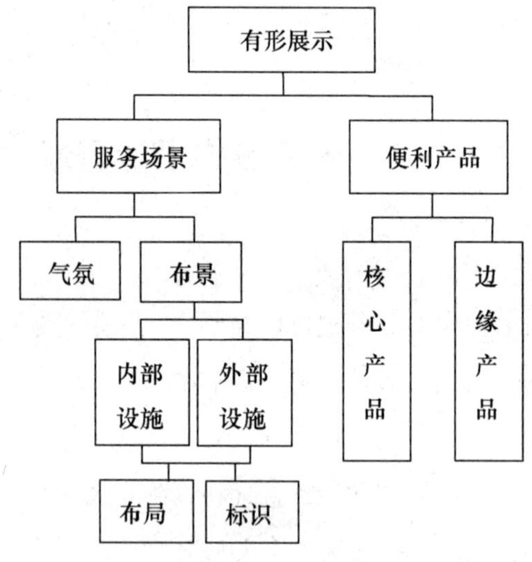

图 4-1 有形展示的构成

便利产品是指在服务过程中顾客使用或消费的有形物品，包括核心产品和边缘产品。其中，核心产品是指顾客用于消费的基本物质设施，如轮船、飞机、公交车等，这些物品在服务过程中不会发生所有权的转移；边缘产品是在服务过程中被消费或用来促进服务的物品，如餐巾纸、火车票等，这些物品是服务的保证。便利产品的作用是使无形服务有形化和概念化。

（一）服务场景的类型

根据顾客参与程度的不同，服务场景大致可以分为三类（见表 4-1）。

表 4-1　　服务场景的类型

服务场景的参与者	服务场景的复杂程度	
	高	低
自我服务 （只有顾客）	高尔夫球场 冲浪	邮局报摊 柜员机 电子商务网站
交互服务 （顾客和员工）	豪华旅馆 饭店 机场 医院	汽车旅馆 面包摊 公共汽车站
远程服务 （只有员工）	专业服务 通信服务	电话邮购服务 在线技术支持

1. 自我服务

自我服务场景中，服务员工的作用极其有限，主要是顾客自助服务，如运动场馆、自助餐厅、银行 ATM 机等。这些服务场景中的使用标识和界面的直观设计必须清晰明了，以便正确有效地引导顾客的行为。

2. 交互服务

交互服务场景中，顾客和服务员工的社会交互作用十分显著，如酒店、银行、医院等。对这些服务场景的设计具有一定的挑战性，既要让顾客参与到服务中，又要为员工提供一个良好的平台来充分展示自己的服务能力。例如，对于律师和医生而言，他们的办公室设计应强调其服务的专业性，即显示出其能力和权威。

3. 远程服务

远程服务场景中，参与者只有服务员工，由于顾客不在现场，设计的重点在于服务员工，其主要目标应该是保证服务员工的满意度和工作的高效率。

（二）服务场景的环境维度

服务场景的环境维度（见图 4-2）主要由气氛、空间布局、标识及制品三大类要素构成，三者共同构成了服务员工与顾客交互的整个环境。

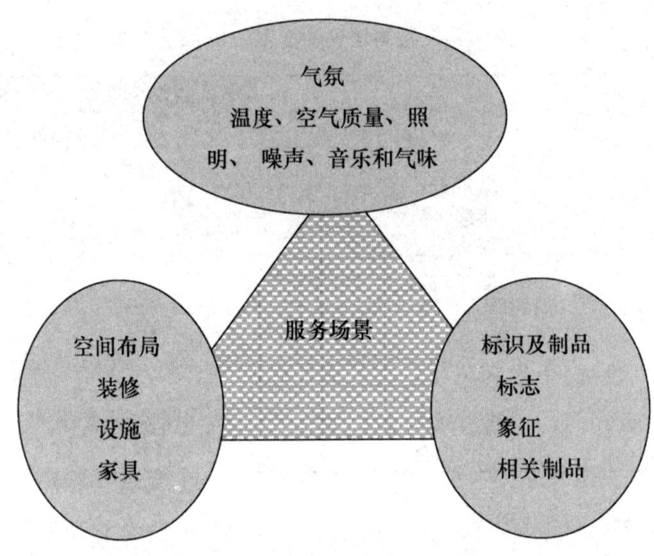

图 4-2　服务场景的环境纬度

1. 气氛

气氛即通常所说的周边条件，包括温度、空气质量、照明、噪音、音乐和气味等环境要素。这些要素不仅影响服务员工的士气和表现，同时也影响消费者对服务的满意程度及其逗留时间和消费。这些环境条件相当于双因素理论中的保健因素，如果环境条件不能满足顾客的要求，就会使顾客产生不满意感。

温度和湿度会影响人们的舒适感，影响工作效率。所以，服务场所的温度在冬季应暖和而不燥热、夏季应凉爽而不骤冷。此外，旅游景点、冷饮店等服务环境与气温具有很强的依赖性和相关性。

照明的作用常常是要创造出某种效果。例如酒吧、迪厅常用滤光灯以触动人们的兴奋情趣；浪漫餐厅则常用稍暗的灯光以营造某种情调；珠宝店用定向集束灯光显示商品的晶莹耀眼、名贵华丽；时装店则采用底灯、背景灯来显示商品的轮廓线条。这些特殊照明都是为了突出商品特质，吸引消费者的注意力。而基本照明是为保持服务场所内的能见度，方便消费而设计的，旨在营造一个光线适宜的服务消费环境。一般而言，服务场所的灯光照明应在不同位置配以不同的亮度，纵深处高于门厅，陈列商品处高于通道。

另外，灯光经常和颜色配合在一起使用，因为颜色不仅能影响人的心情，而且可以影响人们对温度的感觉。如蓝色和淡绿色属于冷色调，会给人轻松和安静的感觉；红色和橙色属于暖色调，会给人兴奋和温馨的感觉。色彩也会对人们的心情产生影响，不同的色彩及其色调组合会使人们产生不同的心理感受。以绿色为基调，会给人一种充满活力的感觉；以黄色为基调，会给人一种柔和明快的感觉，使人充满希望；以紫色为基调，会给人一种庄严、高贵、典雅的心理感觉，使人产生一种敬畏感。为了使服务场所色调达到优美和谐的视觉效果，应该对地面、天花板、墙壁、柱面、货架、柜台、楼梯、窗户、门等各个部位以及服务人员的服装设计出相应的色调，创造出不同的气氛。色彩运用要在统一中求变化，使顾客依靠色调的变化来识别楼层和商品部位，唤起新鲜感，减少视觉与心理的疲劳。

音乐具有营造气氛的作用，它能影响消费者的情绪和服务员工的态度。音乐节奏能影响顾客购物的速度、数量和逗留时间的长短。所以，一般在咖啡厅等休闲场所，大多选择音量较低的慢节奏音乐，这样能使顾客逗留的时间较长；或在刚开始营业的早晨播放欢快的迎宾曲，在临打烊时播放轻缓的送别曲；在气候变化时，播送音乐提示，为消费者提供服务。相反，噪声则会干扰人们的注意力，扰乱人们的心情，如柜台前的嘈杂声、机械的声响，都可能使消费者感到厌烦，这时可以采用背景音乐缓解噪声。背景音乐要选择旋律轻柔舒缓的，以营造温馨的气氛。

气味同样会影响服务员工的绩效和顾客的满意度。冰激凌店的甜味、面包房的香味都是光顾此处的消费者喜欢的味道。不愉快的气味会给服务场所带来不好的影响，如烟味、油漆味、卫生间怪异气味都会直接影响消费者的情绪。为了预防不良味道对人们的影响，服务场所必须保持清洁，排除异味。例如，有些服务场所定时在营业场所内挥洒一些香水；也有一些服务场所特设一个吸烟区，将吸烟者与其他消费者隔离开来。

2. 空间布局

空间布局是指装修、设施的布局及其相互关系，是服务传递的可视化和功能化的场景。空间布局不仅影响人们的整体视觉感受，而且也会影响服务过程的便利与效率。所以，空间布局的设计应该强调其高效有序、方便顾客的功能，比如在自我服务场景中，空间布局的设计应体现为便于消费者独立完成活动，顺利享受服务。为此，其行走路径的设计要便于消费者看到更多的商品，并沿着这条路径根据需要程度安排各项服务；其商品的分组摆放应有利于引起消费者的购物欲，并保证整个服务过程的效率。

3. 标识及制品

标识及制品是指标志、象征和相关制品，它们以直接或间接的方式向消费者传递相关信息。如“收款台”“食品区”等指示牌传递的信息是收款的地点、食品摆放的位置，起着指引方向的作用；而“禁止吸烟”等警示标志则提示了人们应遵循的行为准则。很多服务场所运用各种标志来强化自己的品牌、人性化服务或进行促销宣传。

总体说来，服务场景是组织提供服务的基础，它决定了提供服务的质量和效率，从某些方面反映了组织的形象。此外，服务场景能够协调顾客和员工的参与程度，并以此促成服务的顺利传递。

二、服务设施设计的影响因素

良好的服务设施设计可以吸引顾客并影响其对服务体验的感知。如充足的光线、安全出口、防火器材的合理放置等会给顾客舒适、安全的感觉；相反，如果一家服装商场没有设计隐秘的试衣间，就不可能给顾客安全的感觉，就意味着可能会失去一定的潜在顾客。因此，为了保证服务运营的效果，服务设施的设计必须考虑服务组织的性质与目标、面积与空间、柔性、美学因素以及社会与环境等因素的影响。

（一）服务组织的性质与目标

服务设施的设计首先要考虑其服务的性质与目标，因为不同类型的服务组织所提供的核心服务不同，其服务设施设计的重点也就不一样。比如游乐园必须有足够的娱乐设施、服务人员和适当的餐饮服务；超市除了备有各种可供顾客挑选的物品外，还必须有足够多的收银台。

由于不同类型的服务组织所提供的服务有所区别，其服务的对象也并不相同。如饭店服务的对象是去那里就餐的顾客，他们就要考虑食客对其设施设计是什么感受，是否感觉舒服，对顾客有没有吸引力等。

此外，服务设施设计还能对服务定义形成直接的认同，外部的设计可以暗示服务的内涵。如麦当劳的金色拱门向人们传递的是汉堡包、薯条等快餐的信息。

（二）面积与空间

用于服务设施的土地资源通常受到很多限制，尤其是在城区，土地的使用受到政府规划的严格束缚。不仅如此，政府有关部门对于建筑的外观、结构和规模等都有相应的管理规定。因此，在服务设施设计的过程中应该充分考虑这些限制。为了有效利用相对较小的空间，服务设施的设计应具有丰富的创造性和灵活性，尽量在有限的面积上拓展更多的空间。如大多数 KTV 都是占几个楼层，而不是把所有房间都放在一层，这样既增加了整体的面积，也可以营造更好的环境，同时还可以节约成本。

（三）柔性

柔性是现代企业运营战略的重要内容，是影响企业竞争能力的关键要素。因为消费需求是多变的，服务设施的设计必须考虑柔性需求，为未来的发展留有一定空间。例如，一家大型超市，在建立之初其业务量可能不是很大，这样只需要很少的几个收银台就足够了，但如果其服务质量确实很好，在正常情况下业务量会不断增加，顾客数量和消费数量都会显著提高，如果还只是很少的几个收银台的话，顾客便会因为不能得到有效快速的服务而对超市产生不满情绪，这就大大影响了服务的质量。所以，超市在设计之初就应该考虑到将来最大的顾客数量和消费数量，预先设置好足够多的收银台，以满足顾客的需求。

（四）美学因素

服务设施设计的美学因素不仅对消费者的感觉、态度和行为有着显著的影响，而且也影响着服务员工及其提供的服务。如果在服务设施的设计阶段关注美学因素，从场地空间到光线、色彩等都给人美的享受，不仅会使消费者逗留更长的时间，也会提升服务员工的工作效率和服务质量。

（五）社会与环境

服务设施的设计必须重视其对社会与环境的影响。常见的有服务设施的灯光、噪声是否会对附近居民造成不良影响等。

第二节　服务设施选址

对于服务性企业而言，设施选址是经常要碰到的问题。由于服务店址的选择需要靠近消费者，设置多个分店可以与顾客保持密切联系；市场需求的变化也会影响服务组织的数量、规模和特征，当目前已有的服务设施难以满足日益增长的服务需求时，就要增加新的服务网点，或扩大原有网点的规模。

服务企业位置的选择包括宏观位置选择和微观位置选择。宏观位置选择（location selection）即区位选择，所涉及的是大的地理位置上的选择，大到国家的选择，小到一个城市、一个区县的选择。微观位置选择即地点选择（site selection），所考虑的是一个微观的问题，主要是为企业在某一特定的场所建立服务网点。二者都将影响企业长期的经营成本、需求和收益，是战略性的选择决策。

一、服务设施选址的影响因素

服务设施的选址是一项复杂的系统工程，所需考虑的因素很多。其中起决定性作用的因素不仅左右着区位和地点选择的进程，而且也严格限制了区位和地点选择的可行性。

（一）与消费者的接触程度

与消费者的接触程度是指接受服务的消费者是否出现在服务系统中及在系统中停留时间占服务时间的比例。服务生产和消费的不可分割是服务的基本特性之一，因而服务设施选址首先考虑的是靠近消费者。当消费者必须亲临设施时，对生产者而言，没有任何的直接成本，但考虑到消费者，距离便是一个限制潜在消费需求和产生收益的障碍。所以，靠近消费者是能否吸引消费者的重要因素。

一般来说，超市首选人口居住稠密区或机关单位集中的地区，因为这类地段人口密度大，与广大消费者的距离较近，购物省时省力比较方便。而大型综合商场或有鲜明个性的专业商店的选址大多靠近影剧院、商业街、公园名胜、娱乐场所、旅游地区等人群聚集的场所，尽管这种地段是经商的黄金之地，寸土寸金，地价高、费用多，竞争性也强，但由于这些地方可以使消费者享受到购物、休闲、娱乐、旅游等多种服务的便利，具有较强的吸引力，是商场开业的最佳地点选择。

另外，交通便利的车站交汇点，以及符合客流规律和流向的人群集散地段，都因其便于缩短与消费者的距离而成为商场、超市选址的理想之地。

（二）运营成本

选址不同，其未来的运营成本也将不同。特别是一些专卖店、批发店，由于其提供的产品价格浮动范围小，运营成本是影响位置选择的决定性因素。而商场选址则注重是否便于合理组织商品运送，因为集中进货、集中供货、统一运送可以合理规划运输路线，将有利于降低采购成本和运输成本。因此，商场位置的选择应尽可能地靠近运输线，这样既能节约成本，又能及时组织货物的采购与供应，确保经营活动的正常进行。

（三）与竞争者的位置关系

对于服务企业而言，竞争者的位置是选址决策的重要参数。许多服务企业的选址需要靠近其竞争者的位置，如服装城、家具城、酒吧街等。这种同行业竞争者聚集经营的模式，方便了消费者购买过程中的比较选择。对于经营者而言，一方面可以密切关注竞争者的一举一动；另一方面也可以分享当地的有力资源，保持对消费者的吸引力。

（四）支持配套系统

完善的支持配套系统也是服务选址不可忽视的因素。例如，迪斯尼乐园这样的服务组织选址时，特别在意交通的方便性、供电系统的保证性；金融服务企业选址时，特别关注电子通信系统的发达程度；快递、邮购等服务企业选址时，主要考虑交通运输网络的完善性。

（五）地理环境

对于海滨度假村、滑冰度假村、室外温泉疗养院等服务场所而言，地理环境对位置的选择具有决定性的作用。

（六）经营环境

对于保险公司、私立学校等服务企业而言，其区位选址不受太多因素的影响。这时，主要考虑当地经营环境的好坏。

（七）人力资源

有些服务企业在选址的时候看重的是所选地区的人力资源条件，如是否有充足的劳动力资源，是否有它们想得到的首席执行官或总裁的人选。

在进行服务设施选址时，不仅要考虑以上几个具有决定性作用的影响因素，还要根据区位选择或地点选择的实际情况，考察具体的衡量标准（见表 4-2）。

表 4-2　　选址标准

宏观位置选择的总体标准	微观位置选择的参考标准
1. 劳动力供给和劳动力成本	1. 是否能满足对经营者面积的要求
2. 劳动力的历史背景和文化习惯	2. 已有建筑是否符合经营要求
3. 教育中心状况	3. 是否有利区域划分
4. 娱乐和文化中心状况	4. 交通、通道及停车场情况
5. 电力供应	5. 城市马路枢纽
6. 交通状况和交通枢纽	6. 附近的环境
7. 健康和福利保障系统	7. 劳动力供给、劳动力背景及劳动力成本状况
8. 气候和天气情况	8. 税收情况
9. 地理和环境保护的管理状况	9. 大众的态度
10. 地方的经营环境和激励机制	10. 教育、娱乐、文化中心的配备
11. 地方税收政策	11. 空气、水污染状况
12. 医疗系统	12. 通信设施
13. 供应商及服务支持企业的状况	13. 银行系统
14. 人口数量和人口增长趋势	14. 消防及公安力量
15. 通信系统	15. 下水道和污物处理系统
16. 管理层的偏好	16. 与最近的机场距离
17. 生活成本	17. 本企业提供的服务市场状况
18. 大众的态度	
19. 土地成本和建筑成本	
20. 企业发展潜力	

资料来源：森吉兹·哈克赛弗，巴里·伦德尔，罗伯塔·S·拉塞尔，罗伯特·G·莫迪克．服务经营管理学［M］．顾宝炎，时启亮，等，译．北京：中国人民大学出版社，2005：310，316．

表 4-2 中所列的宏观位置选择的总体标准适合于各种服务业类型，可分为主观标准和客观标准两个部分。管理人员对风险的估计属于可以计量的主观标准，社区的接纳程度、分区标准和合法性等属于不可计量的主观标准；建设成本属于可以计量的客观标准，生活成本降低程度属于不可计量的客观标准。在宏观选址

的基础上进行的微观位置选择可分为社区选择和网点选择两个阶段，此时必须考虑该地区是否符合本服务性行业的性质，所以不同企业考虑的相关因素有所差异。

二、服务设施选址的方法

服务设施选址的宏观分析阶段和微观分析阶段都会运用到定量技术。一般来说，成功的服务公司在选址时都离不开定量分析方法，这些方法包括地理需求评估、因素评分法、回归分析法、中值法、哈夫模型等。

（一）地理需求评估

精确的地理需求评估奠定了优秀的服务设施选址的基础。所谓地理需求评估，是指通过对服务区域进行地理单元划分，以及对每个地理单元需求的预测，来分析评价市场需求在地理单元上的分布状况。具体来说，地理需求评估包括确定目标人群、划分地理单元、分析地理需求和绘制地理需求分布图四个步骤。

1. 确定目标人群

即明确定义目标人群的特征。如果是开设幼儿园，那么目标人群就是幼儿；如果是开设时装店，那么目标人群主要是白领阶层的青年人。

2. 划分地理单元

为了准确把握市场需求在地理位置上的分布状况，需要按照一定的规则划分地理位置，形成便于统计需求的地理单元。通常选择人口普查采用的地域作为单元，如按照楼群、街区进行划分，也可以直接在地图上按照网格来划分。为了确保精确，地理单元应尽可能小。但有两个限制条件：一是这个单元必须足够大，要包括可以充分评估需求的样本容量；二是单元数量绝对不能超过计算机和设施定位技术的计算容量。

3. 分析地理需求

将每个地理单元的需求量统计加总，然后用线性回归的方法进行统计分析，评估每个地理单元的需求量及其分布状况。其中涉及的人口数据可以通过派出所获得，企事业单位的数据可以通过工商局、税务局或其他管理机构获得。

4. 绘制地理需求分布图

为了更加直观，把上一步骤统计分析的结果以数字或标识的形式绘制在地图上，以提供一个可视的所需服务人群的地理分布图。

（二）因素评分法

因素评分法也称因子评价法或综合评估法，既可以用于宏观的区位选择，也可以用于微观的地点选择，特别适用于需求刺激型服务公司。所谓需求刺激型服务公司，是指需要顾客走近公司而不是公司员工走近顾客的服务组织，如银行、餐馆、零售商店等，其选址的目标在于通过有吸引力的地址来招徕顾客。

因素评分法的基本步骤是：首先，确定选址所要考虑的相关因素，并根据每一因素的重要程度赋予其权重；其次，确定每个因素的值域范围，并针对预期中的选址目标对每一个因素打分；最后，计算每个备选地址的加权平均得分，选出得分最高的位置。

［**例 4-1**］某公司准备开设一个中等价格的餐馆，现有 A、B、C、D 四个可供选择的地址。首先，确定影响选址决策的五个重要因素：附近消费者的收入水平，与商业中心的距离，可视性，交通便利性以及租金。这五个因素的权重如表 4-3所示。

表 4-3　　影响选址的因素及其权重分布

因素	消费者收入水平	与商业中心的距离	可视性	交通便利性	租金
权重	0.40	0.25	0.15	0.10	0.10

假如每个因素的值域范围均为 0～10 分，用打分的方法对四个备选地址进行

评价（见表 4-4）。

表 4-4　　　　每个地址各因素的得分

因素	权重	A	B	C	D
消费者收入水平	0.40	4	8	6	10
与商业中心的距离	0.25	2	7	4	10
可视性	0.15	1	9	4	8
交通便利性	0.10	6	9	6	7
租金	0.10	3	8	5	8

最后，计算每个因素的加权平均得分（见表 4-5）。

表 4-5　　　　计算加权平均得分

因素	权重	A	B	C	D
消费者收入水平	0.40	1.60	3.20	2.40	4.00
与商业中心的距离	0.25	0.50	1.75	1.00	2.50
可视性	0.15	0.15	1.35	0.60	1.20
交通便利性	0.10	0.60	0.90	0.60	0.70
租金	0.10	0.30	0.80	0.50	0.80
加权平均得分	1.00	3.15	8.00	5.10	9.20

其中，地址 D 的加权平均得分是：

$$10\times0.40+10\times0.25+8\times0.15+7\times0.10+8\times0.10$$
$$=4.00+2.50+1.20+0.70+0.80$$
$$=9.20$$

计算结果显示，在四个备选地址中，D 的加权平均得分最高。

因素评分法的优点是透明度高，易于理解，易于使用；缺点是因素权重值的确定是主观的。

（三）回归分析法

与因素评分法类似，回归分析法也需要考虑影响选址的诸多因素。比如，20 世纪 90 年代中期美国第一银行选址模型中，影响选址的因素是：人口年龄、家庭年收入、街道布置、步行和设施开放年数（见表 4-6）。其中，人口年龄又分成了三个年龄段，家庭年收入同样也被分为三个层次，因为不同年龄段、不同收入阶层对银行运营的影响程度是不一样的。

表 4-6　　　　美国第一银行选址的影响因素

人口年龄	25～34 岁占百分比 35～54 岁占百分比 55 岁以上占百分比
家庭年收入	20 000～34 000 美元 35 000～4 900 美元 50 000 美元以上
街道布置	1～10 级
步行	步数/5 分钟
设施开放年数	年

对于每个因素权重的确定，回归分析法考虑的是每一因素与客观结果的实际关系，而不像因素评分法那样由管理者或专家的主观意志决定。

在因素评分法中，目标值即加权平均得分，是对一个地址给予一个整体的分数值，没有任何其他的内在价值。而在回归分析法中，影响因素是自变量，目标值即因变量值，是有实质含义的，在选址决策中，常以利润作为因变量。

回归分析预测法的步骤：

1. 根据预测目标确定自变量和因变量

明确预测的具体目标，也就确定了因变量。假如预测具体目标是下一年度的销售量，那么销售量 Y 就是因变量。通过市场调查和查阅资料，寻找与预测目标相关的影响因素，即自变量，并从中选出主要的影响因素。

2. 建立回归预测模型

依据自变量和因变量的历史统计资料进行计算，在此基础上建立回归分析方程，即回归分析预测模型。

3. 进行相关分析

回归分析是对具有因果关系的影响因素（自变量）和预测对象（因变量）所

进行的数理统计分析处理。只有当变量与因变量确实存在某种关系时，建立的回归方程才有意义。因此要进行相关分析，以相关系数的大小来判断自变量和因变量的相关的程度。

4. 检验回归预测模型，计算预测误差

回归方程只有通过各种检验且预测误差较小时，才能作为预测模型用于实际预测。

5. 计算并确定预测值

利用回归预测模型计算预测值，并对预测值进行综合分析，确定最后的预测值。

回归分析法同样适用于需求刺激型服务公司的选址。但它对历史统计数据有一定的要求，所以，这一方法只适用于有历史统计数据的服务公司。

（四）中值法

中值法是一种用于单个设施微观选址的方法，选址决策的依据是成本最小化或利润最大化。在平面中进行设施选址的地点选择时，可在测定地理距离的基础上运用中值法。地理距离是指在地理平面上，从一个位置移动到另一位置的实际路径的距离。平面上的位置可以概括在一个具有无限扩展性的空间里，设施可以位于平面上的任何地方，并且可以通过一个二维的笛卡尔坐标系（即直角坐标系和斜角坐标系的统称）来确定。不同位置之间的距离可以根据移动方式的不同，分别采用向量距离或直角距离测量方法来测定。

1. 向量距离测量法

向量距离又称欧几里得距离，是指二维坐标中两点之间的直线距离（见图 4-3）。

如图 4-3 所示，起点 i 到终点 j 的直线距离即为向量距离。其计算方法是对坐标系中两点纵横坐标之差的平方和进行开平方。计算公式为：

$$d_{i,j}=[(x_i-x_j)^2+(y_i-y_j)^2]^{\frac{1}{2}} \tag{4-1}$$

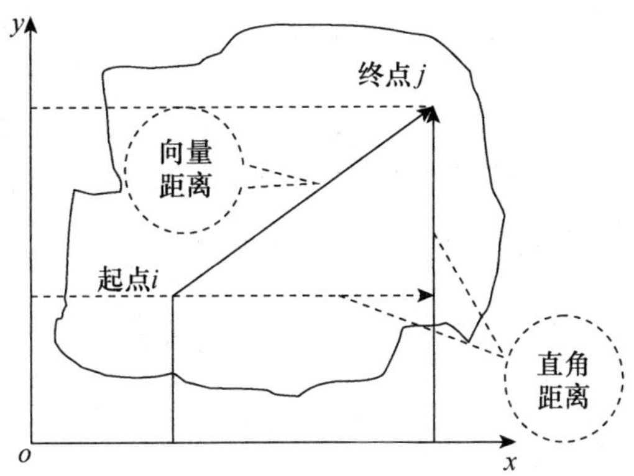

图 4-3 向量距离和直角距离

式中，$d_{i,j}$为起点i到终点j的距离；x_i、y_i是起点i的横、纵坐标，x_j、y_j是终点j的横、纵坐标。

此时，目标函数为：

$$\min Z = \sum_{i=1}^{n} w_i \left[(x_i - x_m)^2 + (y_i - y_m)^2 \right]^{\frac{1}{2}} \tag{4-2}$$

式中，w_i为第i点的权重；x_i、y_i是第i个需求点的横、纵坐标；x_m、y_m是服务定位点的横、纵坐标；n为需求点的数量。

对x_m、y_m求解，得到：

$$x_m = \frac{\sum_{i=1}^{n} \frac{w_i x_i}{d_{im}}}{\sum_{i=1}^{n} \frac{w_i}{d_{im}}} \tag{4-3}$$

$$y_m = \frac{\sum_{i=1}^{n} \frac{w_i y_i}{d_{im}}}{\sum_{i=1}^{n} \frac{w_i}{d_{im}}} \tag{4-4}$$

式中，$d_{im} = \left[(x_i - x_m)^2 + (y_i - y_m)^2 \right]^{\frac{1}{2}}$

这些公式没有直接的解，只能用x_m和y_m的试解法，直到x_m和y_m之间的区别可以忽略不计，即为最终取值。

2. 直角距离测量法

直角距离是指二维坐标系中两点纵横坐标之差的绝对值的和（见图 4-3）。

如图 4-3 所示，起点 i 到终点 j 的直角距离计算公式为：

$$d_{i,j}=|x_i-x_j|+|y_i-y_j| \tag{4-5}$$

此时，目标函数为：

$$\min Z=\sum_{i=1}^{n}w_i\{|x_i-x_m|+|y_i-y_m|\} \tag{4-6}$$

整理后，目标函数为：

$$\min Z=\sum_{i=1}^{n}w_i|x_i-x_m|+\sum_{i=1}^{n}w_i|y_i-y_m| \tag{4-7}$$

式中，w_i 为第 i 点的权重；x_i、y_i 是第 i 个需求点的横、纵坐标；x_m、y_m 是服务定位点的横、纵坐标；n 为需求点的数量。

最佳位置必须符合以下条件：在 x 轴方向，x_m 位于 w_i 数值的中间；在 y 轴方向，y_m 位于 w_i 数值的中间。因为 x_m、y_m 可能是唯一的，也可能在一个范围内变动，最佳位置可能在一点上、一条线上或者一个区域内。

（五）哈夫模型

哈夫模型（Huff's model，时间面积商圈界限模型）是戴维·L·哈夫在引力模型基础上开发的竞争性商业设施选址的模型，适用于大型超市、家电连锁经营等零售商业企业。

在现实的商业环境中，竞争是难以避免的。因而，除了需求之外，竞争也是零售商选址必须考虑的因素。一般来说，零售商店选址的目标是利润最大化，其选址决策的主要依据是营业额和市场份额。哈夫模型的作用就是用来测算备选定位点未来的营业额和市场份额，其中营业额的大小将决定定位点未来的盈利水平，市场份额的大小将决定在同一商圈内定位点未来的竞争能力。

运用哈夫模型选址时，第一步是要评估服务设施定位点对消费者的吸引力。

根据“引力模型”，两个物体之间的万有引力与它们的质量大小成正比，与它们之间的距离成反比。那么，某一服务设施对消费需求的吸引力可表示为：

$$A_{ij}=\frac{S_j}{T_{ij}^{\lambda}} \tag{4-8}$$

式中，A_{ij} 表示设施 j 对消费者 i 的吸引力；S_j 表示设施 j 的大小；T_{ij} 表示消费者 i 到设施 j 的时间；λ 是一个凭经验估计的参数，表示消费者购物行走时间的效应，比如到一个大型购物中心购物对所需时间的影响值 λ 为 2，而到一个便利店购物对所需时间的影响值 λ 为 10，λ 越大表明途中所耗的时间越短。

第二步，运用“引力模型”预测一位消费者从具有特定规模和位置的商场所能获得的利益，进而测算服务设施定位点某类商品的销售额。

$$P_{ij}=\frac{A_{ij}}{\sum_{i=1}^{n}A_{ij}} \tag{4-9}$$

式中，P_{ij} 表示 i 地区的消费者到达定位点 j 购物的可能性或概率；n 代表商店的数目。

$$E_{jk}=\sum_{i=1}^{m}(P_{ij}C_iB_{ik}) \tag{4-10}$$

式中，E_{jk} 表示在某一商店 j 所有消费者每年在产品等级 k 的商品上所有的消费支出总和；P_{ij} 表示顾客从一特定的地区 i 到设施地 j 的可能性，可通过方程计算；C_i 代表 i 地区的消费者数量；B_{ik} 表示 i 地区的消费者消费等级为 k 的产品的平均总预算值；m 代表统计地区数量。

第三步，估算定位点 k 类商品的销售额。

$$M_{jk}=\frac{E_{jk}}{\sum_{i=1}^{m}C_iB_{ik}} \tag{4-11}$$

式中，M_{jk}表示定位点 j 销售 k 类商品的销售额；$\sum_{i=1}^{m} C_i B_{ik}$ 表示所有定位点销售 k 类商品的销售额之和。

重复利用上述三个步骤，可以分别计算出在某一位置上所有潜在的不同规模商场的每年预期利润，从而找到某一规模商场具有最大利润的潜在定位点。

哈夫模型不仅可以用于单一设施选址的评估，在多设施定位中同样适用。

第三节 服务设施布局

一、服务设施布局的原则

服务设施布局是在时间、成本、技术允许的条件下，根据服务产品的特性和要求，安排好服务系统各功能要素的空间位置及其相互关系。服务企业往往比制造企业类型更多、更复杂，对诸如百货商店、超级市场、医院这样的服务企业来说，设施布局必须考虑消费者在场时可能发生的各种情况，通过精心设计吸引消费者，并保证服务效率。服务设施布局的好坏会直接影响服务效率、服务成本和服务质量，所以，服务设施布局要遵循一定的原则。

（一）避免迂回路线

尽量避免互相交叉和迂回路线，使人员、设备、材料之间的移动距离最短，最大限度地减少人力、物力和时间的耗费，降低成本，提高服务效率。

（二）留有发展余地

首先，要充分利用空间，提高设施的空间使用率，在较小的空间里提供尽可能多的服务，节约服务成本，节省资金。同时，还要用长远的眼光考虑问题，为以后的发展留有一定的空间，预先考虑增加楼层、扩大面积等问题。

（三）灵活应对调整与发展

设施布局要充分考虑服务环境的不确定性，提前制定灵活的解决措施，当产品、服务及需求规模发生变化时，设施布局能及时调整，适应新的变化和发展。

（四）为消费者提供方便

设施布局要充分考虑消费者对服务设施的感受，因为服务产品是否能获得较高的顾客满意度，主要取决于整个服务过程是否能给予消费者美好的感受。所以，设施布局应尽可能地为消费者提供方便，使其享受舒适快捷的服务。

（五）为员工提供良好的工作环境

服务设施布局不仅要重视消费者的感受，同样也不能忽视对内部员工的影响。从照明、温度、色彩、噪音等因素营造的氛围，到餐厅、卫生间、安全通道的设计，都要考虑到对员工情绪及其工作效率的影响。为管理人员、服务人员提供良好的物质条件和室内环境，营造安全、舒适的工作氛围。

二、服务设施布局的方法

服务设施布局的方法很多，大体可分为以产品为导向的布局和以过程为导向的布局两大类。

（一）产品布局（product layout）

以产品为导向的服务布局类似于生产制造业的生产装配线。对于自助餐厅这种类型的标准化服务，可以分解为一系列的、所有消费者必须经历的、非柔性的操作步骤，这类服务只提供标准相同的服务产品，不提供个性化的服务。所以说，产品布局就是以固定步骤向成批消费者提供同一服务的设施布局方式。其优点是节约时间，方便消费者流畅快捷地感受服务消费过程；其局限在于必须找到一个理想的平衡点，使各工序之间保持相同或相近的时间节拍。否则，为每个顾客花费时间最多的工作可能会成为瓶颈，从而限制服务线的能力。

在图 4-4 中，餐厅的前四个工作台服务时间相近，而最后一个工作台结账所占用的时间较长，按每接待一位顾客需要 60 秒计算，每小时最多只能接待 60 人，这也是整条服务线的接待能力。为了解决这一瓶颈问题，可以为耗时较长的工序增加服务人员（见图 4-5），也可以重组工作台，形成新的布局。对服务线能力的任何改变都要注意使每道工序所用的时间近似相等，避免在服务过程中出现不必要的空闲和等待。

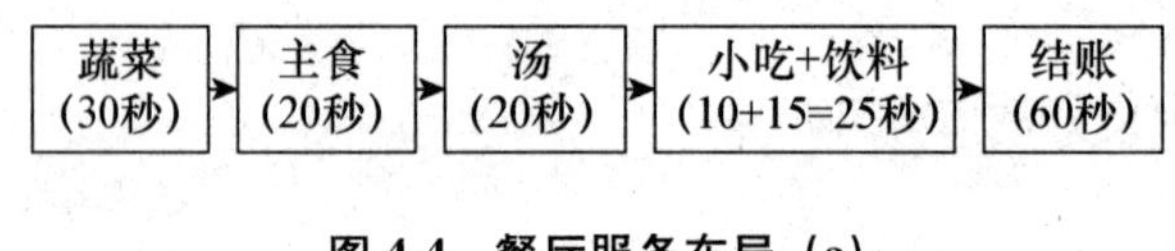

图 4-4 餐厅服务布局（a）

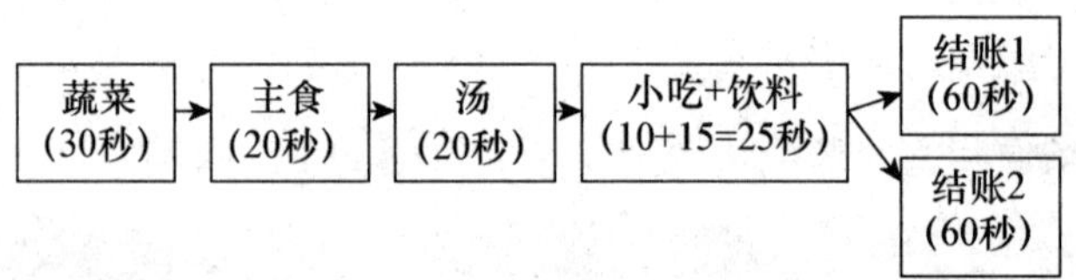

图 4-5 餐厅服务布局（b）

（二）过程布局（process-oriented layout）

以服务过程为导向的设施布局考虑的是如何妥善安排相似的服务功能、过程。如医院和诊所这样的服务组织，所面对的消费需求存在一定的差异，服务人员必须首先了解消费需求，然后才能为消费者提供有针对性的服务。但对需求各异的消费者服务的过程却有一套固定的模式，正如病情不同的患者都要经过挂号、登记、化验、就诊、取药等环节一样。为了提高服务效率，使患者在不相邻的区域内移动距离最小，医院将挂号、取药、收费等部门安排在一个区域，将化验、X光透视和CT检查等部门划分在同一个区域（见图4-6）。

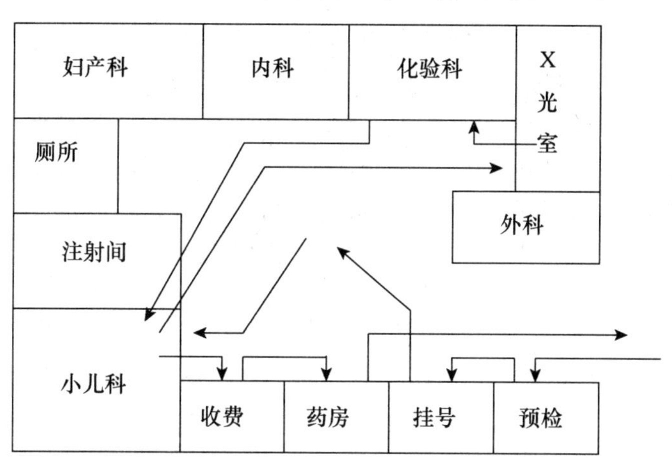

图4-6　诊所平面布置示意图

概括地讲，过程布局是针对差异性需求而合理安排功能相近的服务过程的布局方法。具体来说，它将功能相似的服务过程安排在一起，形成不同的功能区域，并对各功能区域的相对位置进行优化，以使各功能区域之间的总流量达到最小。

过程布局的优点是以个性化服务为核心，具有灵活性。由于执行相似任务或承担相同责任的服务人员被分成一组，并允许消费者提出定制要求，过程布局能够更好地适应消费者的个性化需求，为之提供定制服务。但定制程度越高，越需要服务提供者具有更高的服务技能和对个性化需求的辨别能力。此外，消费者在不同部门之间的移动是间歇性的，即消费者在某一服务部门接受了服务，转移到下一个服务环节时，常常要在等待区域排队。

三、不同类型服务组织的设施布局

服务组织的类型繁多，其设施布局也千差万别。罗杰·施米诺（Roger W. Schmenner）教授的“服务过程矩阵”（见教材第一章第二节）根据定制化程度和劳动力密集程度的不同，把服务分为服务工厂、服务作坊、大众化服务和专业服务四种类型。相应地，服务设施布局也存在四种不同的类型（见表 4-7）。

表 4-7　　　　服务设施布局的类型

服务类型	服务工厂	服务作坊	大众化服务	专业服务
服务设施布局	倾向于流水线布局	专业化或固定布局	典型的固定布局，但要求可以经常改变布置	常用专业化布局

如表 4-7 所示，服务工厂倾向于流水线生产的产品布局，如航空服务、运输服务、大众旅馆等；服务作坊可用专业化或固定的布局，如医院、汽车修理等；大众化服务宜采用固定的布局，典型的代表是零售商店；法律、财会等专业服务常采用专业化布局，其典型代表是办公场所布局。

（一）零售商店布局

零售服务场所布局的目标是使每平方米的净收益达到最大。为此，在空间布局中，从消费者行走路径的设计到商品分组都非常重要。

行走路径的设计目的就是要给顾客提供一条路径，使他们尽可能多地看到商品，并沿着此路径按需要程度安排各项服务。一般来说，零售商店的出入口设计要尽量使消费者能在店内逗留的时间长一点，使其被商品吸引，产生购物欲望。所以，尽量不要同一楼道或门口出入，即使出入口离得很近也要将其分隔开。相对而言，入口要宽一些，大约比出口宽 1/3。入口一般设在客流量大、交通方便的一侧。在入口处通常按 1～3 辆（个）/10 人的标准为顾客购物配置提篮和手推车。店内通道的宽度对服务流的方向会有一定影响，一般来讲，营业面积在 600 平方米以上的超市，主通道的宽度要在 2 米以上，副通道的宽度要在 1.2～1.5 米之间。最小的通道宽度不能小于 90 厘米，即 2 个成年人能够同向或逆向通过。出口通道应大于 1.5 米。如果布置一些可以吸引消费者注意力的标记，也可以使之沿着经营者所设想的路线走动。当消费者沿着主要通道行进时，为了扩大他们的视野，沿主通道分布的分支通道可以按照一定的角度布置。出口处按每小时通过 500～600 人的标准来设置收款台，出口附近可以设置一些单位价格不高的商品，如口香糖、图书报刊、饼干、饮料等，供排队付款的顾客选购。

商品的分组摆放一般都按照磁石理论布局（见表 4-8）。磁石是指商场中最能吸引顾客注意力的地方，磁石点就是顾客的注意点，要创造这种吸引力必须依靠商品的配置技巧来完成。运用磁石理论进行商品分组，能使店内最吸引消费者注意力的地方配置合适的商品，并且这种配置能引导消费者逛完整个商场，增加消费者冲动购买的可能性。

表 4-8　　按磁石配置理论布局

磁石类型	商品类型
第一磁石商品销售区 （沿主通道）	1. 销售量大 2. 购买频率高的商品 3. 主力商品 4. 进货能力强的商品
第二磁石商品销售区 （在主通道穿插）	1. 前沿商品 2. 引人注目的商品 3. 季节性商品
第三磁石商品销售区 （在陈列端架）	1. 特价品 2. 季节性商品 3. 厂商促销商品 4. 时令性商品 5. 大众化的品牌、自有品牌商品
第四磁石商品销售区 （每一陈列架上有一、二种）	1. 贴有醒目促销标志的商品 2. 廉价品 3. 大量陈列的商品 4. 大规模广告宣传的商品
第五磁石商品销售区 （陈列在显眼、必经的地方）	1. 低价展销的商品 2. 非主流商品

（二）办公场所布局

办公场所布局的主要目的是方便信息的传递和交流，提高工作效率。其中，信息的传递和交流既包括各种书面文件、电子信息的传递，也包括人与人之间的信息传递和交流。因为办公场所接触的对象主要是信息以及组织内外的来访者，设施布局所要考虑的就是信息的传递和交流是否方便，来访者办事是否方便、快捷。在办公场所，工作效率的高低往往取决于办公人员的工作速度，而服务设施布局会对办公人员的工作速度产生极大影响。对于需要跨越多个部门才能完成的工作，部门之间的相对地理位置也是一个重要问题。此外，当办公人员主要是由高智力、高工资的专业技术人员所构成时，工作效率的提高就具有更重要的意义。所以，设施布局要根据工作性质及工作目标的不同，来考虑什么样的布局更有利于工作效率的提高。

由于行业的不同、工作任务的不同，办公场所布局的模式亦多种多样。概括起来，有如下几种基本模式。

1. 传统的封闭式办公室

办公场所是走廊两侧一个个封闭的独立房间，这种布局可以保持办公人员足够的独立性，但不利于人与人之间的信息交流和传递，使人与人之间产生疏远感，也不利于上下级之间的沟通。此外，这种布局几乎没有调整和改变的余地。

2. 开放式办公场所

这是近年来发展比较快的一种办公模式，在一个很大的办公空间内，一个或多个部门的许多人共同工作，人数可以达到百人以上。这种布局的优点是不仅方便了办公人员之间的交流，也方便了部门领导与一般职员的交流，在某种程度上消除了等级的隔阂。其缺点是有时员工们会相互干扰，职员之间闲聊等情况也无法避免。

3. 带有半截屏风的组合办公模式

这种布局既保持了开放式办公的优点，又在一定程度上避免了开放式布局中相互干扰、闲聊等弊病。此外，这种布局有很大的柔性，可随时根据情况的变化重新调整和布置。

4. 活动中心式的新型布局

这种布局于 20 世纪 80 年代出现在西方发达国家。在每一个活动中心，有会议室、讨论间、电视电话、接待处、打字复印、资料室等进行一项完整工作所需的各种设备。办公大楼内有若干个这样的活动中心，每一项相对独立的工作集中在这样一个活动中心进行，办公人员根据工作任务的不同在不同的活动中心之间移动。但每人仍保留有一个小型传统式个人办公室。可见，这是一种比较特殊的布置形式，较适用于项目型的工作。

实际上，在很多组织中，封闭式布局和开放式布局都是结合使用的。

【本章小结】

服务设施指的是服务包中的服务支持设施要素，包括设施位置、设施布局、设施装饰和支持设备。进行服务设施设计，首先要为企业进行宏观位置的选择，然后在此基础上进行微观地点选择；接下来就是服务设施的布局。服务设施设计的目的在于营造一种促进顾客与服务员工之间交互作用的服务场景，通过有形展示使无形服务有形化。有形展示由服务场景与便利产品共同构成。服务场景又称服务环境，是指经过布局和装饰设计后的用来支持服务设施的物质环境，包括布景和气氛。根据顾客参与程度的不同，服务场景大致可以分为自我服务、交互服务和远程服务三类。服务场景的环境维度主要由气氛、空间布局、标识及其制品三大类要素构成，它们共同构成了服务员工与顾客交互作用的整个环境。为了保证服务运营的效果，服务设施的设计必须考虑服务组织的性质和目标、面积与空间、柔性、美学因素以及社会与环境等因素的影响。

服务设施的选址所需考虑的因素包括：与消费者的接触程度；运营成本；与竞争者的位置关系；支持配套系统；地理环境；经营环境；人力资源。服务设施选址的宏观分析阶段和微观分析阶段都会运用到定量分析方法，这些方法包括地理需求评估、因素评分法、回归分析法、中值法、哈夫模型等。

服务设施布局是在时间、成本、技术允许的条件下，根据服务产品的特性和要求，安排好服务系统各功能要素的空间位置及其相互关系。服务设施布局要遵循的原则是：避免迂回路线；留有发展余地；灵活应对调整与发展；为消费者提供方便；为员工提供良好的工作环境。服务设施布局的方法主要有产品布局和过程布局：产品布局就是以固定的步骤向成批的消费者提供同一服务的设施布局方式；过程布局是针对差异性需求而合理安排功能相近的服务过程的布局方法。服务组织的类型繁多，其设施布局也千差万别。其中，零售服务场所布局的目标是要使每平方米的净收益达到最大，因而消费者行走路径的设计及商品分组都非常重要。办公场所布局的主要目的是方便信息的传递和交流，提高工作效率。常见的几种办公场所布局的基本模式有：传统的封闭式办公室；开放式办公场所；带有半截屏风的组合办公模式；活动中心式的新型布局。

【关键术语及其定义】

服务设施　指服务包中的设施位置、设施布局、设施装饰和支持设备等服务支持设施要素。

服务场景（service scope）　又称服务环境，指的是经过布局和装饰设计后的用来支持服务设施的物质环境，包括布景和气氛。

产品布局（product layout）　以产品为导向的服务布局类似于生产制造业的生产装配线。

过程布局（process-oriented layout）　以服务过程为导向的设施布局考虑的是如何妥善安排相似的服务功能、过程。

【讨论题】

1. 如何理解服务场景的环境维度及其对员工和顾客的影响？
2. 影响服务设施设计的主要因素是什么？

3. 服务设施选址应考虑哪些因素？

4. 进行服务设施选址的方法有哪些？

5. 阐释服务设施布局的原则。

6. 如何理解产品布局和过程布局？

【互动练习】

1. 服务工厂如航空服务、运输服务、大众旅馆等倾向于流水线生产的（　　）。

A. 产品布局　　B. 过程布局　　C. 专业布局　　D. 固定布局

2. 如医院、汽车修理等服务作坊可用（　　）。

A. 产品布局　　B. 过程布局　　C. 流水线布局　　D. 固定布局

3. 结合实际说明零售商场应如何进行选址和布局。

4. 结合实际分析办公场所应如何进行布局。

【案　例】

案例背景资料[1]

宜家家居于 1998 年初进入北京，在中国开办第一家商场，宜家将店址选择在北三环的马甸地区。由于销售情况红火、客流量大，带动了马甸地区商业的繁荣发展。但因为地处北三环交通要道，停车条件有限，且经营面积仅有 1.5 万平方米，购物拥挤、自选区面积不足、停车等配套服务不到位等弊端逐渐暴露，宜家决定重新选址。

---

［1］ 资料来源：张淑君，王月英．服务设计与运营：30 余家品牌企业服务运营深度揭秘［M］．北京：中国市场出版社，2016.

2003年，宜家正式启动北京新店的选址规划。经过筛选之后，宜家最终确定了朝阳区北四环和东四环连接处，四元桥北侧，这里与机场高速相接，店面面积、停车场所要比马甸宽裕得多，同时毗邻四环也有利于降低运输成本。

2006年，宜家北京店迁入望京南端的四元桥附近的朝阳区阜通东大街59号。随着望京国际商业中心、望京旺角商业步行街、望京华联超市、沃尔玛超市的相继进入，望京成为北京东北部最大的商业区域。坐落于此的科技园有很多的世界500强企业，像摩托罗拉、西门子、奔驰等，为这里带来了很多的高素质和高收入的人群。望京社区有30万常住人口，其中有韩国人6万。在这些人群中，有三分之一是老住户，三分之一是新买房的年轻人，三分之一是流动租户。近10万的流动的租住人口，将频繁更换各种家具。对于一些居住了近十年的老住户，也即将迎来置换家具的高峰。此外，还有三分之一正在买房的年轻人，亦是潜在消费者。[1]

从宜家四元桥店出发，行车不久就可以先后到达地理位置十分接近的另外两家大型家居卖场——红苹果家居生活馆和居然之家。居然之家和红苹果家居生活馆主要提供的是大型家居产品，而宜家既有沙发、柜子、床等大型家具，又有方便实用的小型家居用品及饰品配件等。所以，宜家四元桥店与这两家同样颇受欢迎的家居卖场之间就形成了良性的互补关系，因此也就形成了客户资源共享的三赢局面。对于那些居住地离望京较远的私家车主来说，开车来宜家北京店不仅交通便利，而且停车十分方便，宜家的地下停车场共分为3层，拥有1 200多个车位，其中包括专门为家庭和残疾人特设的车位。宜家还有通往东直门的免费班车，往返途中都在三元桥停靠，有利于路程较远的顾客换乘。

2010年12月，英特宜家购物中心项目在大兴奠基启动，宜家家居在北京第二家商场作为其中主力项目，备受期待。2013年11月7日，宜家西红门商场开张。[2]

[1] 李武，瞿文超. 北京望京商圈日趋成熟 宜家望京店开张［N］. 新京报，2006-04-13.

[2] 马希. 宜家北京二店不只大一点那么简单［EB/OL］.（2013-11-08）［2015-10-10］. http://roll.sohu.com/20131108/n389782618.shtml，2013-11-08.

宜家北京西红门商场位于北京市大兴区欣宁街 15 号院 2 号楼，消费者不论是乘地铁还是公交，都能方便到达。有公交线路 7 条，地铁西红门站 A 出口向西 100 米左右。西红门店比四元桥店大一些，有地下 3 层共 1 750 个免费停车位。

宜家西红门店位于大兴区北端，北接丰台、南临黄村卫星城，率先定点西红门这一连接丰台区和大兴区的节点，宜家家居的开业填补了西红门地区的“大商业”空白。西红门地区拥有近 20 个小区的巨型社区，宜家西红门商场经理范迪克表示，经过市场调研，南城居民有三大特点：一是有小孩的家庭超过 25%；二是新房多；三是新北京人比较多。[1]另外，大兴云集了众多来自家居产业链上游的房企，首都第二机场空港经济圈所蕴含的巨大价值都预示着这片区域的远大前程。

与宜家家居四元桥店不同，宜家家居与 2014 年 12 月 19 日开业的英特宜家购物中心共同组成宜家综合购物中心，拥有包括欧尚超市、苏宁电器、金逸影院在内的 400 多家品牌商户，宜家家居与英特宜家购物中心捆绑布局而又相互独立。[2]

案例思考

请具体分析宜家家居在北京选址的特点。

---

[1] 崇晓萌．北京西红门：商业配套姗姗来迟宜家开业［EB/OL］．（2013-11-27）［2015-10-10］．http://www.linkshop.com.cn/web/archives/2013/272594.shtml.

[2] 李冰．宜家家居南城抢蛋糕？［EB/OL］．（2013-11-18）［2015-10-10］．http://jiaju.sina.com.cn/news/20131118/335703.shtml.

SERVICE
MANAGEMENT

第五章　服务接触

【学习目的与要求】

学完本章后，应当能够：

（1）解释服务接触的概念与类别；

（2）分析服务接触的三元组合；

（3）说明服务交锋的形成及特点；

（4）阐述服务交锋的构成要素及其管理；

（5）解析服务利润链。

【本章概要】

本章界定了服务接触的概念，根据接触方式的不同，可分为不同的种类。服务接触就是由顾客、服务组织及与顾客接触的员工三者相互作用组成的三角形，可能形成服务组织支配的、与顾客接触的员工支配的或顾客支配的服务接触。服务交锋主要由顾客、员工、服务传递系统、实体设施四个要素构成，结合这些要素可加强服务交锋的管理。最后，分析了如何利用服务利润链进行有效管理。

由于服务具有与有形产品不同的特征，即服务结果的无形性，以及生产与消费的同时性，消费者所感知的价值和满意度不仅体现在他们获得的服务结果中，更体现在过程中。服务提供者与消费者接触是服务运营的基本特征，也是服务过程的关键环节、重要时刻，因为消费者的体验以及对服务质量的评价是在这里形成的。

第一节　服务接触的三元组合

在服务生产过程中，服务提供者和消费者的接触过程是影响消费者满意度的关键时刻。此时，服务组织的每个员工都为一线员工服务，而一线员工直接服务于消费者。

一、服务接触的概念与类别

（一）服务接触的概念

服务接触是一个复杂的过程，因此不同的研究者和服务企业的管理者对服务接触有不同的认知和理解，关于服务接触概念的解释也有许多。从技术角度来讲，服务接触是“顾客与服务提供人员之间的互动”（索普伦南特，索罗蒙，

1987)。再宽泛一些讲，服务接触是“消费者直接与服务互动的那个时间段”（舒斯塔克，1985），这样的时间段包含了消费者与服务企业之间的所有互动环节，涉及人员、布局、设计、设施等消费者可感知的所有服务要素。

服务接触（service encounter）又称服务遭遇，是指消费者与服务企业的员工或有形实体要素发生直接接触和交互作用的过程。

从消费者的角度来看，当消费者与服务企业的员工或设施、布局等其他要素接触时，所感受的是最生动的服务体验，这种体验直接影响消费者对服务的满意度，影响其对服务质量的评价。而且，以后的每次接触都会影响消费者的满意度和再次购买或使用服务产品的意向。从企业的角度来看，每次服务接触都是企业或员工为消费者提供卓越价值和提升满意度的机遇。

由于服务企业的性质不同，消费者与服务企业或服务人员的服务接触机会多少也不同。所以，服务接触有可能是一个简单的过程，也有可能是由一系列环节和要素构成的复杂过程。但无论服务接触的多与少，任何一次不愉快的接触都有可能导致消费者整体感知质量的下降。

（二）服务接触的类别

根据接触方式的不同，服务接触可以分为面对面服务接触、电话服务接触和远程服务接触。[1]消费者可以通过任何一类接触方式或者综合方式，接受服务并形成服务体验。

1. 面对面服务接触

面对面服务接触是指消费者与服务企业或服务人员的直接接触。比如在博物馆，参观者要与售票员、讲解员、保安员以及其他人员发生面对面接触。

在面对面接触中，影响消费者感知服务质量的因素最多，也最为复杂。不仅包括一线员工的语言和行为，服务人员的态度、着装、服务场所的环境以及用于

---

[1] SHOSTACK G L. Planning the Service Encounter [M]//CZEPIEL J A, SOLOMON M R, SURPRENANT C F. The Service Encounter. Lexington MA: Lexington Books, 1985: 243-254.

提供服务的设备等因素都会对感知服务质量产生重要影响。

2. 电话服务接触

电话服务接触是指消费者与服务组织通过电话媒介进行接触，从中接受服务。随着科学技术的发展，这种服务接触在日常生活中的应用越来越广泛，在保险公司、电信公司等很多服务企业中，终端顾客往往可以通过电话服务与组织或服务人员进行服务接触。如今，几乎所有企业（无论是制造业还是服务业）都以电话接触的形式对消费者进行服务、调查、咨询等，接听电话人员的语气、专业知识及沟通能力、反应速度和工作效率等都会影响消费者对服务质量的评价。

3. 远程服务接触

远程服务接触是指消费者通过设备与设备之间的接触而接受的服务。例如，消费者通过自动取款机与银行进行接触，通过自动电话订购系统与邮购服务机构的接触，应用互联网进行交易等。在远程服务接触中，虽然不是人与人之间的接触，但对于服务企业来说，每一次接触都是提高消费者对企业组织感知质量的机会。由于消费者把有形服务以及技术过程和系统的质量作为评估服务企业整体质量的主要标准，服务企业应把以下工作视为影响远程服务接触的关键：有效的软件、软件和硬件的兼容性、跟踪能力（信息、发运等）、自动查询程序、信息和交易的安全性以及保密机制，等等。

二、服务接触的三元组合

服务的基本特征是消费者直接参与到服务过程之中，与服务企业及其员工发生交互作用。因而，服务接触就是由顾客、服务组织及与顾客接触的员工三者相互作用组成的三角形。在服务接触过程中，每个参与者都试图控制服务的过程，从而导致对灵活性的需求和对接触顾客的员工的授权。服务接触三元组合中三个要素的两两关系，是冲突的可能来源（见图 5-1）。

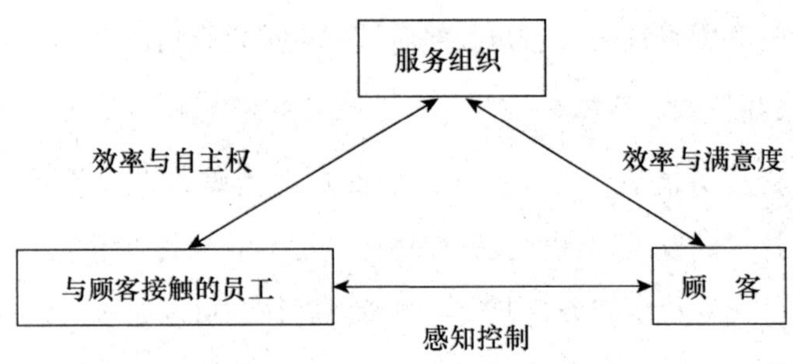

图 5-1　服务接触三元组合

资料来源：JOHN E G BATESON. The Service Encounter [M]. Lexington MA：Lexington Books，1985.

由图 5-1 可见，顾客通过“与顾客接触的员工”感受到服务提供商提供的服务，从而对服务组织的服务效率和满意度做出自己的评价。这种情况下，顾客的“满意”与“不满”是通过“与顾客接触的员工”获得的，但服务感知同时反映了服务组织给予“与顾客接触的员工”的自主权和“员工的接受程度”。

在服务接触中，与顾客接触的员工和顾客都期望拥有交互过程的掌控权。员工希望通过控制顾客的行为以使服务过程易于操作和管理；顾客则希望控制服务接触的进程来获得更多的利益。而服务组织为了控制服务传递过程，常常会利用规定或程序来限制与顾客接触的员工，这些规定必须建立在对消费需求深入了解的基础之上，否则就可能挫伤“与顾客接触的员工”的积极性和主观能动性，从而引起顾客的“不满”。理想的情况是，服务接触中的三要素协同合作从而创造出更大的利益。

（一）服务组织支配的服务接触

服务组织支配的服务接触旨在提高服务效率或实施成本领先战略，出于这样的目的，组织往往要建立一系列严格的操作规程使服务系统标准化。这类接触的缺陷主要有：一是限制了员工与顾客接触时所拥有的自主权，由于必须被迫执行“规定”，他们的工作满意度也随之降低；二是限制了服务的个性化，因为顾客只能从仅有的几种标准化的服务中选择。这类接触的典型代表是麦当劳，通过一套结构化组织体系的服务接触，只告诉顾客其服务中不提供什么，成功地实施了成本控制，并保证了服务的高效率。

（二）与顾客接触的员工支配的服务接触

与顾客接触的员工支配的服务接触要求服务人员具有顾客所不具备的专业知识和技能，并能够设身处地地为顾客着想，以高技能和高素质赢得顾客的信赖。如医生为病人服务，律师为当事人服务等。如果与顾客接触的人员被赋予足够的自主权，他们就会凭借自己的专业知识和技能为顾客提供适当的服务，其专业知识和技能水平的高低，直接影响着顾客对整个服务组织的看法。

（三）顾客支配的服务接触

顾客支配的服务接触包括极端的标准化服务和定制服务两种类型。极端的标准化服务如自助餐、ATM 等，自助服务是使得顾客可以完全控制所提供的有限服务的选择，这种高效的服务方式在无须提供“服务”的情况下就能够使顾客感到非常满意。定制服务如家政服务，在服务过程中由顾客支配整个流程，服务员工的目标就是最大限度地按顾客的要求灵活完成任务。

满意且有效的服务接触应该能够平衡三方控制的需要。实现这一目标的途径是，一方面对与顾客接触的员工进行适当的培训；另一方面通过有效的沟通方式真正了解顾客的真实期望。只有供需双方对“服务质量”“服务满意”达成共识，才能实现服务组织和顾客之间的双赢。

第二节　服务交锋

对于服务业企业来说，产出的主要是服务，其中的一系列任务包括接待顾客、与顾客沟通、按照顾客的不同要求为顾客本身或顾客的物品提供服务，其服务流程主要由提供服务所经历的步骤、顺序、活动构成。即使已经设计了很好的服务产品和服务提供系统，即使已经制定了周密的竞争策略，但最后能否令顾客满意，是否赢得了顾客，还取决于服务过程中顾客的感受。因此，服务企业必须精心地管理和控制服务过程中与顾客面对面接触的过程。

一、服务交锋的概念与特点

（一）服务交锋的概念

服务交锋是指服务组织的一线员工与消费者面对面进行服务的过程。大多数服务组织都存在一条虚构的“可视线”将服务过程一分为二，因为一个完整的服务过程既包括前台服务又不能缺少后台服务部分。其中，前台服务是服务提供系统中顾客看得到的那一部分，在这里顾客接触到服务设施和服务过程，并和服务人员有活动接触，会产生“服务交锋”；后台服务是顾客看不到的那一部分，与顾客没有直接的接触，包括支持前台服务所需的一系列任务和活动过程，这部分的任何失败和失误都会影响前台的活动和顾客满意度。

服务交锋又被称为“真实瞬间”（moment of truth），这一词来源于斗牛术语，意指斗牛士在结束战斗之前采取最后一个行动时面对公牛的那一刻。理查德·诺曼最早将这个词引入服务管理中，以强调顾客与服务组织交锋的重要性。因为顾客对一个服务企业的印象和评价往往取决于某一个瞬间或服务过程中某一件非常具体的事件。

（二）服务交锋的特点

对于大多数服务组织来说，服务交锋的开始与结束存在于顾客与服务人员之间。我们可以把这些服务交锋看作人与人的相互作用。这些服务交锋具有以下特点：

1. 目的明确

服务交锋具有明确的目的性。例如，消费者主动走进美发厅是为了让美发师为之打理头发；观众进入剧场是为了观看期望中的演出。

2. 非利他性

对于服务组织的员工来说，服务交锋只是他们日常工作的一部分，为消费者提供服务是他们谋取报酬的一种手段。因此，服务组织的员工为了完成分内工作，可能不在乎消费需求的差异性，只是机械地为每一个顾客提供重复性的服务。

3. 无须事先相识

在服务交锋中，顾客和服务组织的员工不必预先相识。在绝大多数情况下，即使顾客与服务组织的员工素不相识，在服务交锋中双方也不会感到不舒服，甚至配合默契，事后他们一般不会继续交往。当然，也有一些服务交锋不仅需要彼此之间的正式介绍还需要给予更多的信息。例如，病人第一次去医院看病时，不仅要告诉医生自己的名字，还要向医生提供诸如住址、电话、年龄、过敏史、医疗保险公司、以往的相关病史等信息。

4. 服务交锋的范围有限

在服务交锋中，顾客与服务提供者之间相互作用的范围受到服务任务性质的约束。尽管消费者与服务组织的员工初见面时可能会有礼节性的问候或一些简短的交谈，但在整个服务交锋过程中，与服务无关的交谈或活动通常是非常短暂的。

5. 信息交流受服务内容制约

在服务交锋中，服务组织的员工大多要与顾客进行信息交流，其目的在于保证服务过程的顺利进行。因此，信息交流的内容受服务内容的制约，一般很少有与服务内容无关的信息交流，而与服务内容相关的信息交流是不可缺少且具有优先权的。例如，美发师与顾客之间的交流大多是发型、头发养护等相关信息。

6. 各尽其职

在服务交锋中，为了取得有效的服务结果，服务提供者与顾客都要遵循一定的行为规范。有些规范可以从经验中学到，另外一些规范则需要服务提供者向顾客作一定的说明。例如，病人在诊治期间，必须回答医生提出的相关问题，并被要求听从医生的指示。

7. 暂时忽略服务双方的社会地位

在服务交锋中，往往要忽略服务供需双方正常的社会身份。例如，具有一定社会身份的律师可能会为一个罪大恶极的罪犯提辩护护服务，这种时刻，律师在其职业道德范围内为当事人提供法律服务，双方的社会地位暂时忽略。

二、服务交锋的构成要素

服务交锋主要由顾客、员工、服务传递系统、实体设施四个要素构成。

（一）顾客

服务交锋的目标是为顾客提供满意的服务。在服务交锋期间，顾客的感知直接决定其对服务质量的评价、对服务的整体满意度以及再次消费的决策，因此，顾客是服务交锋中最关键的要素。

在服务交锋中，最基本的要求是给予顾客充分的理解与尊重，有礼貌地为每一位顾客提供同样水平的优质服务。但是，在实际操作中，服务组织在注重服务效率的同时，往往忽略这一基本要求。因为服务交锋是服务组织的员工与顾客面对面的接触，顾客有足够的时间和机会体验服务感知，服务组织的形象、服务员工的态度和技术等直接影响顾客的舒适感、安全感与总体满意度。如果在服务接触中要求顾客参与其中并需要付出劳力，服务组织应向顾客明示并进行清楚的指导和说明，使顾客明白做什么和如何做，否则有可能降低服务效率，从而导致顾客对服务交锋的不满。

（二）员工

服务交锋中另一个重要的人的因素是服务组织中直接与顾客接触的员工。同顾客一样，他们也希望自己能够得到顾客及其他服务员工的理解和尊重，希望得到顾客和上司的好评与肯定。为此，员工必须掌握相关的知识和技能。

在服务交锋中，员工代表着服务组织，其言谈举止代表了服务企业的形象。一方面，员工是服务传递系统正常运转的基础；另一方面，员工肩负着顾客的期望，他们是顾客的代理，能够最大限度地考虑顾客的利益。当服务组织的政策与顾客的利益产生冲突时，员工的这种双重身份会使其无所适从。此外，员工常常要与顾客一起承担风险和压力（如医生和病人），这时，员工不仅要有过硬的专业能力，而且要具有缓解顾客心理压力的技巧，使其对服务过程放心。

由服务交锋的特点可知，服务交锋只是员工日常工作的一部分，与每一位顾客的交锋只不过是其千百次服务交锋中的一次。常年重复同样的服务过程，很容易使服务员工只重视服务交锋的效率和效用，忽视消费需求的个性化。相反地，员工所面对的顾客可能因第一次经历这种服务体验而缺乏经验，甚至会产生焦虑的心态，过于关注服务过程。如果员工不能考虑顾客的这些情况，在服务交锋中就难以使顾客满意，因为顾客不仅在乎员工的服务技能和服务效率，而且也非常在意员工所表现出来的诸如友善、温暖、关怀和富有情感等人际交往技能，有时恰恰是这些因素决定了服务交锋的成败。

对于服务组织来说，必须对员工加以培训，培养员工的专业技术技能、人际交往技能，使他们具有一定的行为规范，能够站在顾客的角度进行服务交锋。

（三）服务传递系统

服务传递系统包括服务前台、后台的各种设施设备、服务过程、服务方案和流程，以及服务组织的规则、规定和组织的文化。在服务交锋中，顾客所接触到的整个服务传递系统中的可视部分相当于服务前台，这部分的设计和运行必须从顾客的角度出发。而服务传递系统中相当于服务后台部分的设计，则主要考虑如何支持可视部分的运行，这也可以提高组织的运作效率。

（四）实体设施

实体设施是指一项服务和服务组织可能形成顾客体验的可触的一切有形的部分，包括服务企业所在建筑物的外形设计、停车场、周边风景，以及建筑物内的家具摆设、设备、灯光、温度、噪音水平和清洁程度等，还包括服务过程中使用的消耗品、使用手册、服务人员的着装等可触的东西。值得注意的是，后台的设施（或顾客不可视部分的设施）不属于实体设施，因为它们没有和顾客直接接触。

在服务交锋中，影响顾客满意度的因素除了服务员工的服务技巧、服务态度以及服务提供系统以外，还包括顾客所看到、接触到的实体设施。在很多情况下，顾客尚未与服务员工接触，首先映入眼帘的是服务场所的实体设施，或者说，顾客的服务体验首先来自于同实体设施的接触，这些体验形成了顾客对服务企业的第一印象。一般来说，顾客在服务设施内停留的时间越长，实体设施就越重要。

实体设施不仅会对顾客的满意度产生影响，也会对员工的工作满意度、工作热情和服务质量造成影响。因为员工的工作时间大多是在服务场所内度过的，实体设施的设计应该保证员工无障碍地执行任务，方便顾客的流动，保证服务系统的正常运转。例如，在地铁站、游乐园等服务场所，醒目的标识牌和疏导设施可以减少人们的迷路、问询等时间，避免拥挤，提高运营效率。

三、服务交锋的管理

（一）精心设计每个服务交锋环节

大多数顾客只是在服务交锋时才去考虑一项服务或一个服务组织。因此，服务组织必须紧紧把握住这一机会，精心设计每一个服务交锋环节，避免任何失误，保证给顾客留下良好的印象。

服务交锋有时是极短暂的简单过程；有时是包括一系列事件的复杂过程，涉及服务组织的许多方面，体现出服务交锋的许多特点。服务组织在服务过程中对每一个服务交锋环节的把握都是非常重要的，因为任何一个环节出现失误都会影响到消费者的服务体验，影响到消费者的服务满意度。

（二）关注服务交锋中其他顾客的作用

许多服务是由很多人同时在服务现场进行消费的，如航空和铁路旅行、体育赛事、文艺演出以及传统的教育等。这时，一个或一组消费者的行为可能会对在场的其他消费者的服务交锋结果产生影响。例如，演出中一个扰乱现场的观众可能会给其他观看演出的消费者带来不愉快的体验；相反，旅行中一群志趣相投的游客有可能因为相互结识而使旅途变得更加愉快。

1. 选择合适的消费者

服务组织可以采用一定的规则对服务对象进行选择，限制那些可能会影响其他消费者的客人进入服务现场，如某些俱乐部只限会员进入等。

2. 规范消费者的行为准则

为了保证服务场所的秩序和效率，赢得广大消费者对服务交锋的满意，服务组织可以规范消费者在服务场所内的行为准则，并清楚地传达给所有消费者。如“请勿吸烟”“禁止奔跑”等标示，都能起到警示作用，避免或减少某些不愉快事件的发生。

3. 促进消费者之间有益的相互作用

消费者之间良好的沟通和相互影响会使服务过程变得非常愉快，例如在旅行中志趣相投的游客的相互结识。因此，服务组织可以有意地组织一些集体活动来促进消费者之间的相互交流，有时这种相互交流会减轻他们的不安和焦虑，比如医院患有同种疾病的患者之间的交流就属于这种情况。

第三节　服务利润链

服务利润链（service profit chain）阐释了服务组织、员工、顾客与利润之间的相互关系，如图 5-2 所示。这一概念是 1994 年由詹姆斯·赫斯克特等五位哈佛商学院教授组成的服务管理课题组在“服务价值链”模型中提出的。为了研究服务企业的利润是由什么决定的，他们利用 20 多年追踪考察了上千家服务企业后得出结论：服务利润链可以形象地理解为一条将利润增长、顾客忠诚度、顾客满意度、顾客获得的产品及服务的价值、员工的能力、员工满意度和忠诚度与劳动生产率之间联系起来的纽带，它是一条循环作用的闭合链，其中每一个环节的实施质量都将直接影响其后的环节，最终目标是使企业盈利。

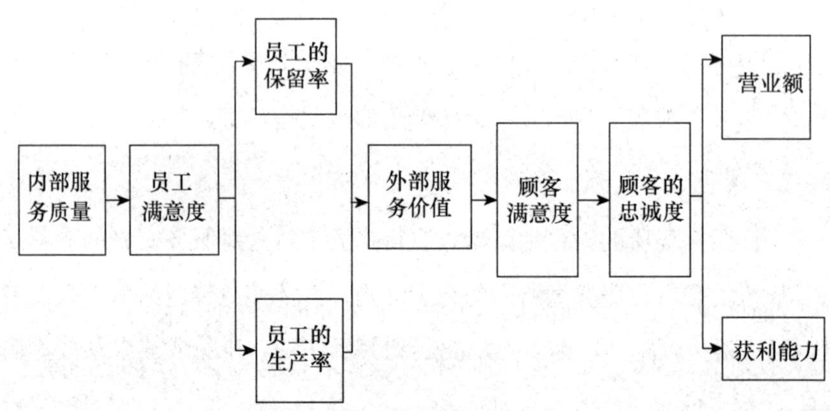

图 5-2　服务利润链

资料来源：JAMES L HESKETT, THOMAS O JONES, GARY W LOVEMAN, W EARL SASSER, Jr, LEONARD A SCHLESIGER. Putting the Service-Profit Chain to Work [J]. Harvard Business Review, 1994 (3/4): 166.

企业内部员工的满意度取决于组织的服务质量，同时它又决定了员工的保留率和生产率；企业提供的服务价值是由那些满意的、投入的、生产型的员工创造的，反过来它又决定了顾客的满意度；顾客的满意将导致顾客的忠诚；而顾客的忠诚度又将导致营业利润的增长。

一、服务组织的内部质量驱动员工满意

服务组织的内部质量是指员工对所处的工作环境的感知，它通过员工对组织、工作、员工之间相互关系的体验进行衡量。内部服务质量的概念表明服务企业要想更好地为外部顾客服务，首先必须明确为“内部顾客”——公司所有内部员工服务的重要性。为此，服务企业必须设计有效的人力资源管理制度，不仅包括员工的甄选和使用、考核和奖惩，而且包括相关服务信息的获得、技术支持设施以及工作设计等，为员工创造良好的工作环境，尽可能地满足内部顾客的内、外在需求。例如，如果一个服务组织采用了一套先进的计算机信息处理系统，就意味着为员工提供了有力的支持，从而使员工能够比较容易地调用顾客的个人资料，更方便地进行服务操作。

员工对工作本身的满意程度取决于其完成预定目标的能力以及在这一过程中所拥有的权力，当员工具备了这两个条件时，就会因为达到了预期目标而对工作满意、对组织满意，并最终对组织忠诚。

内部服务质量还取决于员工之间的关系。这一方面表现为员工之间的人际关系，另一方面体现为员工之间的相互服务。如果同事之间能维持一种和谐、融洽的工作氛围，在工作中，每位员工都把相互合作的其他员工看作自己的顾客，那么，这样的工作环境当然是工作效率的保证，也是员工满意度的保证。

二、员工满意导致高保留率和生产率

一般来说，员工满意度是员工对现在的报酬、学习、晋升、环境、地位、企

业的承诺等各个方面是否满意，这是由岗位设计、工作环境、员工选拔培养、激励机制以及服务工具和技术支持等多方面因素决定的。通过向一线员工提供优质培训、职业规划以及更有吸引力的薪酬等来支持他们的工作，这种做法能够降低员工的流动率，从而提高整体服务水平。

员工满意度越高，就越喜欢自己的工作。这能有效降低员工流失率。他们不仅会坚守在自己的岗位上，而且会充分发挥主动性和积极性，不断提高工作效率。

在大多数服务组织中，员工流失的原因就在于其对服务环境的不满；相反，较低的员工流动率与较高的工作效率密切相关。

可见，培养和提高员工的满意度对于提高员工忠诚度及工作效率具有重要意义。

三、高保留率和生产率导致高服务价值

服务组织中，员工的忠诚意味着流失率的降低。那么，组织就减少了重新招聘、培训带来的费用支出，同时也减少了由于生产率的下降和客户满意度的降低导致客户流失的损失。

员工的工作效率决定了他们所创造的价值高低，这是因为高忠诚度的员工具有归属感、事业成就感，只有真正热爱自己的工作，才能产生高的服务价值。而长期服务工作经验的积累以及与顾客合作的经验，都将成为高服务效率的保证。这些都将为服务组织带来利益，创造较高的服务价值。

四、高服务价值导致顾客满意

顾客的满意来自于顾客对服务价值的感受。对于顾客来说，服务价值可以通过比较获得服务所付出的总成本与得到的总利益来衡量。

顾客购买服务所获得的利益包括产品/服务的价值、人员价值和形象价值等。顾客为获得服务所付出的成本包括购买服务所耗费的时间、潜力、体力以及所交付的资金等。顾客总希望获取更多的利益，或者把资金、时间等成本降至最低。

服务组织可以通过提高服务质量、降低服务成本等方法来提高服务价值，从而获得顾客满意度的提高。

五、顾客满意导致顾客忠诚

一般情况下，顾客满意度越高，顾客对服务组织的忠诚度也就越高。顾客满意是一种心理活动，是顾客期望的需求被实际满足后的愉悦感。只有满意的顾客才会持续产生购买行为，最终成为忠诚顾客。

对于服务组织来说，一方面，要尽量使得顾客满意，因为这些满意度高的顾客会为服务组织带来好的口碑；另一方面，还要尽量避免服务交锋中的失误，以免在顾客心目中造成不良影响，因为对服务组织不满意的顾客将带来不好的口碑。

所以，企业的一切活动都要以满足消费需求为出发点，通过比竞争对手做得更好使顾客满意，提高顾客对企业的忠诚度。

六、顾客忠诚导致获利性与组织的成长

经验表明，顾客忠诚度增加5%，利润就可以增长25%～85%。忠诚于服务组织的顾客常常会重复购买该组织的产品和服务，对价格并不十分敏感。所以说，顾客忠诚度的提高将为服务组织带来利益的增长。

因此，服务组织的工作重点将不再是仅仅追求市场规模，而是要看重市场份额的质量，培养并保持自己的忠诚顾客，以获取收入和利润的保障，促进服务组织的成长和发展。

【本章小结】

服务接触又称服务遭遇，是指消费者与服务企业的员工或有形实体要素发生直接接触和交互作用的过程。根据接触方式的不同，服务接触可以分为面对面服务接触、电话服务接触和远程服务接触。根据在服务接触中起支配作用的主体不同，服务接触分为服务组织支配的服务接触、与顾客接触的员工支配的服务接触、顾客支配的服务接触。满意且有效的服务接触应该能够平衡组织、员工和顾客三方控制的需要。

服务交锋又称真实瞬间，是指服务组织的一线员工与消费者面对面进行服务的过程。服务交锋的特点主要有：目的明确、非利他性、无须事先相识、服务交锋的范围有限、信息交流受服务内容制约、员工与顾客各尽其职、暂时忽略服务双方的社会地位。一般来说，服务交锋主要由顾客、员工、服务传递系统、实体设施四个要素构成。加强服务交锋的管理首先要精心设计每个服务交锋时刻，其次要关注服务交锋中其他顾客的作用。

服务利润链阐释了服务组织、员工、顾客与利润之间的相互关系，即利润和回报的增长来自于忠诚的顾客，顾客的忠诚来源于顾客的满意，顾客的满意又取决于其对服务价值的感知，而服务价值是由那些满意的、投入的、生产型的员工创造的，员工的保留率和生产率取决于员工的满意度，员工的满意度则取决于组织内部的服务质量。

【关键术语及其定义】

服务接触（service encounter） 又称服务遭遇，是指消费者与服务企业的员工或有形实体要素发生直接接触和交互作用的过程。

服务交锋 是指服务组织的一线员工与消费者面对面进行服务的过程。

服务利润链（service profit chain）　阐释了服务组织、员工、顾客与利润之间的相互关系。顾客的忠诚度决定企业利润，顾客满意度直接影响顾客忠诚度；企业提供的服务价值决定了顾客满意度；而企业内部员工的满意度和忠诚度决定了服务价值。

【讨论题】

1. 分析服务接触三元组合的内容。
3. 阐释服务交锋的特点。
4. 说明服务交锋的构成要素。
5. 如何对服务交锋时刻进行管理?
6. 分析服务利润链构成要素之间的相互关系。

【互动练习】

1. 下列几种服务模式中，属于员工支配的服务接触是（　　）。

A. 标准式快餐服务　　B. 美容美发服务

C. 自助餐服务　　D. 超市

2. 下列几种服务模式中，属于顾客支配的服务接触是（　　）。

A. 标准式快餐服务　　B. 美容美发服务

C. 自助餐服务　　D. 医疗服务

3. 医生为病人诊断治疗时，医患之间的关系属于（　　）。

A. 服务组织支配的服务接触　　B. 员工支配的服务接触

C. 顾客支配的服务接触　　D. 管理者支配的服务接触

4. 在专业律师与当事人的服务接触中，起支配作用的是（　　）。

A. 当事人　　B. 律师

C. 律师事务所　　D. 律师行业协会

5. 定制服务如家政服务的服务接触等起支配作用的是（　　）。

A. 员工　　B. 顾客

C. 服务组织　　D. 主管部门

6. 医生为病人诊断治疗时，医患之间的关系属于（　　）。

A. 服务组织支配的服务接触　　B. 员工支配的服务接触

C. 顾客支配的服务接触　　D. 管理者支配的服务接触

7. 下列几种服务模式中，属于服务组织支配的服务接触是（　　）。

A. 标准式快餐服务　　B. 美容美发服务

C. 自助餐服务　　D. 超市

【案　例】

案例背景资料：海底捞[1]

四川海底捞餐饮股份有限公司成立于 1994 年 3 月 20 日，是一家以经营川味火锅为主，融汇各地火锅特色于一体的大型直营连锁企业。公司始终秉承“服务至上、顾客至上”的理念，以创新为核心，改变传统的标准化、单一化的服务，提倡个性化的特色服务，致力于为顾客提供愉悦的用餐服务；在管理上，倡导双手改变命运的价值观，为员工创建公平公正的工作环境，实施人性化和亲情化的管理模式，提升员工价值。

公司发展至今，已成为海内外瞩目的品牌企业。拥有数千余名员工，拥有一批食品、营养、工程、仓储、管理方面专家和专业技术人员。在北京、上海、西安、郑州、天津、南京、杭州、深圳、厦门、广州、武汉、成都、昆明等国内 31 个城市有 119 家直营餐厅。在国外，已有新加坡 2 家、美国洛杉矶 1 家和韩国

[1] 资料来源：海底捞官网。

首尔1家直营餐厅。2008至2012年连续5年荣获大众点评网“最受欢迎10佳火锅店”。2008至2013年连续6年获“中国餐饮百强企业”荣誉称号。2011年5月27日，“海底捞”商标荣获“中国驰名商标”。

公司现有七个大型现代化物流配送基地、一个底料生产基地。七个大型物流配送基地分别设立在北京、上海、西安、郑州、成都、武汉和东莞，以“采购规模化、生产机械化、仓储标准化、配送现代化”为宗旨，形成了集采购、加工、仓储、配送为一体的大型物流供应体系。位于郑州的底料生产基地，其产品已通过HACCP认证、QS认证和ISO国际质量管理体系认证。

海底捞一家普通的门店，200个客人里，有150个是回头客。凡来过海底捞的人，对其细致入微的服务都会留下强烈的印象。顾客点餐入座后，服务员会适时送上绑头发用的皮筋、围裙、手机套、擦眼镜布等小物件。点菜时服务员会贴心地建议点半份，这样便于顾客品尝不同的食物，同时也避免浪费。就餐期间会有服务员不时递上热毛巾，就餐后会不时地送上些小礼物。为什么海底捞的员工对自己的工作如此充满热情呢？这与海底捞一贯坚持的经营哲学是分不开的。

在海底捞，尊重遇善待员工始终放在首位，从2003年7月起，海底捞实行了“员工奖励计划”，给优秀员工配股，以西安东五路作为第一个试点分店，规定一级以上员工享受纯利润3.5%的红利。2005年3月，又推出第二期“员工奖励计划”，以郑州三店作为员工奖励计划店给优秀员工配股，并且经公司董事会全体一直同意，从郑州三店开始计算，公司每开办的第三家分店均作为员工奖励计划店。

海底捞的管理人员与员工都住在统一的宿舍里，并且规定，必须给所有员工租住正式小区或公寓中的两三居室，不能使地下室，所有房间配有空调、电视、电脑、宿舍专门有人管理、保洁，员工的工作服、被罩也是统一清洗。若是某位员工生病，宿舍管理员会陪同他看病、照顾他的饮食起居。

海底捞的所有岗位，除了基本工资之外，都有浮动工资和奖金，作为对员工良好工作的鼓励。同时，考虑到绝大部分员工的家庭生活状况，公司又针对性地制定了许多细节上的待遇：在海底捞工作满一年的员工，若一年累计三次或连续三次被评为先进个人，该员工的父母就可以探亲一次，往返车票公司全部报销，其子女还有3天的陪同假，父母享受在店内就餐一次；工作年满一年以上的员工可以享受婚假及待遇；工作满3个月以上的员工家人去世，该员工可以享受丧假及补助；工作3年以上的员工生产可享受产假补助；若夫妻在同一地区工作，只要有一方工作满半年，在外租房就可以享受60元的补助，已婚的店经理则可以享受400元以内的住房补助；店经理的小孩3岁以下随本人生活的，还可以享受每月300元的补助。

海底捞的员工，有很多都是亲属，这在许多企业都是禁止的，海底捞餐饮有限责任公司董事长张勇却认为，“正因为员工在海底捞获得了尊重和认可，同时他也认可了这里的工作环境与和谐的气氛，他才会介绍亲戚朋友过来。”

海底捞的各个分店、各个分区常常展开评比工作，评比先进个人、优秀标兵、劳模、功勋员工……各店之间常常举行友谊竞赛：篮球比赛、切羊肉比赛、各种技能比赛……公司鼓励员工积极参与，并给予适当的奖励。公司办起了《海底捞报》，内容包括企业管理知识、职场成长故事、哲理故事、餐饮文化、健康知识。

在如此和谐的文化与工作气氛中，员工们的热情日益高涨，提出很多建议，包括工作与娱乐，只要是合理的，公司都会采纳。张勇说：“海底捞的创意性服务在业界和顾客当中是很有名的，其实，大多数都是员工提出来的，我们的员工都是天才。”

案例思考

海底捞是如何让员工满意，如何培养顾客忠诚度的？

SERVICE MANAGEMENT

第六章　服务供求管理

【学习目的与要求】

学完本章后，应当能够：

（1）阐释供求失衡的原因；

（2）掌握了解需求的原因和方法；

（3）理解并运用需求管理的策略；

（4）阐述服务规模的内涵及其构成；

（5）理解并运用供给管理的策略；

（6）了解收益管理技术的适用性；

（7）运用收益管理技术解决现实问题。

【本章概要】

本章分析了服务需求与供给能力平衡的四种情况，供求失衡是服务经营经常面对的挑战。解决供求失衡问题可以从影响需求、调节供给两个方面入手。在分析了需求管理及供给管理的策略之后，阐释了收益管理的适用范围，以及收益管理系统的应用情况。

第一节　需求管理

通常情况下，企业的供应能力是一定的，而市场需求却是波动的。对于服务企业来说，不可能像生产制造业企业那样运用库存管理来调节供需矛盾，所以，消费需求与服务供给能力的平衡是服务经营面临的一个重大挑战。

一、服务需求对供给的挑战

由于服务产品的无形性、服务生产与消费的同步性以及服务的不可储存性等特征，供求失衡是服务企业经常要面对的问题。

（一）服务生产与消费同步

服务生产与消费是同时进行的，很多服务只有消费者到场后才能开始生产，在生产的同时又被消费掉了。服务的这种特性使得企业很难做好服务的准备，不能像有形产品那样，先把产品生产出来，过一段时间再卖给消费者。服务具有不可储存性，容易消逝，难以用库存调节供求失衡。例如，一次航班的空座位不能出售给下一次的顾客。

（二）服务需求难以预测

相对于有形产品而言，服务需求是难以预测的。人们对某些服务的需求可能是根据当时的环境临时决定的，如每天看电影、进餐馆的人数通常是难以确定的，医院里看急诊的人数通常也是事先不知道的。这类需求一般没有长远的规划，变化比较频繁。另外，企业为每个消费者提供服务的时间也是很难确定的，如银行柜台为客户办理业务的时间取决于客户办理业务的类型和数量，这会影响到企业对自己的服务能力的估计。

（三）服务不可转移地点

有些服务只能在一定的时间发生在一定的地点，无法转移。如旅游服务，旅游吸引物和服务设施不能从旅游目的地转移到客源地，旅游者只有到达目的地才能享受到旅游服务。旅游者想游览泰山风景必须亲自登临泰山，泰山景区的旅游服务不能移动到客源地。

（四）服务供给的最大能力缺乏弹性

一般情况下，服务机构（如游乐场）的最大供应量不具有弹性，当服务设施超负荷时，没有其他的设施可以取代。如一家饭店的客房数、一辆客车或一次航班的座位数都是固定的，不可能像生产制造企业那样通过加班加点来增加供给能力。

这些挑战使得服务企业面临着决策的困境：一方面，投资者都会尽力避免服务规模过大造成的资金占用多、收益率低的问题；另一方面，如果企业的服务能力不足，无法满足顾客的需求，则影响服务质量，甚至造成顾客流失。

二、服务供求平衡的四种情况

如图 6-1 所示，服务供求平衡有以下四种情况：

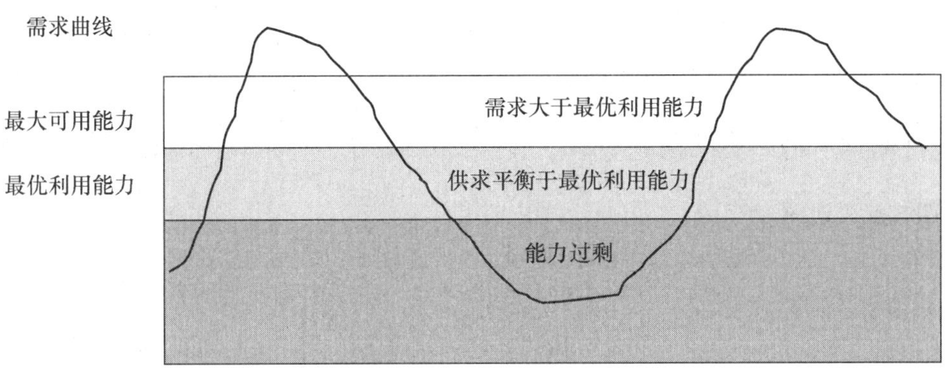

图 6-1　服务供求平衡的四种情况

（一）需求过剩

需求超过最大可利用的服务能力，这时部分消费者会离开转向竞争对手。如酒店客满，或在某个时段景区游客达到最大容量。没有得到服务的消费者会对企业产生不满，消费者的离开可能是暂时的，也可能是永久的。可见，需求过剩会致使部分消费者得不到服务，从而影响企业的形象和信誉。

（二）需求大于最优利用能力

当消费需求大于最优的利用能力时，企业可以为消费者提供服务，消费者可能没有离开，但由于消费者过多，服务环境非常拥挤，服务质量开始下降，消费不满开始增加。例如，理发店等待的客人过多时，理发师会加快理发的速度，客人可能会因此得不到最优质的服务。这种状态下，消费者感受到了企业的服务缺陷，企业需要提高顾客的感知质量，以留住消费者。

（三）需求平衡于最优利用能力

服务的生产能力与服务需求达到最理想的匹配状态，员工和设备没有超负荷运营，消费者得到准时而良好的服务，服务能力得到最佳利用。这种状态下，从企业角度来说，服务设施没有闲置，服务人员的配置也刚好满足顾客的需求，员工可以得到适当的休息，服务的积极性高。从消费者的角度来说，服务质量有所保障，消费者可以得到优质的服务，消费满意度比较高。这是一种最理想的状态。

（四）能力过剩

由于需求不足造成企业资源没有得到充分利用，服务设施闲置，服务人员过多，生产率低下，影响了企业的利润。这种状态下，企业会尽可能提供高质量的服务以使消费者满意，但如果服务质量需要依赖其他消费者时，会因为人数太少影响消费者的感知质量。

综上所述，当需求大于最大可用能力时，一些潜在顾客可能离开，而且可能永远离开；当需求在最优利用能力和最大可用能力之间时，顾客可能得到有缺陷的服务；当需求小于最优利用能力时，可能会影响顾客的感知质量。在这些情况下，服务管理者必须采取一些措施以控制服务水准的降低并防止消费者的不满，可从供给和需求两个角度考虑解决方案。

三、了解消费需求

在有效的需求管理中，最简单也是最重要的就是要知道消费者是谁，消费者的需求是什么。

（一）了解消费需求的必要性

有效的需求管理，应该明确企业的目标市场及其消费需求。有很多因素都会影响服务需求的形成，如天气变化、社会环境或者社区内的体育赛事等。企业可以通过各种方式来收集消费者的信息，如年龄、性别、兴趣、收入状况等，不同的消费者可能受不同因素的影响而产生或改变购买动机。掌握消费者的需求偏好有助于企业了解需求的高峰期和低谷期，并能区分不同的需求类型，以便提前调整服务人员、供应设施等。否则，如果服务需求不足，则会导致服务人员和设施的闲置；如果服务人员和设施不足，就会导致消费者等待，降低服务质量，甚至导致客户流失。

了解消费需求，探寻消费需求变化的一些规律，可以从以下几个方面分析：

第一，明确服务需求的波动是否有规律可循。大多数服务需求呈现一定周期性，应当先确定周期的长度，是年、月、日，还是其他特定时间长度。

第二，分析造成需求周期性变化的主要因素，如人们多年形成的行为习惯、公共节假日、学校寒暑假、不同季节的气候变化或雇员计划等。

第三，如果需求水平呈无规则变化，分析其中的原因。如因为天气的突然变化或大规模的人群食物中毒引起对医疗服务的大量需求。

第四，假如服务需求有不同的细分市场，分析引起每个细分市场需求变化的因素，并找出每个细分市场需求变化的规律。以酒店客房为例，商务客人和家庭客人对价格的敏感程度是不同的，降价对商务客人可能是无效的，而对家庭客人则起到很大作用，酒店可以深入探究两个市场的需求规律。

（二）需求预测的方法

尽管服务业需求变动较大，但从长期来看，有些需求波动具有一定的规律性。企业可以运用一些方法来预测消费者的需求。

1. 德尔菲法

德尔菲法又称专家意见法，在 20 世纪 40 年代由 Olaf Helmer 和 Rand 首创。1946 年，美国的兰德公司首次用这种方法进行预测，后来被广泛采用。德尔菲法是先组成专家调查组，专家人数可根据课题的大小和涉及面来确定。然后把调查预测的项目和要求拟成预测提纲，将预测提纲、征询表格交给专家，并提供背景资料。专家们在“背靠背”的情况下，根据通知的要求，对所预测的问题提出个人的判断与分析。主持预测者收到专家的预测和分析后，再将专家的意见加以集中，根据专家们的预测结果及其依据列出经过加工的新的调查提纲，分送给专家，进行第二轮征询，要求专家们补充、修改各自的预测并加以说明或评论。这个过程反复进行几次，直到专家意见趋于一致，最后得到较切合实际的集中答案。

德尔菲法具有匿名性、反馈性、统计性的特点，能充分发挥各位专家的作用，集思广益，准确性高；能把各位专家意见的分歧点表达出来，取各家之长，避各家之短。但这一方法的操作过程比较复杂，花费时间较长。在实践中，一般用于长期预测。

采用这一方法时，应注意：预测问题要十分清楚明确，其含义只能有一种解释，否则，专家的答案可能会特别分散；问题的数量不能太多，一般要使回答者能在两个小时内答完，并要求专家们独自回答；要忠于专家们的答案，调查者在任何情况下不得表露自己的倾向；对于不熟悉这一方法的专家，应事先讲清楚这一预测方法的过程和特点。

2. 部门主管集体讨论法

部门主管集体讨论法又称高层主管集体讨论法，是指把高层主管召集在一起进行讨论，将主管的看法与统计模型相结合，形成对需求的集体预测。当缺乏足够的历史资料时，这一方法特别适用。

部门主管集体讨论法的优点是简单易行；不需要准备和统计历史资料；由于汇集了各位主管的经验与判断，避免了个人的主观臆断可能对企业造成的损失。这种方法的缺点是占用了各位主管的宝贵时间；与会人员之间相互影响，有些主管碍于情面，不愿发表与众不同的意见；由于是各主管的主观意见，预测结果缺乏严密的科学性；由于是集体讨论的结果，无人对其正确性负责。

3. 员工意见征集法

员工意见征集法是指由各部门的一线服务人员根据其个人判断做出预测，企业再对员工的预测进行综合整理后得出企业范围内预测结果。员工意见征集法的优点是：由于员工的意见受到了重视，增强了员工在服务过程中的信心；由于取样比较多，预测结果较具稳定性。这种方法的缺点是：预测结果常常带有员工的主观偏见；预测值会因为时间的不同而受到影响。

4. 时间序列法

时间序列法是定量分析中应用最普遍的方法。在实际数据的时间序列中，展示了所研究的对象在一定时期内的发展变化过程，时间序列分析就是在这些序列数据中寻找事物的变化特征、趋势和发展规律的预测信息。

时间序列是一系列均匀分布（每周、每月、每季等）的数据特点。分析时间序列时，首先将过去数据根据影响因素的不同分为几部分，然后将这种影响进行外推。一般将时间序列的变化归结为趋势变化、季节波动、周期性变化和随机波动四个方面。对这四个因素进行合成，形成了两种描述方法，一种是乘法模型，即假定需求是四个成分的乘积：需求变动＝趋势变动×季节变动×周期变动×随机波动；另一种是加法模型，即假定需求是这四个成分加总的结果：需求变动＝趋势变动＋季节变动＋周期变动＋随机波动。

在大多数的实际模型中，由于随机波动的数学期望为零，所以预测者都假定随机波动经过平均后可不考虑其影响。因而主要注意趋势、季节和周期波动相结合的成分。时间序列方法有下列几种。

（1）**简单预测法**。简单预测法是最简单的一种时间序列分析方法。它假定下一期需求与最近一期需求相同，用本期的需求预测下一期的需求。例如，某餐馆3月份的销售额是10万元，我们可以预测4月份的销售额仍然是10万元。

虽然这种方法很简单，但是实践证明，对某些服务企业而言，简单预测法是效益费用比（用于衡量预测方法效用的比率，它是预测带来的效益与预测过程所花费的费用两者之比）最高的预测模型。由于简单，它成为其他时间序列分析方法的出发点。

（2）**N时期移动平均法**。该方法用一组最近的实际数据值通过求算术平均值来进行预测，以一组观察序列的平均值作为下一期的预测值。如果市场需求在不同时期能够保持相当平稳的趋势，简单移动平均法是非常有效的。

N时期移动平均法的计算公式是：

$$MA_t=\frac{A_t+A_{t-1}+A_{t-2}+\cdots\cdots A_{t-N+1}}{N} \tag{6-1}$$

式中，MA_t为t周期末的简单移动值，可作为$t+1$周期的预测值；A_t为第t周期的实际需求；N为移动平均值的期数。

［**例 6-1**］某旅店有100个房间，平日入住的主要是因公出差的人员，但周六主要是探亲访友的客人。经营者想预测周六客房的出租率，为即将到来的周末做好准备。采用N时期移动平均法，取移动平均的期数为3（$N=3$），分别计算预测值（见表6-1）。

表 6-1　　　　移动平均法

周六	时期	出租间数	三个时期的移动平均数	预测值
8月1日	1	79		
8日	2	84		
15日	3	83	82	
22日	4	81	83	82
29日	5	98	87	83
9月5日	6	100	93	87
12日	7			93

解：已知$N=3$，则8月22日的预测值是8月1日、8日、15日的平均数：

$$MA_4=(79+84+83)/3=82(\text{间})$$

同理可得，8月29日、9月5日、9月12日的预测值为83间、87间和93间。

N时期移动平均数的预测结果与N有密切的关系，N越大，对其他因素干扰的敏感性会越低，预测的稳定性越好。

（3）**简单指数平滑法**。简单指数平滑法是时间序列模型中用于需求预测的最常用方法。它是在加权平均法的基础上形成的，可以理解为一种以时间定权的加权平均方法。用数学法表示即：

下期预测值＝当期预测值＋平滑系数×(上期实际需求－当期预测值)

计算公式：$F_t=F_{t-1}+\alpha\ (A_t-F_{t-1})$

$$F_t = \alpha A_t + (1-\alpha) F_{t-1} \tag{6-2}$$

式中，α 为平滑系数（实际中平滑系数的范围一般是 0.05～0.5）；F_t为下期预测值；F_{t-1}为当期预测值；A_t为当期实际值。

平滑系数越小，预测的平稳性越好；平滑系数越大，预测的实际值的变化越敏感。

［**例 6-2**］承例 6-1，采用简单指数平滑法进行预测。

表 6-2　　　　指数平滑方法预测（α=0.5）

周六	时期	实际出租率	平滑值	预测值	预测误差
8 月 1 日	1	79	79.00		
8 日	2	84	81.50	79	5
15 日	3	83	82.25	82	1
22 日	4	81	81.63	82	1
29 日	5	98	89.81	82	16
9 月 5 日	6	100	94.91	90	10

计算时，可以把一系列数据中的第一个实测值 A_t 作为第一个平滑值 F_t。如表 6-2 所示，8 月 1 日的平滑值 $F_1 = A_1 = 79.00$。8 月 8 日的平滑值（F_2）可以用公式来计算，即由 8 月 8 日的实测值和 8 月 1 日的平滑值得出。设定 $\alpha = 0.5$，如下面所示，该结果与使用三时期移动平均法得到的结果基本一致：

$$\begin{aligned} F_t &= F_{t-1} + \alpha(A_t - F_{t-1}) \\ &= 79.00 + 0.5 \times (84 - 79.00) \\ &= 81.50 \end{aligned}$$

采用类似的方法可以得出以下各期的平滑值，见表 6-2。

确定平滑系数时应该注意以下几点：

①如果预测误差由于某些随机因素造成，预测目标的时间序列虽然有不规则的起伏波动，但是基本发展趋势比较稳定，这时的平滑系数应当取小一些，以减

少修正的幅度，使预测模型包含较长时间序列的信息。

②如果预测目标的基本趋势已经发生了系统性的变化，预测误差是由于系统变化造成的，则平滑系数的值应当取大一些，这样可以根据当前的预测误差对预测模型进行大规模的修正，使得模型和预测目标的变化相吻合。

③如果原始资料不足，初始值选取比较随便，平滑系数的值也应当取大一些，这样使模型加重对以后逐步得到的近期资料的依赖，提高模型的适应能力。

④如果描述时间序列的预测模型只是在某一段时间内能够比较好地表达这个时间序列，应当选取比较大的平滑系数，减少对早期资料的依赖。

实际应用中，大多采用计算机计算，多数计算机预测软件都能自动找出具有最小预测误差的平滑系数。有些软件在预测误差超出可接受范围时能够自动进行调整。

（4）**考虑季节性调整的指数平滑法**。有些服务产品的生产和销售随着季节的变动会产生比较大的波动，例如对机票、客房的需求在黄金周期间会达到高峰，此时就不应当采用指数平滑方法，这样不利于反映数据的真实变动情况，而应该通过选取季节指数的方法进行预测。季节指数是通过该季节的实际数据同平均数据进行比较而得出的，公式如下：

季节指数＝当季的平均接待人数/平均季度接待人数

［**例 6-3**］某景区最近三年接待人数的情况如表 6-3 所示：

表 6-3　　指数平滑法

季度	2007 年	2008 年	2009 年	平均接待人数	季节指数
1	20 000	24 000	28 000	24 000	0.92
2	24 500	28 000	32 000	28 167	1.08
3	23 000	27 000	30 500	26 833	1.03
4	21 500	25 500	29 500	25 500	0.98

平均季度接待人数是：

(20 000＋24 500＋23 000＋21 500＋24 000＋28 000＋27 000＋25 500＋

28 000+32 000+30 500+29 500)/12

=26 125(人)

如果该景区 2010 年的接待人数为 140 000 人，那么根据季节指数，2010 年每个季度的预计接待人数应该是：

第一季度：0.92×140 000/4=32 200（人）

第二季度：1.08×140 000/4=37 800（人）

第三季度：1.03×140 000/4=35 700（人）

第四季度：0.98×140 000/4=34 300（人）

5. 因果关系预测法

因果关系预测法通常要考虑与预测值有关的几个变量，而非仅仅将预测值归结为时间的函数，在找到相关变量后，建立相应的统计模型进行预测。例如，预测消费者需求可以考虑居民的个人可支配收入、居民的消费倾向、宏观经济走势等因素，这些都作为方程中的自变量出现。因果关系预测模型主要包括线性回归分析模型、经济计量模型和投入产出模型，其中，线性回归分析模型最为常见。

（1）**回归分析模型**。回归分析模型通过对一组数据进行分析，建立相应的回归模型，进行参数估计，利用模型对研究的对象进行预测分析，为决策提供依据。回归分析包括线性回归与非线性回归，其中线性回归又可分为一元线性回归、单变量多元线性回归和多变量多元线性回归；非线性回归又可分为一元、多元和分阶段的非线性回归。这里只讨论一元线性回归分析，这也是实践中应用最为普遍的一种回归分析方法。图 6-2 为回归分析过程的示意图。

一元线性回归模型可用下式表达：

$$\hat{Y}=a+bX \tag{6-3}$$

$$b=\frac{n\sum XY-\sum X\sum Y}{n\sum X^2-\left(\sum X\right)^2} \tag{6-4}$$

$$a=\frac{\sum Y-b\sum X}{n} \tag{6-5}$$

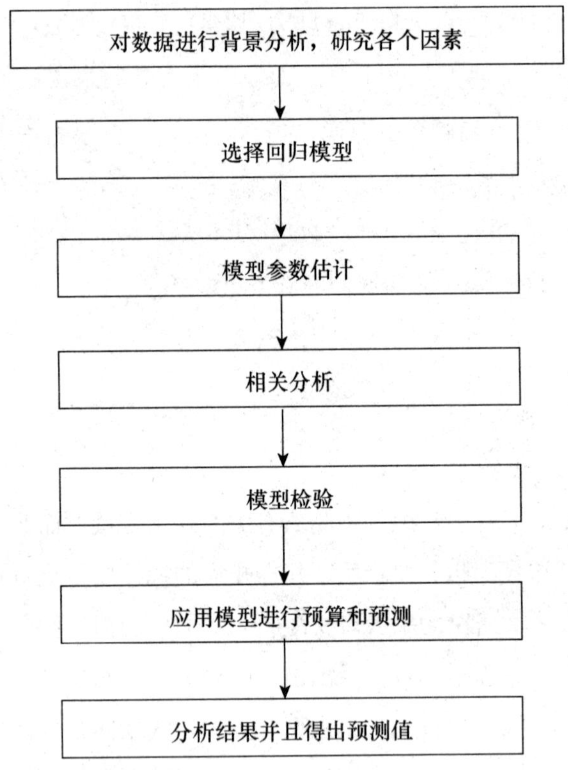

图 6-2 回归分析过程示意图

式中，$\hat{Y}$ 为一元线性回归预测值；a 为截距，是自变量 $X=0$ 时的预测值；b 为斜率；X 为自变量的取值；Y 为因变量的取值。

（2）**相关系数**。回归方程描述了两变量之间的关系，表明一个变量值如何取决于另一变量值，并且如何随着后者变化而变化。

相关系数表明两变量间线性关系的程度或强度，通常记为 r，数学上用相关系数来检验回归方程的可靠性。相关系数可以是介于－1～＋1之间的任何值。线性相关系数 r 的计算公式是：

$$r=\frac{n\sum XY-\sum X\sum Y}{\sqrt{\left[n\sum X^2-\left(\sum X\right)^2\right]\left[n\sum Y^2-\left(\sum Y\right)^2\right]}} \tag{6-6}$$

当 r 为正，说明 Y 与 X 正相关，即 X 增加，Y 也增加；当 r 为负，说明 Y 与 X 负相关，即 X 增加，Y 减少。r 越接近于 1，说明实际值与所做出的直线预测值越接近。

四、需求管理策略

服务需求受很多因素的制约，如价格、潜在顾客的收入水平以及服务的便捷度等，服务组织并不能直接控制对服务的需求。面对起伏波动的需求，在服务设施相对固定的情况下，服务企业可以采取调节需求的策略，调节服务高峰和服务低谷来平滑需求。服务企业管理需求的途径有多种，企业可以根据自身的特点、顾客的特征以及竞争的状况有选择地使用。

（一）细分需求市场

细分需求市场即寻找同质需求的差异性，如航空公司的乘客包括工作日的商务出行者和周末的旅游出行者。消费需求经常被划分为随机需求和计划需求两大类，一般认为计划需求是已定的，按照预期这些需求一定会发生，服务企业应该预先准备满足这些需求；而随机需求则是不可预测的，通常情况下不知道这些需求会在什么时候产生。如银行可以预期它的商务客户每天在基本固定的时间光顾，而个人客户则是随机光顾的。分析消费需求的这些差异，有利于合理安排服务的时间、数量以提高服务企业的绩效。

（二）运用价格杠杆

通常情况下，提高价格可以降低需求，降低价格可以增加需求，利用价格杠杆可以调节供求矛盾。一些服务组织为了把高峰期的部分需求转移到非高峰期，常采用差别定价策略。如电影院周一至周五的上午场实行半价，不仅创造了一部分消费需求，而且将一部分晚上或周末的娱乐需求移到了平时的白天。这样一来，价格杠杆促使一些消费者在低需求的阶段接受服务，因此会降低需求波动的激烈程度。

价格是需求管理的有效工具，但在使用过程中管理者必须清楚需求曲线的形状和斜率，即需求量是如何随价格的变化而变化的，并且要清楚在某一个特定的时间点，单位需求相对于价格变化而变化的数量。需求曲线实质上反映顾客对价格的敏感程度，如商务旅行者比大学生旅行者对价格的敏感程度更低，企业可以根据不同消费者群对价格敏感程度的不同而采取不同的价格策略。在需求低谷时，采用打折的方法吸引消费者必须要考虑所吸引的是哪一部分目标群体；在需求高峰期供给能力有限时，其目标应为最有利润可赚的那一部分群体。

（三）预先告知

通过广告等方式与消费者进行沟通可以调节消费需求。企业可以通过特定的方式，如媒体广告、公司网站等，告知消费者什么时间是高峰期，什么时间是低谷期，错峰消费将会避免拥挤。另外，价格、分销渠道和产品提供模式改变时，必须把这些信息及时准确地传达给消费者。有时，一个简短的消息就可以调节需求的高峰，告示、广告和减价的消息都可以告知消费者在不同的时间段进行消费将会得到不同的利益，从而促使消费者在非高峰期接受服务。

（四）预订/预约

在需求管理中，预约和预订是常用的一种适应需求的策略。如航空、宾馆、医疗、高雅的餐厅等一些紧缺的服务项目，都可以通过预约来提供服务，这可看作是服务的库存或延迟发货。通过预订系统，企业可以提前规划服务的能力，根据自身的服务能力适当调整服务时间和分配产能。预约和预订能保证消费者在预定的时间内获得服务，既可以使顾客减少等待的时间，又不必担心能否得到服务、何时才能接受服务，可消除其各种担心和顾虑。例如，病人和医生预约时间，可以减少病人在医院等待的时间，医院也可以控制看病的时间，调节每天的需求量。

但是，这种方法也有一定的缺陷。如果消费者爽约（no-show），即预约的消费者在规定的时间不到达，通常消费者不会因其爽约而承担经济责任，却使其他未预订的消费者失去了享受服务的机会。这将导致供给能力的闲置，浪费企业的资源。一般来说，短时间内不会出现新的消费者，这将造成企业的损失。因此，很多服务企业都运用超额预订（overbooking）的策略避免这种损失的出现。例如，航空公司和酒店通常预约出大于实际能力的服务以减少空座率或空床率，但当出现的消费者的数量超过可提供的座位或房间时，有些已经预订服务的消费者将无法接受服务，通常的解决办法是向预约了但没有得到服务的消费者给予补偿。如美国联邦航空管理局作出规定，要求航空公司赔偿由于超额预订而无法坐上飞机的乘客并且要为他们提供下一班飞机的座位。同样，许多宾馆也为那些因为超额预订而未能入住的客人免费提供附近宾馆的相同档次的房间。一个好的超额预订策略应该既能最大限度地降低由于服务设施空闲产生的机会成本，又能最大限度地降低由于未能提供预订服务而带来的成本。因此，采用超额预订策略需要对一线员工进行培训，以应付那些未能获得预订服务的消费者。

（五）提供具有反向循环需求模式的服务

有些服务具有明显的季节性，价格刺激、预订或预先告知往往不能有效地改变需求模式或者缓解需求高峰，如冬季的滑雪。改变产品的提供模式主要是根据消费者对产品的不同偏好，通过调整产品组合的广度和深度来引导消费。如滑雪胜地在夏季可以滑草或变成飞机跳伞表演的场所，这样可以在一年的不同季节吸引不同细分市场的消费者，企业的服务设施不至于闲置。在其他季节性行业中，也可以采取这种策略，拓展产品的广度，增加非高峰期的需求。

（六）提供补充服务

对于一些难以调节的需求，只能让消费者排队等待。但如果排队时间过长，就会引起消费者的不满，影响服务质量。如果队伍很长，超过消费者能忍受的时间，消费者很可能中途离开，转移到竞争对手那里，企业不仅失去了潜在的利润，而且影响企业在消费者心目中的形象。

为了减少因排队等候而造成的客户流失，服务企业可以为等待服务的消费者提供良好的环境，如舒适优雅的氛围、消遣的书籍杂志、食物及饮料等；或利用给消费者提供额外利益等方法刺激需求，如附赠品的午夜场电影，把消费者的注意力转移到补偿性服务上去，使其愉快地度过排队时间，增加消费者留下来的可能性。本质上，补充服务意味着一项服务的两个阶段，适当延长第一阶段的服务时间，可以避免消费者在接受服务之前就离开。

第二节　供给管理

一、服务规模

（一）服务规模的内涵

服务供给管理实际上就是对服务规模的管理。服务规模是指一个服务机构按设计标准所能提供服务的能力，通常被定义为系统的最大产出率，如某航班每次飞行可承载的最大人数是 400 人。通常情况下，服务规模是具有弹性的，因为服务企业很少只提供单一的服务，且服务产品的形式变化多端。例如，对学校规模的衡量，可以是学校的教室数量，也可以是学生人数，还可以是教师数量或课时数量。

对同一个服务组织，即使整体的服务能力不变，相同的生产设施和设备、相同的员工在不同时期的生产能力也会有所不同。这是因为，不同类型的消费者的需求不同，或是消费者参与的程度不同，从而使得服务规模有所变化。例如，酒店中标准间已经住满，而套间还有大量剩余，酒店同样满足不了消费者对标准间的需求；同样，轮船上三等舱的空位不能满足旅客对一等舱的需求。

（二）服务规模的构成要素

服务规模取决于企业可利用资源的多少，构成企业服务规模的资源通常包括人力资源、设施、设备和工具、时间、顾客参与和替代资源六个基本要素。对于不同类型的服务企业，每种要素发挥着不同的作用。

1. 人力资源

人力资源是一定时期内组织中的人所拥有的能够被企业所用的且对价值创造起贡献作用的知识、技能、经验、体力等的总和。这是一种具有主观能动性的高度灵活的生产要素，与总产出有直接的关系，也是影响产出多变的不确定因素。

一个企业服务能力的大小取决于其雇员的人数、技能以及相互之间的整合，如果企业的管理有效，能激发员工工作的积极性，将技术水平高的人组合成一个自觉协作的团队，再配以好的设施，将会极大地增加产出。相对而言，专业技术水平较高的服务组织，如医院、会计师或律师事务所等，其员工的生产率在一定程度上决定了企业的服务规模。而专业技术水平不高的服务组织，能够比较容易地在服务高峰期找到合适的服务人员，因而可以利用多种方式调整其服务规模，比如招聘全职的或兼职的员工，或者要求员工加班加点，还可以通过培训使员工胜任多种不同的工作。

2. 设施

设施是指方便员工工作、安置设备的场所。服务企业的设施主要包括三个方面：第一，用于员工提供服务能力的物质设施，如电影院、游泳池、酒店的床位等，这些设施的投资一般比较大，很难在短期扩大服务规模；第二，用于存储或处理货物的物质设施，这些货物可能是企业的也可能是顾客的，如餐馆的厨房操作间、超市的仓库、方便顾客的停车位等；第三，基础设施，有些服务是通过电话、计算机网络、广播这些传媒设施来传递和实现的，基础设施的规模决定了企业的服务规模。此外，也有一些服务机构通过顾客自身的设施提供服务，如汽车修理。

3. 设备和工具

设备和工具是企业服务过程必不可少的，它们是用于处理人、物和信息的物质设备，如电话、电脑、吹风机、健身器材等。有些企业的设备代表着企业的服务能力，如运输公司的货车数量代表了它的运货能力。尽管服务供给系统的设计和宏观预算阶段已经决定了大部分的设备购置计划，但有时一些简单的、花费不多的设备的添置和调整有可能提高生产能力，进而增大企业的服务规模。

4. 时间

时间是决定服务企业规模的重要因素。如医生、会计师、工程师等，他们的技术基本上是稳定的，出售的主要是时间。如果他们的时间不能有效利用，则企业的服务规模就大大缩小。企业可以通过调整时间配置或延长服务时间来扩大服务规模，进而提高利润。即根据消费者的需求改变服务的时间，把产出从一个时间段转向另一个时间段，在需求高峰期尤其如此；或延长服务时间，在一个特定的时间段增加总的供给量。

5. 顾客参与

在许多服务中，顾客的参与程度会成为影响企业服务规模的重要因素。一些服务的完成要依赖顾客在服务过程中提供劳动，如顾客在自动售货机上购买饮料的过程，所有的工作都由自己完成；还有一些服务，需要顾客参与部分劳动，如有些餐厅由顾客自己选取食物，这样可以减少企业的劳动投入，加快服务的速度，从而提高服务产出水平。

6. 替代资源

一些内在或外在的替代资源也会成为影响企业服务规模的重要因素。其中，内在的资源既可以是备用的机器设备，也可以是工作时间的延长，或者是增加工作班次；外在的资源可以是分包合同，也可以并购一家公司，或者租用服务资源，这些都可以扩大服务规模。

二、供给管理策略

相对于服务需求管理，企业更能掌控服务供给。服务供给管理的策略主要有以下几种：

（一）做好人力资源管理工作

1. 根据需求调整员工人数

当预测的需求增加时，可以通过招聘雇佣以增加员工的数目；当预测的需求减少时，可以解聘以减少员工的数目。这一策略的确能调整服务供给，但招聘、培训过程都要付出成本，而且很难培养雇员对企业的忠诚。

雇佣临时或兼职的职工不仅可以扩大服务规模、提高服务能力，而且可以减少全职工作的固定人员的数量，避免人员过多造成的企业成本增加。那些一天内需求变化大或是季节性波动大的服务部门，都可雇佣临时或兼职工作人员，如旅行社和餐馆在旅游旺季会雇佣临时或兼职服务人员以满足旅游者的需求。但是，利用临时或兼职员工可能会因为技术不熟练而降低服务质量。

2. 合理安排工作班次

在一定的时间范围内，企业的设备和设施的产出能力是相对固定的，而员工的能力则是有弹性的，并在很大程度上决定了服务质量和顾客满意度。很多服务会集中在每周的某几天或每天的某个时段，由于人们在不同时间段对服务的需求不同，服务企业可通过对每周和每天的负荷进行预测，在不同的班次或时间段安排数量不同的服务人员，这样既能保证服务水平，又减少了人员数量。

3. 员工的跨岗位培训

许多服务机构提供多种服务项目，大多数服务项目由几种作业构成。而对每一项服务的需求量又不是恒定不变的，很多服务需求在不同时间会有所不同，所以，当一种作业繁忙时，另一种作业可能闲置。交叉培训员工从事几种作业中的工作能创造出灵活的能力，在需求高峰期会增加服务的供给量。这样做的另一个好处就是帮助雇员掌握多门技术，提高了他们的能力，同时减少员工每天重复一项工作的枯燥感。

（二）调整服务时间

调整服务供给最直接的办法是调整服务时间的长短，因为延长或缩短服务时间都是利用服务弹性的有效方式。例如，在营业的高峰期，餐馆可以延长营业时间；交通运输繁忙季节，可以增加客车的班次。在服务需求较少时，企业可以缩短服务时间，员工可以得到充分的休息。在服务高峰期，可以在保证服务质量的情况下缩短每位顾客的服务时间，如超市收银处鼓励顾客自己将物品放入购物袋。

此外，还可以通过有效地使用空闲时间来扩大高峰期的服务能力，如在空闲内完成一些辅助性的工作，以便在高峰期专注于必要的工作。这种策略要求对员工进行一些交叉培训，以便他们在非高峰期完成一些不接触顾客的工作。

（三）增加顾客参与

如果能做到顾客自我服务，那么需求一旦出现，服务能力也就有了，不会出现供给与需求的不平衡。顾客自己加油和洗车、超市购物、自助餐等自我服务的例子，都能够很好地体现顾客自我服务策略的优越性。顾客根据自己的需求进行选择，服务过程更加流畅，同时顾客作为合作生产者在恰当的时候为企业提供了人力资源，使得企业的服务能力直接随需求而变化。但是，这样一来，企业难以完全控制劳动力的质量，可能会存在一些自助服务的弊端。

（四）租用设备

设备多少是影响服务规模的一个重要因素，然而增加设备的投资是比较高的。为了减少设施和设备的投资，可以借用其他单位的设施和设备，或者将一些非主营业务外包给其他单位，例如机场可将运输货物的任务交给运输公司去完成。另外，由于需求呈现波动性，有时设备过多造成闲置对企业来说也是一种浪费。在需求高峰期，租赁设备可以缓解企业的供应压力。例如，在“黄金周”期间，旅游人数达到高峰，旅行社会租赁汽车公司的车辆来扩大自己的服务规模。

在许多服务中，设备是服务供给的重要因素。因此仅仅改变员工的数量有时候是不足以改变产出水平的。一般服务机构不会减少自己的设备数量，当服务机构为了增加服务数量而增加雇佣人员的时候，适量的设备也随之增加。如果增加员工只是暂时的现象，从经济的角度考虑，就不应该添置设备，此时服务机构可以考虑租用必要的设备。

（五）提高自动化水平

提高服务企业的自动化水平，可以免去顾客与服务人员的直接接触，降低劳动力成本，大大提高企业的生产能力。例如，银行使用自动取款机、商店的自动售货机、售后服务电话语音提示等，这些方式都可以减少顾客排队等待的时间，使顾客获得方便快捷的服务。但是，过多使用自动化的机器，顾客会认为缺少人情味，从而降低顾客的满意度。毕竟机器不像人一样反应灵活，因此在提高自动化水平的同时，也要适当安排一些服务人员直接对客服务。

第三节　收益管理

20 世纪 70 年代末，美国取消了对航空客运市场的管制，航空公司终于能够自由地增减飞行线路、自由地浮动票价，同时这也导致了各航空公司之间前所未有的激烈竞争。为了在激烈的市场竞争中生存发展下去，美洲航空公司（American Airlines）首先开发使用了收益管理系统。这一系统主要是对未出售的机票的价格和分配进行决策，根据本公司航班历史数据以及同一航线上竞争对手的航班状况，提前预测每个航班在各个价格水平的潜在需求，计算各个价格水平的可售座位数，从而争取实现每一航班的收入最大化。通过收益管理系统，美洲航空公司对当时紊乱的航空客运市场有了较为清晰的认识，制定并运用合理的竞争策略，不仅很快赢回了其原有的市场占有率，而且还扭亏为赢。据统计，1997 年美洲航空公司由于使用收益管理系统所增加的额外收益就达十亿美元。如今，国际上关于收益管理理论的研究日趋成熟，在欧美发达国家，收益管理已经被广泛地应用于航空业、酒店业、汽车出租业、航运业、影剧院业、广播电视业和公用事业等行业。

一、收益管理的适用性

收益管理（revenue management/yield management）是一种谋求收入最大化的经营管理技术，其目的是在特定的时间，以合适的价格将产品卖给合适的顾客，以获得最大的资金回报。或者说是从产生收益的单位中，谋求收益或产出的最大化。收益产出单位在特定的一段时间内的数量是一个常数，如航班的座位及宾馆的客房数。

收益管理的理论来源于运筹学、管理科学、微观经济学等学科，是多学科结合的产物，尤其是管理学和运筹学奠定了收益管理的理论基础。收益管理涉及三个相互关联的问题：市场细分、价格等级和库存分配。首先，要识别不同的消费群体，不同的消费群体对价格的敏感程度是不同的。然后，根据不同消费群体对价格等级进行划分，根据客户不同的需求特征及价格弹性向客户执行不同的价格标准，如一些大航空公司将一部分座位以低价出售，但同时将剩余的座位仍然以高价出售，通过这种方式既吸引了那些价格敏感型的顾客，同时又没有失去高价顾客。收益管理不需要考虑成本，而是设定各种条件下消费群体能接受的价格，即价格是各个细分市场能接受的最高价格，与成本无关。运用收益管理理论进行库存分配时，保留一部分产品给支付价格更高的顾客，这部分顾客能给企业带来更大的价值。在收益管理的过程中，必须综合考虑这三个相关的问题，使企业实现收入最大化。

收益管理的应用平台是计算机和网络技术，计算机技术的发展不仅促进了收益管理的基础学科——运筹学的发展，也提高了收益管理本身的发展水平。具备完善成熟的系统技术基础和配套的硬件设施是应用收益管理系统的前提条件，借助完善信息系统进行数据收集、产品预订监控等工作。同时，使用决策支持系统建立消费者需求预测模型，确定数据收集方法，建立收益管理优化模型。航空运输中复杂的订座系统，如 SABRE 系统和 APOLLO 系统，为实施正确的收益决策提供了重要依据。收益管理随着计算机和网络技术的发展而不断地提高。

收益管理适用于具有以下特征的服务企业：

（一）企业生产能力相对固定

企业的生产能力一般来说是相对固定的，特别是在设施上大量投资的服务企业，其产出能力是受限制的，短时期难以增加生产能力，即使能够增加能力但成本十分昂贵。因此，企业不能根据顾客的需求及时调整供给，以至于出现了供应能力不足或过剩的情况。这与企业可利用的设施有关，设施一旦固定就难以再调整。在设施上投资较大的企业，其供应能力是受设施限制的，设施的数量决定了服务企业最大的接待能力。如一家宾馆的客房数量是一定的，同样，一趟航班的座位也是固定的，无法减少和增多，如果航班的座位都已售出，那么航空公司不能提供更多的服务，乘客只能换乘其他航班。

（二）需求可以清晰分割

企业必须能够将市场细分为不同类型的消费群体，根据对产品特性的需要或价格敏感程度区分不同的顾客，并能防止不同消费群体之间重新买卖这种产品。例如在周末旅行中，通过旅客周六晚是否在外地居住，航空公司可以辨别出对时间敏感的商务旅客和对票价敏感的闲暇旅客。

（三）存货具有易逝性

如果产品不能在给定的时间内售出，那么产品的价值便消失了，同时通过销售产品获得收益的机会也就随之永远消失了。如航空公司可以将每个座位看成是待售的单位存货，未售出的座位的收入就永远失去了。所以航空公司试图通过鼓励欲乘飞机的顾客来将这种易逝的存货减到最少。对于酒店客房来说，一天未售出的客房的收入就永远消失了。因此，酒店会通过鼓励顾客消费来减少这种易消失的存货，如酒店客房在旅游淡季大打折扣以吸引欲消费的顾客。

（四）产品预售情况良好

目前，机票预订、客房预订、门票预售等已经非常普遍。互联网的发展为企业完善预订系统提供了更好的条件，很多供应能力有限的企业都实施了预订的策略。然而这就面临一个选择，是接受提前的打折预订还是等待愿意出高价的顾客的到来。由于需求的某些变化是可以预见的，因此可以围绕预订积累量曲线确定一个可以接受的范围。如果需求高于预期，则停止提供折扣而只接受标准价预订；如果预订量降到可接受范围以下，那么也可接受折扣价预订。

（五）需求波动较大

产品或服务的需求曲线随着时间、日期、季节、地域的变化而发生巨大波动，而这些波动是有规律可以预测的。如果需求波动无规律，那么分时定价的策略也无法实现。通过需求预测，收益管理可以使管理者在服务需求较低时提高企业服务能力的使用率，尽量减少生产能力的闲置，增加企业的收入。通过控制折扣价的可获性，管理者可以将限制性服务的总收入最大化。在实践中，收益管理的实施是通过打开或关闭某些预订部分实现的，如果需要的话甚至会以小时为基础做出这样的变化。

(六) 边际生产和销售成本较低但改变经营规模的成本很高

酒店、航空、广告业等服务企业最初的投资十分巨大，但是每额外销售一单位产品的可变成本却很小，甚至可以忽略不计。例如，为一位酒店客人提供牙刷的费用可以忽略，但是酒店设施投资很大，不能因为顾客需要而轻易地增加一间客房，所以增加能力的边际成本很大。

(七) 企业信息化程度高

收益管理系统的应用与企业信息化的程度密切相关，计算机和网络技术是收益管理应用的平台。高水平的信息技术可以保证收益管理对信息收集、处理和运用的快速运行，从而提高决策的实时性和有效性。另外，收益管理系统和企业的其他信息系统，如客户关系管理系统、ERP 系统也是相关联的，先进的信息系统可以在这几个系统之间传递数据，提高管理者的决策能力，从更大程度上发挥收益管理系统的效益。

二、收益管理的应用

收益管理系统的应用主要体现在两个方面：超额预订和分配产能。通常情况下，两种方法结合起来使用才会使收益管理更有效。

(一) 超额预订

预订等于预先提供了潜在服务，可将其视为服务的“库存”或“延迟发货”。做出预订后，额外的服务需求就会转移到同一组织内相同设施的其他适宜服务时间，或转移到其他服务设施上。在企业按实际供应能力提供等额预订的情况下，如果事先预订的顾客在抵达之前突然取消了预订，或者比预订的时间晚了几天才抵达，甚至根本就没有出现，以上任何一种情况都会减少企业的收入。企业为了减少能力的浪费，获得更大的收益，通常采取超额预订的策略。超额预订，即企业预先接受的服务要求超过了企业提供服务的能力，是针对预订服务的顾客爽约的现象而制定的一种策略。这是企业调节供求平衡的有效工具，是一种艺术，也是一项冒险。航空公司通过接受超过飞机可利用座位总数的预订，可以防范出现大量未履行预订的风险。例如，一次航班有 200 个座位，如果 200 个座位全都预订出去，200 个乘客都来了，这次航班的座位刚好全部售出，但是往往有些人不能确定自己的行程安排，预订座位以后不能按时登机，因此航班的座位就有了闲置，航空公司要蒙受一定的损失。为了减少资源浪费，航空公司可能会接受 210 个乘客的预订。但是超额预订也可能会给企业带来麻烦，如果预订的人数过多，前来消费的顾客超过企业的供应能力，那么顾客就无法得到预约服务，企业不仅要进行补偿，还会影响到企业的声誉。因此，企业需要考虑的问题是如何控制预订的人数，使企业最大限度地降低服务设施的闲置成本，同时最大限度地减少由于预订人数过多带来的服务补偿成本。超额预订的处理方法一般包括均值法、电子表格计算法、边际分析法等几种。

［例 6-4］ 某汽车公司正在评估其超额预订政策在某地实行的效果。预订车票后就不再出现的乘客的数量分布在 0～10 之间（失约人数出现的概率见表 6-4）。每张票价是 25 元，如果特殊的公车旅行已经满了，一个已经预订的顾客要转给竞争对手的公车路线，票价 60 元。那么该汽车公司每天接受多少顾客预订最合理（使收益最大化）？解决这个问题，可以分别采用三种不同的处理方法。

表 6-4　　　　某汽车公司顾客失约统计值

失约人数	概率	超额预订人数	累积概率
0	0.05	0	0.05
1	0.10	1	0.15
2	0.20	2	0.35
3	0.15	3	0.50

续表

失约人数	概率	超额预订人数	累积概率
4	0.15	4	0.65
5	0.10	5	0.75
6	0.05	6	0.80
7	0.05	7	0.85
8	0.05	8	0.90
9	0.05	9	0.95
10	0.05	10	1.00

1. 均值法

这种方法的基本思路是：利用加权平均法求出失约人数的平均值，然后按照失约人数的平均值实施预订。

例 6.3 中，失约人数的平均值为：

$$0\times0.05+1\times0.10+2\times0.20+3\times0.15+4\times0.15+5\times0.10+6\times0.05+7\times0.05+8\times0.05+9\times0.05+10\times0.05=4.05\text{（人）}$$

这就是说，平均每天有 4 位乘客失约，汽车公司每天可以超额预订 4 位乘客。

该方法的优点是很直观并且容易计算；缺点是无法知道预订而得不到服务的客人将采取什么行动，无法计算超额预订可能带来的成本。即使能计算出超额预订最佳值是 4 个人，但也无法证明这就是使企业收益最大化的超额预订的数值。

2. 电子表格计算法

用电子表格计算法预计该汽车公司超额预订的成本，如表 6-5 所示。

表 6-5　某汽车公司超额预订的成本计算

失约人数	概率	超额预订人数										
		0	1	2	3	4	5	6	7	8	9	10
0	0.05	0	60	120	180	240	300	360	420	480	540	600
1	0.10	25	0	60	120	180	240	300	360	420	480	540

续表

失约人数	概率	超额预订人数										
		0	1	2	3	4	5	6	7	8	9	10
2	0.20	50	25	0	60	120	180	240	300	360	420	480
3	0.15	75	50	25	0	60	120	180	240	300	360	420
4	0.15	100	75	50	25	0	60	120	180	240	300	360
5	0.10	125	100	75	50	25	0	60	120	180	240	300
6	0.05	150	125	100	75	50	25	0	60	120	180	240
7	0.05	175	150	125	100	75	50	25	0	60	120	180
8	0.05	200	175	150	125	100	75	50	25	0	60	120
9	0.05	225	200	175	150	125	100	75	50	25	0	60
10	0.05	250	225	200	175	150	125	100	75	50	25	0
总成本（元）		101.3	80.5	68.3	73	90.5	121	160	203	250	301	357

这个表格可以计算各种可能的预期花费。对角线上的数值都为 0，这时超额预订人数与当天的失约人数相等，企业没有任何损失，这是最理想的状态。对角线右上方的数字表示补偿成本，是由于超额预订的人数超出了失约的人数造成的。沿着每一列向右移动，超额预订人数每比失约人数多一人，企业就要多付出 60 元的补偿成本。例如，超额预订了 3 个人，其中失约了 1 个人，汽车公司就要多付 (3−1)×60＝120 元的补偿成本。对角线左下方的数字表示空闲成本，是由于超额预订的人数少于失约的人数造成的。沿着每一行向下移动，失约人数每比超额预订人数多一人，企业就要为此多付出 25 元的空闲成本。表格最下方的总成本表示每种超额预订方案下补偿成本和空闲成本之和。超额预订人数为 1 人时，表格下方数值的计算方法为：60×0.05＋0×0.10＋……＋225×0.05＝80.5 元。其他方案的计算方法与此类似。

超额预订预期总成本最小的是 73 元，所以，超额预订 3 个人。

这种方法的优点是可以用电子表格表示，操作方便；而且可以计算超额预订可能带来的成本，根据成本最小的原则确定超额预订的人数。缺点是需要精确的数据，补偿成本的计算要切合实际；另外，这种方法偏重于计算，不利于管理者发现问题。

3. 边际分析法

边际分析法利用了微观经济学的原理，它的基本思想是：逐渐增加超额预订的数量，直到预期收入小于或等于上次预订后的预期损失时，就再接受预订。用数学式表达如下：

$$E(\text{下次预订的预期收入})\leqslant E(\text{下次预订的预期损失}) \tag{6-7}$$

这等同于下式：

$$\text{单位收入}\times\begin{matrix}\text{下次预订的预期}\\\text{收入的概率}\end{matrix}\leqslant\text{单位损失}\times\begin{matrix}\text{下次预订的预期}\\\text{损失的概率}\end{matrix}$$

$$C_s\times P(x\leqslant d)\leqslant C_o\times P(x\geqslant d) \tag{6-8}$$

$$C_s\times[1-P(x\geqslant d)]\leqslant C_o\times P(x\geqslant d)$$

$$P(x\geqslant d)\geqslant C_s/(C_s+C_o) \tag{6-9}$$

其中，C_s表示预期售出每个座位增加的单位收入，相当于一位乘客失约形成的空闲成本，本例中为 25 元；C_o表示未能为超额预订的客人提供座位的单位损失，即单位补偿成本，本例中为 60 元；d 表示失约人数；x 表示超额预订的人数。

这种方法用累积概率 $P(x\geqslant d)$ 来确定最佳的超额预订数量，即当失约人数小于或等于超额预订人数的概率刚好大于或恰好等于比值 $C_s/(C_s+C_o)$ 时，超额预订的人数达到最佳。本例中，$C_s/(C_s+C_o)=25/(25+60)=0.29$，代入 $P(x\geqslant d)$ 后的最小超额预订数为 2，在此之上的累计失约率为 0.35。

这种方法使用起来比较方便，与电子表格法相比免去了大量的表格计算。缺点是无法显示其他超额预订人数情况下的总成本，无法对比最佳预订方案和其他方案成本的差距。

（二）分配产能

在客户群中分配产能，即为了给一个更有利可图的客人留房间，要对另一个人说“对不起，已经客满”。

超额预订没有细分市场，对所有顾客都同等对待。但是，企业的收益可以通过在不同的顾客群体之间合理地分配产能来提高。以酒店业为例，商务客人和家庭旅游客人是两个不同的市场，对酒店来说前者更有利可图。如何在两者之间分配客房的比例，使得酒店有更多的收入，这个决策将影响酒店的收益水平。

顾客的预订行为将直接影响企业的预订决策和预订实施过程。通常低收入顾客会比高收入顾客提前预订。图 6-3 中反映了顾客预订行为的趋势。如果酒店不区分预订的人群，那会造成无多少利润可图的低收入者的预订占据很大比例，而真正有利可图的顾客却因为预订较晚没有客房；如果酒店为了等待高收入顾客而对提前低收入顾客说客房已全部售出，那么酒店就要承担客房闲置的风险，而且会得罪很多无多少利益可图的顾客。解决问题的方法一般有两种：静态法和边际收益法。

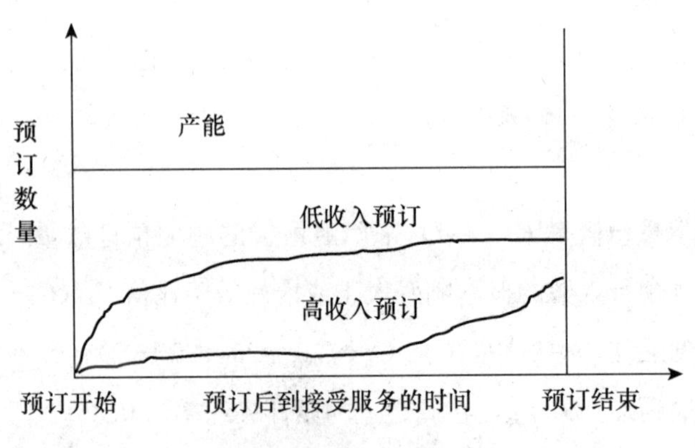

图 6-3　预订行为趋势

假如某旅游公司组织一次去南极的旅游，游轮可以提供 100 个舱位。这次旅行由两类顾客组成，一类是优质客户，他们每人要为这次旅行支付 12 000 美元，旅游公司为这些顾客提供的服务费用是每人 2 000 美元。另一类顾客是“打折顾客”，他们对价格的敏感程度更高，而对服务几乎没什么要求，这类顾客需交 2 500 美元的旅费，但是公司为其提供服务的费用几乎是零。预计优质顾客至少能达到 50 人，即第 50 个优质顾客到达的概率为 100%，预订到 51 个优质顾客的概率为 98%，预订到 52 个优质顾客的概率为 96%，依此类推，全船能预订到 99 个优质顾客的概率为 2%，预订到 100 个优质顾客的概率为 0。现在的问题是，这次旅行需要把多少船舱预订给优质顾客?

1. 静态法

这种方法通过一次决策确定基本的固定的时间制度和固定的数量制度。固定的时间制度是指公司在一个特定的日子才开始接受打折预订，并且对打折的数量没有限制。固定的数量制度是指为每类顾客都分配固定数量的位置，比如在本例中，为优质顾客提供 75 个舱位，为打折顾客提供 25 个舱位。这种方法简单易行，对顾客也比较透明。但是机械、不灵活，如果已经预订了 75 个优质顾客和 20 个打折顾客，那么当第 76 个顾客出现的时候，这种制度就会拒绝该顾客，继续等待第 21 个顾客出现，企业的收益水平受到影响。

2. 边际收益法

边际收益法的指导思想是，逐渐增加优质顾客数量，当优质顾客数量增加到单位期望收益刚好大于打折顾客的单位收益时，那么此时的优质顾客数量就是最佳的。使用这种方法，75 个位置肯定是留给优质顾客的，剩下的 25 个不一定卖给打折顾客，可以卖给先来到的优质顾客。

假定只要没有优质顾客预订，就一定会有打折顾客来买走空缺的位置。因此，无论优质顾客预订到多少，每个打折顾客的收益都是固定的。打折顾客的收入：

100%×2 500=2 500（美元）

第 51 个优质顾客出现的概率是 98%，那么第 51 个顾客带来的收益是：

98%×(12 000−2 000)=9 800（美元）

因为第 51 个顾客带来的收益大于打折顾客带来的收益，所以第 51 个舱位应该留给优质顾客。

第 52 个优质顾客出现的概率是 96%，那么第 52 个顾客带来的收益是：

96%×(12 000－2 000)＝9 600（美元）

所以第 52 个舱位也留给优质顾客。

依此类推，直到第 88 个舱位，即：

24%×(12 000－2 000)＝2 400（美元）

因为 2 400 美元小于 2 500 美元，所以优质顾客的预订应该到第 87 个舱位，剩余的 13 个舱位留给打折顾客。

计算过程可以用数学公式表示为：

P(第 n 个优质顾客预订的概率)≤打折顾客收益/优质顾客收益　(6-10)

在本例中，打折顾客收益/优质顾客收益＝2 500/(12 000－2 000)＝0.25，小于概率 25%的对应的优质顾客的预订数是 87。

这种方法简化了计算的过程，也不受仅有两个客户类别的限制，当有多个顾客群时，这一方法仍然适用。

3. 动态法

以上介绍的两种方法都是静态的，是一次性做出的决策。但是产能分配是一个非常复杂、动态的过程，产能分配需要随着客户预订的进展情况随时调整每类顾客分配的比例。计算机模型在分配过程中可以起到一定的辅助作用，但是模型无法应对突然发生的事情，最终还是需要决策者结合以前的经验做出分配的决策。

【本章小结】

服务的特性使得服务供求管理面临着挑战。服务供需平衡的四种情况是：需求过剩、需求大于最优的利用能力、需求和服务恰好平衡于最优利用能力、能力过剩。有效的需求管理需要了解消费需求，把握需求的方法很多，包括德尔菲法、部门主管集体讨论法、员工意见征集法、时间序列法和因果关系预测法。企业可以根据自身的特点、顾客的特征以及竞争的状况，选择使用合适的需求管理策略：细分需求市场；运用价格杠杆；预先告知；预订/预约；提供具有反向循环需求模式的服务；提供补充服务。

服务供给管理实际上就是对服务规模的管理。所谓服务规模是指一个服务机构按设计标准所能提供服务的能力，通常被定义为系统的最大产出率。服务规模取决于企业可利用资源的多少，构成企业服务规模的资源通常包括人力资源、设施、设备和工具、时间、顾客参与和替代资源六个基本要素。服务供给管理的策略主要有：做好人力资源管理工作，包括根据需求调整员工人数、合理安排工作班次、员工的跨岗位培训；调整服务时间；增加顾客的参与；租用设备；提高自动化水平。

收益管理是一种谋求收入最大化的经营管理技术，其目的是在特定的时间，以合适的价格将产品卖给合适的顾客，以获得最大的资金回报。收益管理适用于具有以下特征的服务企业：企业的能力相对固定；需求可以清晰地进行分割；存货具有易逝性；产品预售情况良好；需求波动相当大；边际生产和销售成本较低但改变经营规模的成本很高；高水平的企业信息化程度。收益管理系统主要应用在超额预订和分配产能两个方面。

【关键术语及其定义】

德尔菲法　又称专家意见法，美国兰德公司首次用这种方法进行预测，专家们在“背靠背”地对所预测的问题提出个人的判断与分析。

部门主管集体讨论法　又称高层主管集体讨论法，是指把高层主管召集在一起进行讨论，将主管的看法与统计模型相结合，形成对需求的集体预测。

员工意见征集法　是指由各部门的一线服务人员根据其个人判断做出预测，企业再对员工的预测进行综合整理后得出企业范围内预测结果。

时间序列法 是定量分析中应用最普遍的方法，在序列数据中寻找事物的变化特征、趋势和发展规律的预测信息。

爽约（no-show） 即预约的消费者在规定的时间不到达。

超额预订 企业预先接受的服务要求超过了企业提供服务的能力，是针对预订服务的顾客爽约的现象而制定的一种策略。

服务规模 指一个服务机构按设计标准所能提供服务的能力。

收益管理（revenue management/yield management） 是一种谋求收入最大化的经营管理技术，其目的是在特定的时间，以合适的价格将产品卖给合适的顾客，以获得最大的资金回报。

【讨论题】

1. 结合课本内容和实际情况谈一谈服务供求管理当前面临的挑战。
2. 为什么要了解顾客需求？
3. 如何进行需求管理？
4. 简述服务规模及其构成要素。
5. 举例说明服务企业是如何进行供给管理的。
6. 简述收益管理技术的适用范围。
7. 如何运用收益管理技术解决现实问题？

【互动练习】

1. 服务企业经常要面对供求不平衡问题，这主要是由于服务具有（　　）。

A. 无形性　　B. 不可分割性　　C. 不可储存性　　D. 差异性

2. 下列服务企业中，不宜采用收益管理的是（　　）。

A. 旅游度假胜地　　B. 汽车租赁公司

C. 家政公司　　　　　　　　　　D. 运输公司

3. 一家酒店在考虑使用超额预订的策略，如表 6-6 所示。预订了而失约的情况使得很多房间闲置，每间空房的机会成本平均是 100 元，然而安排一个超额预订的顾客的花费是 150 元。那么酒店每天从超额预订中获得的收益是多少?

表 6-6　　　　失约统计

未出现人数	0	1	2	3
频次	4	3	2	1

【案　例】

案例背景资料[1]

木北造型五道口店（以下简称木北造型或木北）位于五道口商圈，坐落于十字路口处的东源大厦一层，南边毗连着贯穿东西的成府路，这条道路是西至北大，东连五道口、地质大学等人口集中地的交通要道。附近主要有华清嘉园、东升园、西王庄、东王庄、展春园等居住小区，还有诸如华清商务会馆、清华园宾馆等临时住所，这样的环境造成此地主要居住的人口是一些教职工和在读留学生。木北五道口店的主要消费群体为大学生以及一些白领上班族。五道口地区聚集着众多的学校，例如清华、北大、体大、地大、北语、北林、农大、北科、矿大、石油、北航，外加新东方学校和蓝翔技校，等等，这使得木北造型五道口店周边最多的流动人口是 18 到 25 岁的青年群体，倾向于追求流行以及时尚，不仅仅需要简单的剪发，其对于烫染方面更有着较高的要求。

在整体造型方面，由于消费者需求不同，主要分为传统的发型和现代的发型，其中现代的发型又衍生出不同的风格，如日式风格、韩式风格等。由于五道

[1] 资料来源：张淑君，王月英．服务设计与运营：30 余家品牌企业服务运营深度揭秘［M］．北京：中国市场出版社，2016.

口还聚集了各个国家的留学生，尤其韩国学生较多，木北造型的美发风格更为时尚化、年轻化、韩潮化。

消费者进入美发店进行消费，希望得到的服务有洗发、剪发、造型、染发、烫发、拉直以及护理，同时希望得到专业人士的指导意见。其中剪发又分为部分修剪以及整体造型改变的修剪。在烫发方面又有不同形式的烫发类型，例如编制烫、螺旋烫、辫子烫、喇叭烫等，而染发由于颜色种类的多样性需求也存在多样性。护理又分为一般的营养性护理，例如焗油，以及在烫染之后的护理。而在整体造型方面，由于需求不同，主要分为传统的发型和现代的发型。在风格上，有人喜欢日系的风格，有人倾向于韩国的样式，而有人只想要中规中矩的感觉。

木北造型店提供的服务有洗发、精简、烫发、染发、拉直以及护理，同时会在服务过程中向消费者说明他的发质类型以及提供造型与护理的建议，在类型上十分齐全，能够提供几乎全部的烫染类型。通过采访我们得知，在风格上木北注意到了消费群体的特征，认准了五道口地区韩国留学生较多的特点，因此与旁边的几家美发店相比，木北五道口店对于韩式美发更加侧重。

木北五道口店每天当值人员约为 10 人，一般为艺术类发型师 3 位、首席美发师 4 位、技术型美发师 3 位。不同类型发型的美发师分别对应不同的价格档位以及服务水平，供顾客根据自身需求不同以及消费能力不同进行选择，对于不同种类的服务人员，木北根据对应消费群体的数量以及消费规律，分别安排服务人员的上班时间，平均每位美发师每天可以接待约 8 位顾客。

木北室内提供服务类设施包括：洗发设施 4 个，座椅设施 17 个，等候区座椅 4 个，且工作区一般情况下会有多余座位，可以额外提供给等候的顾客。

在木北店里的每个工作座位都有配套齐全的美发工具，在烫发区也有大量可供选择的美发护发产品，同时在储物位置存放有多余的工具可以满足员工各样的需求。同时在每台工作桌上都放有一台可供客户随时使用的 iPad，方便顾客选择中意的发型，并且在美发过程中不会感到无所事事。

木北造型的营业时间是 10:30 – 22:30，但是晚上的时间可能会延迟。主要原因是一些美发项目所需时间较长，在营业时间结束时还没有完成整个服务过程，这时木北店就会相应延长服务时间。

木北造型的团购在周六、周日或者是节假日不可使用，这样可以达到以价格分流的效果，起到了合理规划人群流量的作用，能够尽可能将顾客分散在不同的时段，减小店内的拥挤与时间分配不均的现象。

木北造型为了方便消费者，提供预约服务。消费者只需提前 1 小时致电商家预约，就能够提前预订自己想要的美发师，并且预约保留 20 分钟。这为木北合理地进行员工安排以及客户管理提供了极大的方便。

在木北造型美发时，顾客们经常会遇到需要等待的情况，木北因此也提供相对应的服务，为等待的消费者提供良好的环境，减少消费者焦躁的情绪。等候时，木北提供奶茶、糖果等食品，同时打开位于等候区的液晶电视供等待的顾客观看。另外，在等候区的桌子上整齐地摆放着众多的时尚杂志，供顾客消磨时间。

木北造型实行排班制，每位员工每周有一天的休息时间。通过对于不同类别的发型师进行排班安排，既能够基本满足顾客需求，同时员工也有一定的休息时间。每天当值的人数也会根据繁忙程度而有所调节，例如，在周末或者节假日服务人员的数量会增加。

由于美发行业是随着潮流不断改变的服务行业，顾客对于发型的需求不断改变，这需要对服务人员进行定期的培训。在木北造型，每位发型师每半年有一次外出培训的机会。定期的培训提高了服务人员的服务能力。同时，由于培训，使得每一位造型师都熟悉各种美发方式，能够适应不同的需求，在进行服务时比较灵活，同时减少了服务人员每天重复一种工作的枯燥感。

案例思考

木北造型在供求管理方面采取了哪些措施?

SERVICE
MANAGEMENT

第七章　排队管理

第一节　排队系统

第二节　排队模型

第三节　排队等待

【学习目的与要求】

学完本章后，应当能够:

（1）阐释排队系统的内涵;

（2）分析排队系统的特征;

（3）运用排队模型分析解决等待问题;

（4）理解排队等待的心理;

（5）运用非技术性手段解决现实中的排队等待问题。

【本章概要】

本章界定了排队的概念，构成排队系统的要素包括需求群体、到达过程、排队结构、排队规则、服务过程。排队模型不是单一的，由于消费者到达系统的间隔时间分布不同、服务时间分布不同、服务台个数不同，排队模型也分为不同的类别。最后，从心理学的角度对排队管理的具体方法进行了分析。

一般来说，服务供应能力是固定不变的，但消费需求却经常波动，因此，服务供求失衡的现象经常出现。当供小于求时，就会出现排队等待的现象。排队管理是要通过技术和非技术的手段，提高工作效率、缩短排队时间，消除或减弱消费者对排队等待的不满情绪。

第一节 排队系统

一、排队系统的概念与形式

（一）排队的概念

排队是等待一个或多个服务台提供服务的消费者队列。排队等待在现实生活中经常出现，如在超市付款结账、在酒店总台办理入住登记手续或在餐厅就餐时常常都要排队。当某项服务的现有需求超过提供该项服务的现有能力时，排队现象就会发生。因为服务供给能力（capacity）在一定时期内是固定的，缺乏弹性的，而服务需求却起伏波动、难以预测。如一家餐厅在建成之初其服务能力就被一些因素限定了——营业面积、餐位数、餐台设计、服务流程等，就餐者是随机到达的，如果到达时服务能力已经没有剩余，那么仍想在此就餐的消费者就需要耐心地等待，于是，排队就产生了。

排队不仅包括有形的看得见的等待（visible waiting-in-line），也包括无形的看不见的等待（invisible waiting-in-line）。前者如食堂打饭、超市购物结账等日常能够看到的人们在等待中形成的排队；后者如电话中的占线与待机时间、上网登录时网络的堵塞等看不见的等待。

此外，广义的排队现象还包括等待装船的货物、等待加工的原料等。

（二）排队系统的形式

排队的典型形式就是人们排成一队等待逐一地接受服务。除此之外，排队系统还有其他的形式：

1. 一个服务台同时服务于多个消费者

一个服务台在某个时间段内提供的服务可以同时供许多人共同消费，如公共交通运输服务、剧场的演出等。

2. 上门服务

有些服务，不需要消费者到达服务场所，而是服务提供者上门服务，如家电维修、家庭医生服务等。

3. 多步骤系统服务

许多服务不是仅在一个服务台接受服务后就可以离开，而是要经过一系列排队或更复杂的排队系统，如娱乐消费中，先要排队买票，入场后再按项目或分阶段排队。

二、排队系统的基本特征

排队系统的构成要素包括：需求群体、到达过程、排队结构、排队规则、服务过程。

如图 7-1 所示，排队系统中首先要有一个寻求某种服务的需求群体；其到达过程可能是随机的，也可能是有规律的。到达时如果服务台正好空闲，服务需求就会立即得到满足；如果服务台正在忙碌，没有剩余的服务能力立即满足消费需求，就会形成一条或多条排队等待的队伍。这时，一些耐心不足的消费者在排队等待一段时间之后，在接受服务之前会选择中途退出；更有甚者，到达后看到排队等待的情况，选择直接离开，不加入队伍。一旦服务台出现空闲，就会按照一定的原则从队伍中选择一名消费者进行服务；其服务台可能只有一个，也可能有多个排成纵列或平行的服务台；服务结束之后，消费者离开服务机构。仍然有服务需求的消费者将重新加入要求服务的群体，不再有服务需求的消费者可能彻底离开。

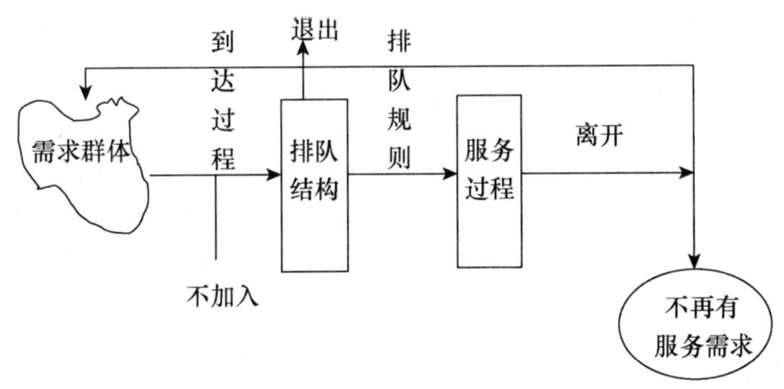

图 7-1　排队系统

（一）需求群体

1．需求群体划分

在排队系统中，需求群体可以划分为若干个不同类型的亚群体。例如，到达医院的患者除了没有预约的普通患者外，还有提前预约的或急诊病人；银行服务大厅排队等待的客户，可按一般个人业务、VIP 业务、外币等进行分类。不同类型的消费者对服务的需求有所不同，其预期的等待时间更不相同。

2．消费需求总量

在某些排队系统中，消费需求总量可能是有限的，也可能是无限的。例如，排队等候公共汽车的乘客人数是无限的，因为乘客的来源无限。只要需求群体不是特别小，一般都假定需求总量是无限的。因为当需求总量足够大时，消费者人数的增减会使需求总量发生变化，但这一变化不会导致系统的概率分布的显著变化；而当消费需求总量有限时，每减少一位需求者，消费需求的概率也相应地减少。

3. 需求群体规模

有些服务的消费者是单一或零散的，也有些服务可以在同一时间服务于一群消费者，如到某一景点旅游的一个旅游团体，每天中午下课后前往食堂就餐的学生。需求群体规模的大小会影响服务能力的设计和服务设施的配置。

（二）到达过程

排队系统中消费者的到达方式可能是单一的个体，也可能是成批的群体；相继到达的间隔时间可能是确定的，如定期航班，也可能是随机的，如医院患者的到达。在多数情况下，消费者的到达方式呈随机分布，实证研究表明，到达时间间隔呈指数分布（见图 7-2 下端）；而一定时间内到达的人数呈泊松分布（见图 7-2 上端）。

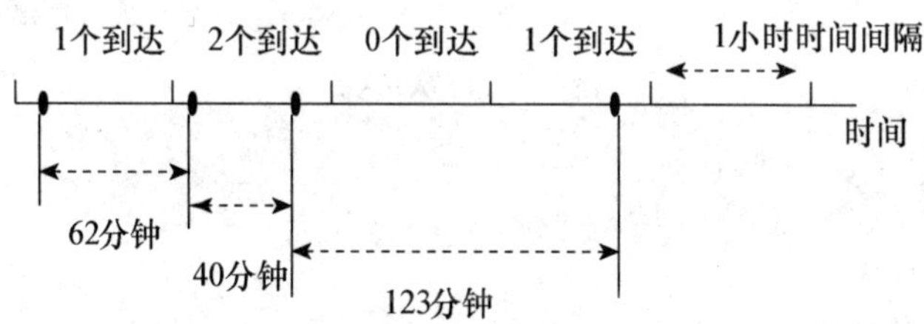

图 7-2 泊松分布与指数分布的对应关系

资料来源：〔美〕詹姆斯·A·菲茨西蒙斯，莫娜·J·菲茨西蒙斯. 服务管理——运营、战略和信息技术［M］. 张金成，范秀成，等，译. 北京：机械工业出版社，2003：249.

1. 指数分布

在概率论和统计学中，指数分布（exponential distribution）是一种连续概率分布。指数分布可以用来表示独立随机事件发生的时间间隔，如消费者到达的时间间隔。

指数分布的函数形式为：

$$f(t)=\lambda e^{-\lambda t} \qquad (t\geqslant 0) \tag{7-1}$$

式中，λ 代表一定间隔时间内的平均到达率（如分钟、小时、天）；t 表示到达间隔时间；e 表示自然对数的底数（2.718…）。

此时，到达间隔时间的均值为$\frac{1}{\lambda}$。例如，平均每个小时到达 2 人，则预期等待每位消费者到达的时间是半个小时。

指数分布累计的分布函数形式为：

$$F(t)=1-e^{-\lambda t} \qquad (t\geqslant 0) \tag{7-2}$$

同样，一定间隔时间内的平均到达率为 λ；到达时间间隔的概率为 t，或者小于 t；到达间隔时间的平均值为$\frac{1}{\lambda}$，方差为$\frac{1}{\lambda^2}$。

2. 泊松分布

在概率论中，泊松分布（poisson distribution）是常用的一种离散型概率分布。泊松分布可以用来描述单位时间内随机事件发生的次数，如某一服务设施在一定时间内到达的人数，电话交换机接到呼叫的次数，汽车站台的候客人数等。

当随机变量为到达次数 n 时，n 只能取非负整数值。泊松分布的函数形式为：

$$f(n)=\frac{(\lambda t)^n e^{-\lambda t}}{n!} \qquad (n=0,1,2,3,\cdots) \tag{7-3}$$

式中，λ 代表一定间隔时间的平均到达率（如分钟、小时、天）；t 表示观测的时间段的个数（通常 $t=1$）；n 表示到达次数；e 为自然对数的底数（2.718…）。

服从泊松分布的随机变量，其数学期望与方差相等，在此同为 λt。

泊松分布给出了在 t 时间内有 n 位顾客到达的概率，且具有如下特征：

(1) 平稳性：在某一时间段内到达的人数的概率只与这段时间的长度及人数有关；

（2）无后效性：不相交的时间段内到达的人数是相互独立的；

（3）普通性：在同一时间点上，一个服务台接受服务的消费者是单一的个体，不存在同时到达两个以上消费者的情况；

（4）有限性：在有限的时间段内只能到达有限个消费者，到达的消费者的数量不可能是无限的。

一段时间内的到达数除以这段时间间隔就可以得到单位时间的平均到达率。在单位时间不变的前提下，服务需求率应该是固定不变的，即 λ 是一个常数。

服务需求率的波动情况会影响到服务能力的调配。如员工的增减、价格杠杆的运用、预约或预订都会使服务需求变得比较平缓。

（三）排队结构

排队结构是指排队的数量、位置、空间布局及其对消费者行为的影响。

1. 单条队

单条队是最简单的队列结构形式，到达的消费者排成单一的队列（见图7-3）。一旦有一个服务台出现空闲，排在队首的第一位消费者就上前接受服务。

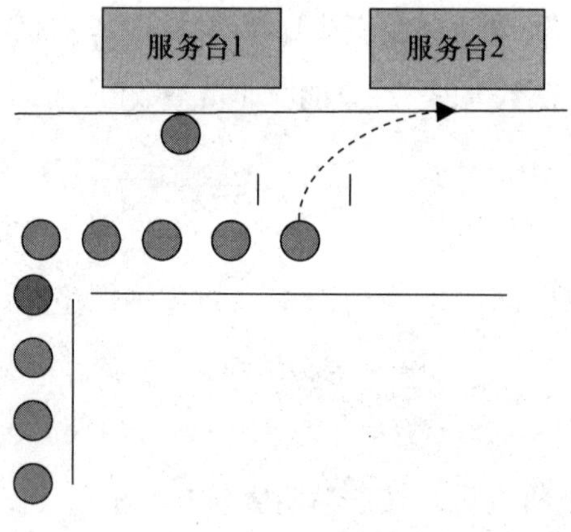

图 7-3　单条队

单条队的优点是：遵循先到达者先服务的规则，从而保证了公平性；只有一条队伍，排在队伍中的人不会因为看到其他队伍移动得更快而着急；只在队伍的尾端有一个入口，这使得插队和退出队伍都比较困难；缩短了排队等待的平均时间，效率比较高。

2. 多条队

在多条队的排队结构中，消费者到达后首先要决定应该加入哪一条队伍（见图 7-4）。在加入到某一队伍之后，如果发现其他队伍比自己排的这条队伍服务速度快，也可以移动到那条服务速度快的队伍的尾端重新排队。

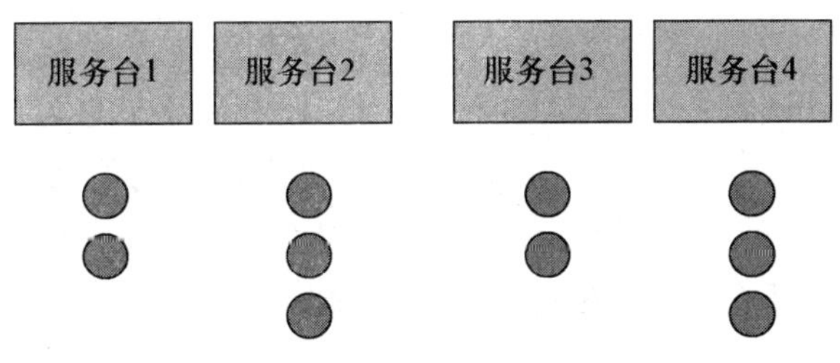

图 7-4　多条队

多条队的优点是：可以提供差别服务，如超级市场收银台的快速通道；可以进行劳动分工，如快速通道安排的员工不同于其他服务台；消费者可以选择其偏好的某一特定服务台；可以减少消费者到达后不加入队伍的现象。

3. 领号

领号的排队结构实际上是一种不同的单一排队方式。消费者到达后先领取一个号码，表明他在队伍中的位置，这是一条无须排队的队伍（见图 7-5）。消费者

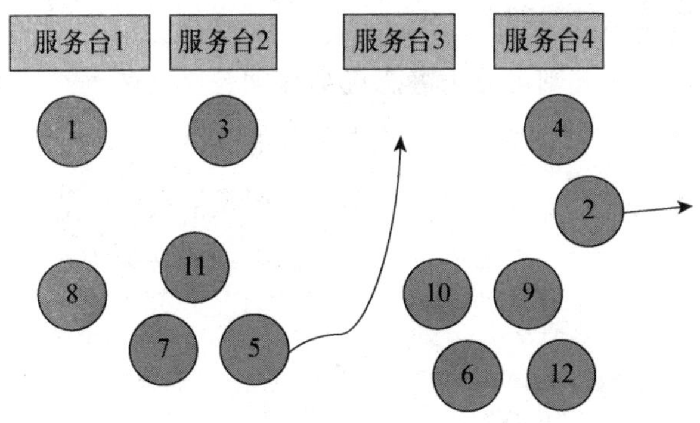

图 7-5　领号

可以自由走动，或坐在椅子上一边消遣一边等待被叫号。一旦过号（即错过了自己的号码被叫到上前接受服务的机会），就要重新领号，重新排队。

领号排队结构的优点是：不必形成正式的队伍，消费者可自由活动；可能会形成冲动购物；无形的等待队伍有利于减少消费者到达后不加入队伍的现象。

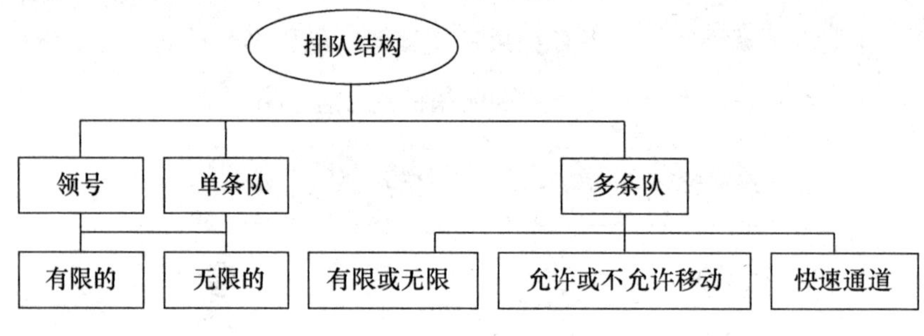

图 7-6　排队结构的分类

（四）排队规则

在排队系统中，排队规则是指能否等待以及等待时从队列中挑选下一个接受服务的消费者的规则，它通常是由管理者制定的。队列中消费者总数、平均等待时间、等待时间变化范围以及服务设施的效率都与排队规则密切相关。

排队等待的规则有损失制和等待制。损失制也称即时制或消失制，是指消费者到达后如果所有服务台都已被占用，消费者便即时离去，从系统中消失，如旅店客满、影剧院票已售罄；等待制是指消费者到达后发现所有服务台都已被占用，这时消费者便排队等待服务。

在等待制中，排队规则可分为静态规则和动态规则两大类。其中，静态规则是以固定的原则从队列中选择下一位接受服务的消费者，不受排队状况和消费者属性的影响，先到达者先服务；动态规则是先根据消费者的属性或等待队伍的状况划分优先级别，在同一优先级别中，再按照先到达者先服务的原则从队列中选择下一位接受服务的消费者。

1. 先到达者先服务

先到达者先服务（first come first served，简称 FCFS）是最常用的一种排队规则，队列中的消费者接受服务的次序由他们到达的先后顺序来决定，与其他特征无关。这一规则只根据消费者在队伍中的位置来选择下一位接受服务的人，不需要考虑任何其他信息，因而是一种静态规则。其优点是对所有的消费者一视同仁，公平公正；其缺点在于忽视了服务时间较短的消费者。

2. 最短运行时间

最短运行时间（the shortest-processing-time，简称 SPT）是一种动态排队规则，它首先根据消费者的某些属性或等待队伍的特征对到达的任务进行优先级别的分类，对运行时间最短的一项给予优先，然后再在每个优先级别中使用先到达者先服务的原则。其优点是能够缩短消费者在系统中的平均等待时间。但是这种规则很少单独使用，否则运行时间长的任务就会不断让位于后到达但运行时间较短的任务，从而被无限地搁置下去。超级市场收银台的快速通道是这一规则的实际运用 。

3. 最高优先权

最高优先权也是一种动态排队规则，它是对具有最高优先权的消费者给予优先，即使中断正在进行的服务，也要先为刚刚到达的具有最高优先权的客户提供服务。这些最高优先权包括预订优先、紧急优先、最大盈利顾客优先、最大订单优先等。一些银行的“大户接待室”“VIP 理财区”就是这一规则的具体应用。

排队规则会极大地影响等待中的消费者离开队伍的可能性。所以，服务机构应当及时向到达的消费者通报有关预期等待时间的最新信息。

（五）服务过程

影响服务过程行为的因素主要有：服务时间的分布、服务台的设置和提供服务者的行为方式。

1. 服务时间的分布

服务时间的分布可以是各种情况，对于不同的消费需求和服务行为而言，其时间分布也不一样，可以是确定的，也可以是随机的。例如，自动清洗一辆汽车的时间是一个常数，因而是确定的；而快餐服务、过路费等非常简便快捷的服务时间是随机的，通常服从指数分布，其分布函数为：

$$B(t)=1-e^{-\mu t} \qquad (t\geqslant 0) \tag{7-4}$$

式中，$\mu>0$ 为常数，代表单位时间的平均服务率；$\frac{1}{\mu}$ 为平均服务时间。

2. 服务台的设置

服务台的设置有几种不同的安排方法（见表 7-1），可以是一个服务台，也可以是多个服务台；多个服务台可以是平行式的，也可以是纵列式的。

表 7-1　　服务台的设置

服务设施	服务台安排
收费站	平行式服务台
自助餐厅	纵列式服务台
停车场	自我服务
超级市场	第一阶段：自我服务；第二阶段：平行式服务台
医院	兼具平行式和纵列式服务台，但不一定每个患者都要全部使用

平行式服务台（见图 7-7），如高速公路的收费站，管理者可以根据服务需求的差异做出灵活的调整。当服务需求变化时，可以通过打开或关闭服务台来有效地调整服务能力。其优点是能提供备用服务台以防设备出现故障；对员工进行交叉培训具有一定的灵活性。

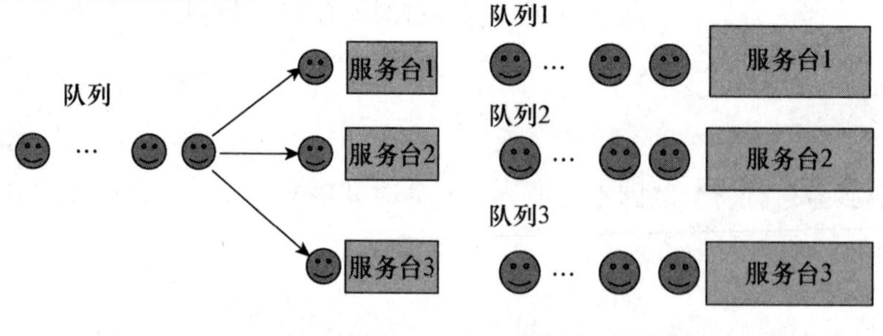

图 7-7　平行式服务台

纵列式服务台，如洗车服务，其服务系统由洗尘、打湿、擦洗、冲洗、擦干等一系列的服务程序组成，在每个服务程序中又分别形成队列（见图 7-8）。

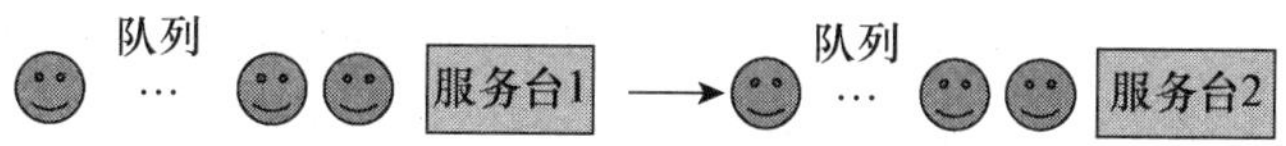

图 7-8　纵列式服务台

此外，还有自我服务和其他一些复杂的服务台设置方式。常见的是在医院、超市等服务场所，混合使用平行式和纵列式服务台的设置。

3. 提供服务者的行为方式

提供服务者为消费者提供服务的行为方式也是至关重要的。如果等待的队伍很长，服务者会感到压力从而加快服务速度，这很有可能会影响服务质量，影响消费者对服务的满意度。

第二节　排队模型

在排队管理中，排队模型的作用在于，通过模型分析与排队有关的数量指标的概率规律性，进而优化排队系统。其目的是正确设计和有效运行各个服务系统，使之发挥最佳效益。

一、排队系统的主要运行指标

（一）排队模型的表示

现代常用的分类方法是英国数学家肯德尔（Maurice George Kendall）提出的，即用肯德尔记号 $x/y/z$ 进行分类。其中，x 代表到达间隔时间的分布；y 代表服务时间的分布；z 代表平行服务台的数目。

例如，$M/M/s$ 表示顾客到达率服从泊松分布、服务时间服从负指数分布、s 个服务台的排队系统模型；$M/G/1$ 表示顾客到达率服从泊松分布、服务时间服从一般分布、单个服务台的排队系统；$D/M/c$ 表示顾客按确定的间隔时间到达、服务时间为负指数分布、c 个服务台的模型。

常用的各种分布符号为：

M 表示到达时间或服务时间的指数分布（相当于到达数或服务率的泊松分布）；

G 表示具有均值和方差的一般分布（如正态分布、均匀分布或其他经验分布）；

D 表示到达的间隔时间或服务时间为常数（确定型）。

（二）排队系统的主要衡量指标

研究排队问题旨在提高排队系统的运行效率，这需要分析确定系统参数的最优值，以优化系统结构。通常用于判定系统运行优劣的基本数量指标有以下几个：

1. 队长

队长是指系统中排队等待服务和正在接受服务的消费者总数，它的期望值为 L_s；排队长度则仅指在队列中排队等待的消费者人数，其期望值记为 L_q。

队长(L_s)＝等待服务的人数＋正被服务的人数

L_q（或 L_s）越小，说明排队系统服务效率越高。

2. 等待时间

等待时间是指从消费者到达系统时起到开始接受服务为止的这段时间，其期望值记为 W_q；逗留时间则指从消费者到达系统时起到接受服务完毕为止所需要的时间，是消费者在系统中所花费的总时间，其期望值记 W_s。

逗留时间(W_s)＝等待时间＋服务时间

W_q（或 W_s）越小，说明服务效率越高，消费者等待的时间越短。

3．忙期

忙期是指服务台连续繁忙的时间，即消费者从到达空闲服务台算起到服务台再次变为空闲时止的这段时间。这一指标反映的是服务台的工作强度和利用程度，它直接关系到服务员的工作强度。

与忙期相对应的是闲期，闲期是指服务台连续保持空闲的时间长度。在排队系统中，忙期与闲期是交替出现的。

一般用 ρ 表示服务强度，它是有效的平均到达率 λ 与平均服务率 μ 之比，即：

$$\rho=\frac{\lambda}{\mu} \tag{7-5}$$

ρ 的值越小，表明排队系统服务效率越高。

二、排队模型

由排队系统的基本特征可知，排队模型不是单一的，由于消费者到达系统的间隔时间分布不同、服务时间分布不同、服务台个数不同，排队模型也分为不同的类别（见图 7-9）。

（一）单一渠道排队模型

这是排队系统中最普遍的现象，即来人排成一排，等待接受单一步骤的服务。

1．无限排队

（1）服务时间服从指数分布的标准 $M/M/1$ 模型。标准 $M/M/1$ 模型对排队

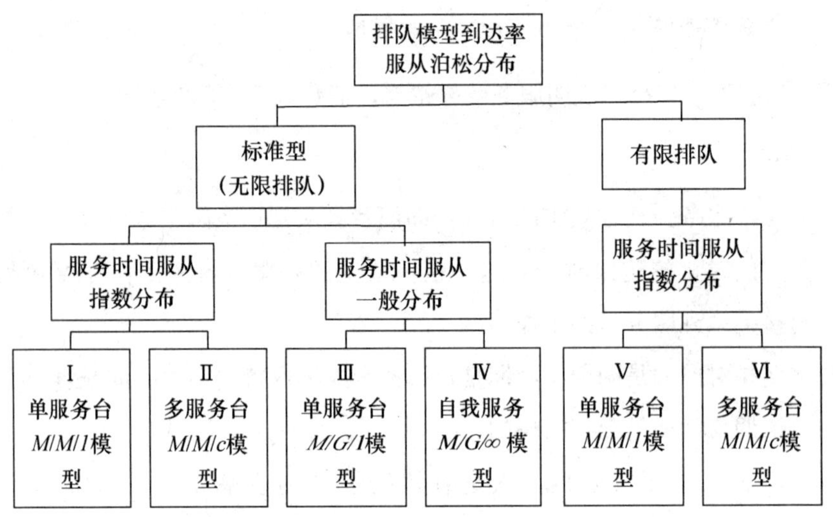

图 7-9　排队模型的分类

系统所做的假设见表 7-2。

表 7-2　　标准 M/M/1 模型排队系统特征

需求群体	到达的消费者总数无限或非常大；服务需求互相独立，且不受排队系统的影响
到达过程	到达间隔时间服从负指数分布，或到达概率服从泊松分布
排队结构	只有一条等待队伍，对队长无限制，不存在退出队伍或队伍之间移动的情况
排队规则	先到达者先服务（FCFS）
服务过程	只有一个服务台，其服务时间服从负指数分布

可见，$M/M/1$ 模型是顾客到达率服从泊松分布、服务时间服从负指数分布、只有一个服务台的等待制排队系统模型，这是最简单的排队系统模型。

在任意时刻 t，排队系统中有 n 个消费者的概率为：

$$P_n=(1-\rho)\rho^n \qquad (n=0, 1, 2, \cdots) \tag{7-6}$$

当 $n=0$ 时，

$$P_0=1-\rho \tag{7-7}$$

排队系统中的平均队长为：

$$L_s = \sum_{n=1}^{\infty} nP_n = \frac{\rho}{1-\rho} = \frac{\lambda}{\mu-\lambda} \tag{7-8}$$

在队列中等待的平均队长为：

$$L_q = \sum_{n=1}^{\infty} (n-1)P_n = L_s - \rho = \frac{\lambda}{\mu(\mu-\lambda)} \tag{7-9}$$

消费者在排队系统中平均逗留时间为：

$$W_s = \frac{1}{\mu-\lambda} = \frac{L_s}{\lambda} \tag{7-10}$$

消费者在队列中平均等待时间为：

$$W_q = W_s - \frac{1}{\mu} = \frac{\rho}{\mu-\lambda} \tag{7-11}$$

(2) 服务时间服从一般分布的 $M/G/1$ 模型。$M/G/1$ 模型中会用到任何具有均指 $E(t)$ 和方差 $V(t)$ 的一般分布。$M/G/1$ 模型对排队系统所做的假设，除了服务时间服从一般分布外，其他假设都与标准 $M/M/1$ 模型相同。

可见，$M/G/1$ 模型是顾客到达率服从泊松分布、服务时间服从一般分布、只有一个服务台的等待制排队系统模型。

$$L_q = \frac{\rho^2 + \lambda^2 V(t)}{2(1-\rho)} \tag{7-12}$$

2. 有限排队的 $M/M/1$ 模型

如果排队系统对消费者的数量有所限制，其服务时间则服从指数分布。有限排队的 $M/M/1$ 模型是对标准 $M/M/1$ 模型的调整，一般假设最大容量的消费者数目为 N，排队等待的最大消费者数目为 $N-1$。

有限排队的 $M/M/1$ 模型对排队系统所做的假设，除了服务能力对消费者总数的限制外，其他假设都与标准 $M/M/1$ 模型相同。

所以，有限排队的 $M/M/1$ 模型是输入过程服从泊松分布、服务时间服从指数分布、只有一个服务台、排队等待空间容量有限的排队系统模型。

$$P_0=\frac{1-\rho}{1-\rho^{N+1}} \tag{7-13}$$

$$P_n=\rho^n P_0,\quad 0\leqslant n\leqslant N \tag{7-14}$$

$$L_s=\frac{\rho}{1-\rho}-\frac{(N+1)\rho^{N+1}}{1-\rho^{N+1}} \tag{7-15}$$

$$L_q=L_s-(1-P_0) \tag{7-16}$$

$$W_s=\frac{L_s}{\mu(1-P_0)} \tag{7-17}$$

$$W_q=W_s-\frac{1}{\mu} \tag{7-18}$$

（二）多渠道排队模型

1. 无限排队

(1) 服务时间服从指数分布的标准 $M/M/c$ 模型。标准 $M/M/c$ 模型对排队系统所做的假设，与标准 $M/M/1$ 模型相同。此外，还假设所有服务台都相同，即不同服务台的服务率是相互独立且相等的。

所以，标准 $M/M/c$ 模型是顾客到达率服从泊松分布、服务时间服从指数分布、有 c 个相互独立的服务台的等待制排队系统模型。

由于服务台之间是相互独立的，排队系统的平均服务率为：

$$\mu n\begin{cases}c\mu, & n\geqslant c\\ n\mu, & n<c\end{cases} \tag{7-19}$$

其中，n 为消费者的数目，$n\geqslant c$ 表示系统繁忙；$n<c$ 表示一部分服务台闲置。

$$P_0=\left[\sum_{i=0}^{c-1}\frac{1}{i!}\left(\frac{\lambda}{\mu}\right)^i+\frac{\left(\frac{\lambda}{\mu}\right)^c}{c!\left(1-\frac{\lambda}{c\mu}\right)}\right]^{-1} \tag{7-20}$$

$$P_n = \begin{cases} \frac{1}{n!}\left(\frac{\lambda}{\mu}\right)^n P_0, & 1 \leqslant n < c \\ \frac{1}{c!c^{n-c}}\left(\frac{\lambda}{\mu}\right)^n P_0, & n \geqslant c \end{cases} \tag{7-21}$$

$$L_s = \frac{\rho(c\rho)^c}{c!(1-\rho)^2} + \frac{\lambda}{\mu} \tag{7-22}$$

$$L_q = L_s - \frac{\lambda}{\mu} \tag{7-23}$$

$$W_s = \frac{L_s}{\lambda} \tag{7-24}$$

$$W_q = \frac{L_q}{\lambda} \tag{7-25}$$

（2）服务时间服从一般分布的 $M/G/\infty$ 模型。如果排队系统中服务台的数量是无限的，或者是由消费者自我服务，那么，消费者到达后无须等待，可以直接进入服务状态。如超市购物的自选阶段。

$M/G/\infty$ 模型中，排队系统的平均队长 L_s 因到达的随机性和服务时间的差异化而有所不同，即 $L_s=\rho$。

$$P_n=\frac{e^{-p}}{n!}\rho^n \tag{7-26}$$

2. 有限排队的 $M/M/c$ 模型

有限排队的 $M/M/c$ 模型类似于有限排队的 $M/M/1$ 模型，但该系统的最大消费者数目 N 必须大于服务台的数目 c，除此之外，有限排队的 $M/M/c$ 模型对于排队系统的所有假设都与标准 $M/M/c$ 模型的假设相同。

所以，有限排队的 $M/M/c$ 模型是顾客到达率服从泊松分布、服务时间服从指数分布、有 c 个相互独立的服务台、排队等待空间容量有限的排队系统模型。

在有限排队的 $M/M/c$ 模型中，排队系统允许的最大消费者数目为 N，则排队等待的最大消费者数目为 $N-c$。

$$P_0 = \left[\sum_{i=0}^{c} \frac{1}{i!} (c\rho)^i + \frac{c^c}{c!} \cdot \frac{\rho(\rho^c - \rho^N)}{1-\rho} \right]^{-1}, \rho \neq 1 \tag{7-27}$$

$$P_n = \begin{cases} \dfrac{(c\rho)^n}{n!} P_0, & 1 \leqslant n < c \\ \dfrac{c^c}{c!} \rho^n P_0, & c \leqslant n \leqslant m \end{cases} \tag{7-28}$$

$$L_q = \frac{(c\rho)^c \rho}{c!(1-\rho)^2} [1 - \rho^{N-c} + (N-c)\rho^{N-c}(1-\rho)] P_0 \tag{7-29}$$

$$L_s = L_q + c\rho(1 - P_N) \tag{7-30}$$

$$W_q = \frac{L_q}{\lambda_e} \tag{7-31}$$

其中，$\lambda_e = \lambda(1-P_N)$

$$W_s = W_q + \frac{1}{\mu} \tag{7-32}$$

第三节　排队等待

如前所述，排队模型的作用在于优化排队系统，提高服务效率。这是运用运营管理的技术手段来解决服务中特有的排队等待现象。此外，还可以运用非技术性的手段进行排队管理，即从心理分析的角度来解决消费者在排队等待中的一些问题，使其能够心甘情愿且舒服愉快地等待服务。

一、等待心理

在现实生活中，排队等待服务的现象在所难免。但人们往往很难忍受排队，烦躁、焦虑的情绪会影响接下来的服务体验。1984 年，大卫·迈斯特尔（David

Maister）提出了等待心理的八项原则，这是他对排队心理做了比较全面的总结和研究之后得出的结论，后来被广泛认可和采用。

（一）无所事事的等待比有事可干的等待感觉要长

无事可干的等待是空洞无聊的，这种空虚的感觉通常会滋生出烦躁的情绪，觉得时间过得特别慢，从而使主观感受的等待时间变长，不仅消费者自己感觉烦闷、无聊、无能为力、度日如年，而且感觉服务员没有注意到自己，继而产生一种埋怨的态度，对服务企业产生不好的印象。如果接下来接受的服务没有预期的好，就会直接影响消费者对企业服务的满意度。

（二）服务开始前等待的时间比服务开始后等待的时间感觉要长

服务开始之前，消费者还没有被纳入服务系统，难免会存在各种担心，因而显得比较焦虑，感觉时间过得比较慢。如果服务已经开始，消费者的这种焦虑情绪就会消失。与服务还没有开始时相比，处于服务过程中的人们通常会容忍较长时间的等待。

（三）焦虑使等待看起来比实际时间更长

如果消费者心情愉快，就不会太在意等待时间的长短；相反，如果消费者情绪低落，就会觉得等待的时间特别长。如果等待时间过长，在排队过程中不能进行任何交易，也不能去做其他的事情，因为担心离开队伍可能失去接受服务的机会或需要重新排队，这时的排队等待就会令消费者无可奈何，这种不耐烦情绪又会导致其心理焦虑和压力，这种心理感受又进一步增加了消费者在排队等待中的不满情绪。比如，消费者可能感觉自己被忽视了或认为工作人员不努力工作，再加上不知道还要等多久、不了解服务的形式、不知道所排队列是否正确、不知道自己能否得到服务等，这些担心都会使人焦虑，随着等待时间的延长，焦虑心情会加剧，使等待显得更长。

（四）不确定的等待比已知的、有限的等待时间更长

如果等待时间是无限的，消费者不知道自己将要等待多长时间，和服务开始前的心理状态一样，容易焦虑、烦躁。

（五）没有说明理由的等待比说明了理由的等待时间更长

对于需要排队等待的服务，如果消费者清楚地知道等候的原因，常常会给予理解；如果通过解释，消费者认为等待是有意义的，他们会乐于接受。否则，如果管理者对服务的等待或延误没有任何解释，就会影响消费者的情绪，使其觉得等待的时间很长。

（六）不公平的等待比平等的等待时间要长

如果排队是遵守公平秩序的，消费者就可以安心等候。反之，如果有人不遵守规则，出现了“加塞”现象，消费者看到后来的人比自己早接受服务，就会感觉到不公平，产生不知道会等多久的焦虑，甚至因不公平而引起愤怒，造成心理紧张，觉得等待时间比实际时间长。

（七）服务的价值越高，人们愿意等待的时间就越长

如果服务是有价值的，消费者不在乎为之付出代价，包括时间成本。服务价值越高，消费者愿意付出的成本越多，愿意等待的时间也就越长。

（八）单个人等待比许多人一起等待感觉时间要长

虽然排队等待是许多人聚集在一起，但如果顾客相互之间不认识，缺乏交流，站在队伍中仍然会有孤独的感觉。尤其是无所事事的时候，这种孤独感越发强烈，从而引起焦虑和烦躁不安的情绪，觉得排队等待时间变长。

在以上八项原则的基础上，戴维斯（M. Davis）、海尼克（J. Heineke）在

1994 年和琼斯（P. Jones）、佩皮亚特（E. Peppiatt）在 1996 年分别对排队等待心理理论又做出了两条补充，一是令人身体不舒适的等待比舒适的等待感觉时间要长；二是不熟悉的等待比熟悉的等待令人感觉时间要长。

补充的这两条原则和上述八条原则加在一起共十项原则，作为排队管理的理论依据，已经被广泛传播并接受。

二、排队管理的非技术性手段

如果一项服务需要排队等待，那么，服务管理者最好根据消费者的等待心理，采取相应的手段，不仅要使等待过程可以忍受，而且要使等待成为一段愉快的经历。在排队现象出现时，可以采用的非技术性方法主要有以下几种。

（一）充实等待时间

为了避免或减缓顾客排队等待时因无事可干而滋生不良情绪，服务管理者可采取多种办法充实等待时间，转移注意力。

1. 设置等候区

为排队等候服务的消费者设置一个舒适的等待区域，环境的改变会转移消费者的注意力。如果在等候区配置舒适的座位，同时提供免费茶水、小吃、报纸、杂志、电视节目等，不仅可以使消费者有事可干，使等待不那么漫长，而且可以使消费者不再站立等待，也不会受恶劣天气的影响。

2. 安排相关或间接的活动

在排队等待过程中，如果能安排一些活动，就会转移消费者的注意力，使其不再刻意在乎等待时间。所以，可以安排展览、演出等活动，或通过播放音乐、录像或其他娱乐形式，尽可能地分散消费者的注意力。

3. 提供相关或其他物品与设施

在没有等待专区也没有安排其他活动的服务场所，可以为等待服务的消费者提供一些物品，如报纸、杂志等，也可以通过电视或广播的文娱节目、时事新闻或其他信息分散消费者的注意力，使其等待时间不再寂寞无聊。

总之，采取一些办法充实等待时间，可以分散等待中的消费者的注意力，使其感觉等待时间短暂些，甚至可以使等待中的消费者心情舒畅。

（二）暗示服务已经开始

事实上，如果人们感到服务已经开始，那么与服务还没有开始的时候相比，焦急程度就会大大减退，通常会容忍较长时间的等待。所以，如果将服务过程中的某些活动提前，使消费者进入到服务系统中接受部分服务。例如，餐厅给在等待的顾客递茶水、菜单；在医院就医时，请患者先填写医疗信息表等，这样就向消费者传递了服务现已开始的信息，可以在心理上缩短顾客的等待时间。另外，在餐厅为排队等待的消费者提供菜单先点菜，待其座位一定，该餐单即可传出，从而缩短了在餐桌上等待的时间。这样不仅使消费者意识到他们开始接受服务，而且可以提高服务效率。

（三）避免或缓解焦虑情绪

为了避免或缓解消费者排队等待的焦虑情绪，服务管理者必须识别出这些焦虑，并想办法让消费者意识到自己正被关注，如派一名员工前去送上饮料或向客人说明需要等待的时间等。

如果等待过程中看到的是每个员工都在忙碌，消费者会更耐心一些。所以，企业可以采用透明的服务窗口，让消费者看见服务人员的工作状况，以避免或减轻消费者的焦虑情绪。同时，企业还要注意将服务人员的休息室以及不直接参与服务的员工和资源，设置在消费者看不见的地方，以免引起消费者的焦虑情绪。

（四）加强与消费者之间的沟通

信息会降低不确定性，增加消费者对环境的可预测性，刺激他们重新评价等待，使他们感觉到等待是可知可控的，从而积极地接受等待。所以，服务管理者应加强与消费者的沟通，及时提供有关的等待信息。

1. 明确等待时间

在排队等待过程中，如果消费者心中有数，清楚地知道需要等待的时间，即便等待时间较长，也不会焦躁不安，如果没有时间等待就会选择退出排队系统。所以，要让消费者知道大约要等待多长时间，或直接告知他们前面的等待人数。

2. 解释等待原因

如果消费者能够理解排队等待原因，尤其当这种原因是合情合理时，可以减少其内心的不稳定性，而且消费者可以根据产生的原因对排队等待时间进行估计。这样可以使得消费者在排队等待中更有耐心，从而减少焦虑。

所以，在出现排队现象时，服务管理者应该及时主动地与消费者沟通，不仅告知其所要等待的时间，而且要解释延迟的原因以及服务系统的解决措施。

总之，与消费者沟通服务等待的最新信息，可以使其感受到自己被重视，舒缓不满情绪，减少焦虑，使其在排队等待中有更多的耐心。

（五）提供公平服务

先到达者先服务是公认的公平性排队原则，所以，每个消费者都要按次序排队，根据到达的先后顺序依次接受服务。不管是一个服务台，还是多个服务台，通常应该只排一条队，或采取领号的办法。

如果需要运用动态的排队规则，为某些人提供优先服务，必须要让消费者理解优先权的规则，并采取必要的措施，以免使排队等待的消费者产生不公平、受歧视的感觉。

（六）明确服务价值

消费者对服务的期望值越高，愿意等待的时间也就越长。而预期服务价值的形成不仅同以往的经验有关，也同服务提供者传递的信息有关。因此，服务管理者不仅要清楚自己的服务对消费者的价值究竟有多高，而且要正确地影响和引导消费者对服务的期望值，减少消费者的“错觉”，使其正确对待等待并乐于等待。

（七）创造交流机会

服务管理者应尽量创造消费者之间相互交流的机会，从而创造一种群体感，分散消费者的注意力。

【本章小结】

排队是等待一个或多个服务台提供服务的消费者队列，包括看得见的等待和看不见的等待。在排队系统中，需求群体可以划分为若干个不同类型的亚群体；消费需求总量可能是有限的，也可能是无限的；消费者是单一或零散的，也可以是成群的。排队系统中消费者的到达方式可能是单一的个体，也可能是成批的群体；相继到达的时间间隔可能是确定的，也可能是随机的；到达时间间隔呈指数分布，一定时间内到达的人数呈泊松分布。排队结构包括单条队、多条队和领号。排队规则包括等待制和损失制，等待制的排队规则又分为静态规则和动态规则两大类。服务过程中，服务时间的分布可以是确定的，也可以是随机的；服务台的设置可以是一个服务台，也可以是多个服务台，而多个服务台可以是平行式的，也可以是纵列式的。

排队模型系统运行优劣的基本数量指标有队长、等待时间、忙期。主要的排队模型是：服务时间服从指数分布的标准 $M/M/1$ 模型；服务时间服从一般分布的 $M/G/1$ 模型；有限排队的 $M/M/1$ 模型；服务时间服从指数分布的标准 $M/M/c$ 模型；服务时间服从一般分布的 $M/G/\infty$ 模型；有限排队的 $M/M/c$ 模型。

等待心理的十项原则是：无所事事的等待比有事可干的等待感觉要长；过程

前、过程后等待的时间比过程中等待的时间感觉要长；焦虑使等待看起来比实际时间更长；不确定的等待比已知的、有限的等待时间更长；没有说明理由的等待比说明了理由的等待时间更长；不公平的等待比平等的等待时间要长；服务的价值越高，人们愿意等待的时间就越长；单个人等待比许多人一起等待感觉时间要长；令人身体不舒适的等待比舒适的等待感觉时间要长；不熟悉的等待比熟悉的等待感觉时间要长。根据这十项原则，在排队现象出现时，可以采用的非技术性方法主要有：充实等待时间；暗示服务已经开始；避免或缓解焦虑情绪；加强与消费者之间的沟通；提供公平的服务；明确服务价值；创造交流机会。

【关键术语及其定义】

排队　是等待一个或多个服务台提供服务的消费者队列。

指数分布（exponential distribution）　是指独立随机事件发生时间间隔的一种连续概率分布。

泊松分布（poisson distribution）　描述单位时间内随机事件发生的次数的离散型概率分布。

排队结构　是指排队的数量、位置、空间布局及其对消费者行为的影响。

先到达者先服务（first come first served，简称 FCFS）　是最常用的一种排队规则，队列中的消费者接受服务的次序由他们到达的先后顺序来决定，与其他特征无关。

最短运行时间（the shortest-processing-time，简称 SPT）　是一种动态排队规则，它首先根据消费者的某些属性或等待队伍的特征对到达的任务进行优先级别的分类，对运行时间最短的一项给予优先，然后再在每个优先级别中使用先到达者先服务的原则。

最高优先权　是一种动态排队规则，是指对具有最高优先权的消费者给予优先服务。

队长 是指系统中排队等待服务和正在接受服务的消费者总数，队长（L_s）=等待服务的人数+正被服务的人数。

等待时间 是指从消费者到达系统时起到开始接受服务为止的这段时间。

逗留时间 指从消费者到达系统时起到接受服务完毕为止所需要的时间，是消费者在系统中所花费的总时间。逗留时间（W_s）=等待时间+服务时间。

忙期 是指服务台连续繁忙的时间，即消费者从到达空闲服务台算起到服务台再次变为空闲时止的这段时间。

闲期 是指服务台连续保持空闲的时间长度。

【讨论题】

1. 结合实际分析排队系统的基本特征。
2. 举例说明如何运用排队模型分析解决等待问题。
3. 论述等待心理十项原则及其意义。
4. 如何运用排队管理的非技术性手段解决排队等待问题?

【互动练习】

1. 下列顾客中，能够在排队系统中享受紧急优先原则的是（　　）。

A. 预约病人　B. 随机到达顾客　C. 理财金客户　D. 急诊病人

2. 下列顾客中，能够在排队系统中享受预约优先原则的是（　　）。

A. 预约病人　B. 随机到达顾客　C. 理财金客户　D. 急诊病人

3. 下列顾客中，能够在排队系统中享受最大盈利顾客优先原则的是（　　）。

A. 预约病人　B. 随机到达顾客　C. 理财金客户　D. 急诊病人

【案 例】

案例背景资料[1]

海底捞在食客中以“等位”而著名，等待时间一般长达两到三个小时，但顾客一点都不煎熬。海底捞会给排队等位的顾客发放一个号码牌，显示前面共有多少位顾客在等待。他们还会在等候大厅挂上一个白板，上面写明有哪些预订、排到哪个号码等信息，店员以此作为根据并凭借经验来判断大约需要等待的时间，顾客可以以此作为参考在周边进行其他的活动，如逛街、做美容等。顾客无须担心错过排号，在即将排到前约 10 分钟时，会有专门的工作人员向顾客打电话告知。

海底捞宽敞明亮、装饰典雅的等候大厅里有整齐舒适的桌椅供顾客休息，有免费豆浆、柠檬水供应，有免费 Wi-Fi 以及围棋、跳棋、扑克牌等各种休闲娱乐设施，大厅还设有儿童乐园，设施布局十分具有童心童趣。

在等候时，服务员主动送上免费的时令鲜果和饮料，并询问顾客需要哪些娱乐设施，海底捞为顾客打发等待时间特意推出了免费美甲、护手和擦鞋等服务。

案例思考

根据顾客等待心理分析海底捞排队管理手段的作用。

[1] 资料来源：张淑君，王月英．服务设计与运营：30 余家品牌企业服务运营深度揭秘［M］．北京：中国市场出版社，2016.

SERVICE
MANAGEMENT

第八章　服务质量管理

【学习目的与要求】

学完本章后，应当能够：

（1）把握服务质量的内涵；

（2）概述服务质量的构成；

（3）阐明服务质量的要素；

（4）运用服务质量差异分析模型；

（5）掌握评价和控制服务质量的方法。

【本章概要】

本章界定了服务质量的概念，评价服务之类的特性包括功能性、功能性、经济性、安全性、时间性、舒适性和文明性，服务质量由服务的技术质量、职能质量、形象质量、真实瞬间四个因素所构成，是感知与期望对比的差距。按照相对重要性来判断服务质量的五个基本要素，由高到低依次为可靠性、响应性、保证性、移情性、有形性。5GAP 模型是专门用于分析导致各类服务质量问题的根源的服务质量差距分析模型。SERVQUAL 评价方法是建立在顾客感知的基础上，利用根据服务质量五要素设计的包括 22 个问题的调查表来测量服务质量的工具。最后，介绍服务质量控制的服务质量环以及全面质量管理的方法。

服务的基本特性决定了服务质量不同于一般的产品质量，服务质量管理在服务管理中居于决定性的地位，也是服务管理领域研究的重要内容。

第一节　服务质量的内涵

服务质量是服务管理中最基本的概念，也是最难以定义的概念。人们曾经认为质量就是“符合性”，即符合设计要求。在市场经济条件下，这一定义的局限性日益明显，人们开始从顾客需要的角度重新定义质量的概念。

一、服务质量的概念

（一）ISO 9001：1994 的定义

服务质量指“服务满足规定或潜在需要的特征和特性的总和”，是服务工作能够满足被服务者需求的程度。其中，特性是用以区分不同类别的产品或服务的概念，特征则是用以区分同类服务中不同规格、档次、品味的概念。

顾客的需求可分为精神需求和物质需求两部分。评价服务质量时，从被服务者的物质需求和精神需求来看，可以归纳为以下六个方面的质量特性：

1. 功能性

功能性是企业提供的服务所具备的作用和效能的特性，是服务质量最基本的特性之一。

2. 经济性

经济性是指消费者为得到一定的服务所要支付的费用是否合理。这里所说的费用是指在接受服务的全过程中所需的费用，即服务周期费用。经济性是相对于所得到的服务质量而言的，即经济性是与功能性、安全性、及时性、舒适性等密切相关的。

3. 安全性

安全性是指企业保证服务过程中消费者和服务员工的生命不受危害，健康和精神不受到伤害，货物不受到损失。

4. 时间性

时间性是指服务工作在时间上能否满足消费者的需求，包括及时、准时和省时三个方面的需求。

5. 舒适性

舒适性是指在满足了功能性、经济性、安全性和时间性等需求的情况下，消费者期望服务过程舒适。

6. 文明性

文明性是服务过程满足消费者精神需求的质量特性，即有一个自由、亲切、受尊重、友好、自然和谅解的气氛，有一个和谐的人际关系。

（二）顾客感知服务质量

北欧学派（Nordic）的代表人物克里斯丁·格朗鲁斯（Christian Gronroos）教授第一次提出顾客感知服务质量概念并对其构成进行了详细的研究，从而完成了对服务管理学科中最重要的概念的界定。

根据格朗鲁斯的模型（见图 8-1），顾客感知服务质量是顾客对服务质量的期望（expectation，即期望服务质量）同其实际感知的服务水平（perceived performance，即体验的服务质量）的对比。顾客感知服务质量由技术质量（technical quality，即服务的结果）和功能质量（functional quality，即服务过程质量）构成，从而将服务质量与有形产品的质量从本质上区别开来。

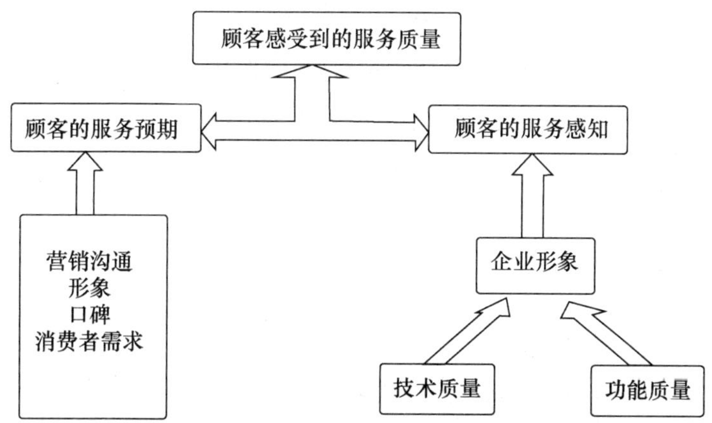

图 8-1　格朗鲁斯的感知服务质量模型

资料来源：范秀成．交互过程与交互质量［J］．南开管理评论，1999（1）．

格朗鲁斯认为服务质量是一个主观范畴，当感知超出期望时，服务被认为具有特别质量，顾客表示出高兴和非常满意。当没有达到期望时，服务质量注定是不可接受的。当期望与感知一致时，质量是满意的。同时，他还界定了顾客感知服务质量的构成要素（见图 8-2）。

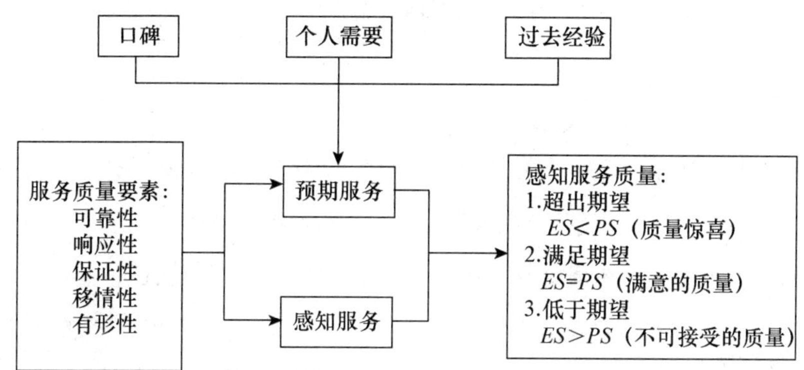

图 8-2　感知服务质量

资料来源：JAMES A FITZSIMMONS，MONA J FITZSIMMONS. Service Management：Operations，Strategy and Information Technology［M］．北京：机械工业出版社，2003：34．

二、服务质量的构成

服务质量是服务本身的特性与特征的总和，也是体验者感知的反映。因而服务质量由服务的技术质量、职能质量、形象质量、真实瞬间四个因素所构成，由感知质量与预期质量的差距所体现。

（一）技术质量

技术质量是指服务过程的产出，即消费者从服务过程中所得到的东西，如快餐店提供的菜肴和饮料等。对于技术质量，顾客容易感知，也便于评价，如快餐店的快餐食物是否可口等。

（二）职能质量

职能质量是指服务推广的过程中消费者所感受到的服务人员在履行职责时的行为、态度、穿着、仪表等给消费者带来的利益和享受。服务企业的职能质量包括企业的环境条件、服务项目、服务时间、服务设备、服务人员的外表、服务态度、服务程序、服务行为是否满足顾客需要。

（三）形象质量

形象质量是指服务企业在社会公众心目中形成的总体印象。企业形象主要通过视觉识别系统、理念识别系统和行为识别系统多层次地体现，消费者可以从企业的资源、组织结构、市场运作、企业行为方式等多个侧面认识企业形象。

（四）真实瞬间

真实瞬间则是服务过程中消费者与企业进行服务接触的过程。这个过程是一个特定的时间和地点，也是服务企业向顾客展示自己服务质量的时机。一旦时机过去，服务交易结束，企业也就无法改变消费者对服务质量的感知；如果在这一瞬间服务质量出了问题很难补救。真实瞬间是服务质量构成的特殊因素，有形产品质量中不包含这一因素。

三、服务质量要素

服务质量要素（service quality dimension）是由帕拉苏拉曼（A. Parasuraman）、齐塞尔（V. A. Zeithaml）和贝利（L. L. Berry）等服务营销研究人员对包括机械维修、零售银行、电信服务、证券经纪服务和信用卡服务等几类不同的服务进行充分研究后提出来的。他们确定了顾客按照相对重要性来判断服务质量的五个基本要素，由高到低排列为：可靠性、响应性、保证性、移情性、有形性。

关于服务质量的五个基本"要素"，台湾的学者们通常将其译为"服务品质构面"（苏云华，1997），大陆学者如崔立新博士曾将其译为"方面"，而每"方面"的度量指标（Item）则译为"条款"，由此 SREVQUAL 方法被解释成为一种"从 5 个'方面'，22 个'条款'来度量顾客感知服务质量的方法"。[1]陆雄文和庄莉（2001）翻译的洛夫洛克（Christopher H. Lovelock）的《服务营销》，采用的也是"方面"这一术语。[2]张金成教授（2001）则将其译为"指标"，按照这种理解，"SERVQUAL 是一个度量顾客对服务质量感知的标准，它共有 5 个指标，即可靠性、保证性、有形性、移情性和响应性"。[3]韩经纶和董军（2006）认为，"维度这种译法虽然'拗口'，但它对于服务质量内涵的标数却是最为确切的"。[4]

---

[1] 崔立新. 顾客感知服务质量管理研究［D］. 天津：南开大学，2000：84.

[2] 克里斯托弗·H·洛夫洛克. 服务营销［M］. 陆雄文，庄莉，译. 北京：中国人民大学出版社，Prentice Hall，2001：466.

[3] 雷蒙德·P·菲斯克. 互动服务营销［M］. 张金成，等，译. 北京：机械工业出版社，2001：285.

[4] 韩经纶，董军. 顾客感知服务质量评价与管理［M］. 天津：南开大学出版社，2006：14.

（一）可靠性

可靠性（reliability）是指服务组织准确可靠地执行所承诺的服务的能力。可靠的服务行动是顾客所希望的，它意味着服务企业兑现其所有的保证，以相同的方式、无差错的准时完成服务。例如精确地出账、精确地记账以及在保证的时间内完成服务。

（二）响应性

响应性（responsiveness）是指服务组织能帮助消费者并迅速提供服务。特别是在有人要求、询问或出现服务失败投诉时，专注并快捷地解决问题会给质量感知带来积极的影响；相反，让消费者等待，特别是无原因的等待，会对质量感知造成不必要的消极影响。对速度的需求，已经成为评价感知服务质量的重要因素。

（三）保证性

保证性（assurance）是指服务组织的员工所表达出的自信、知识和能力。表现为员工完成任务的能力、对消费者的礼貌和尊敬、与消费者有效的沟通、将消费者最关心的事放在心上。员工的行为能够增强消费者对组织服务质量的信心和安全感。

（四）移情性

移情性（empathy）是指服务组织设身处地地为消费者着想，并对消费者给予特别的关注，努力去了解他们的实际需要并给予满足，使整个服务过程富有“人情味”。移情性的本质是通过个性化的服务使消费者感到自己是唯一的和特殊的，表现为对消费者的关心和细致入微的个体关怀，即接近消费者的能力、敏感性和努力地理解消费者的需求。

（五）有形性

有形性（tangibles）是指服务机构有策略地提供服务的有形线索，以便识别和了解服务。包括服务的实体凭证、实体设施、服务人员，还有用于服务的工具、设备以及顾客的实体接触。有形的环境条件是服务人员对消费者更细致的照顾和关心的有形体现。对这方面的评价可延伸至其他正在接受服务的消费者的行动。如快餐服务的有形性是指快餐服务产品的“有形部分”，包括快餐企业建筑物、设施、设备、人员、环境氛围、用品用具和其他顾客的行为等，这些有形的部分是快餐企业对消费者更细致的照顾和关心的有形表现。

消费者从这五个方面将期望的服务和接收到的服务相比较，最终形成自己对服务质量的判断。期望与感知之间的差距是服务质量的度量。有关顾客感知服务质量的概念与维度的研究归纳如表 8-1 所示。

表 8-1　　　　顾客感知服务质量概念与维度研究归纳表

学者（年代）	对顾客感知服务质量的基本观点与看法
Livitt（1972）	服务质量指服务结果能符合所设定的维度。
Juran，et al.（1974）	服务质量可分为五部分：技术方面（服务的困难度）、心理方面（如味道）、时间导向（可靠度和持续性）、契约型（保证服务）和道德方面（如服务人员的态度、服务诚实）。
Sasser（1978）	服务表现可以分为三个不同的层面，包括材料、设备以及人员。服务质量不仅包含最后的结果，还包括提供服务的方式。
Dr. Rosane（1980）	服务也需要一个比制造业更广义的质量概念，服务质量包括：人员绩效质量、设备质量、资料质量、决策质量和结果质量。
Rohrbaugh（1981）	服务质量由人员质量、过程质量和结果质量三部分组成。
Churchill and Suprenant（1982）	对服务的满意程度，取决于实际服务与原来期望值之间的差异。
Gronroos（1982）	服务质量包括技术质量（服务结果）和功能质量（服务过程）两部分。
Lehtinen（1982）	服务质量包含三个层面的内容：有形质量（如设备或建筑物）、公司质量（公司形象）和互动质量（顾客与公司之间的互动及顾客之间的互动）。

续表

学者（年代）	对顾客感知服务质量的基本观点与看法
Garrin（1983）	服务质量是一种主观感知的质量，而非客观的。
Takeuchi and Quelch（1983）	应从顾客消费前、消费中和消费后三阶段来衡量服务品质。消费前应考虑的因素包括公司的品牌名称与形象、过去消费的经历、朋友推荐等；消费中考虑的因素包括服务的规格、服务人员的评价、服务的保证、支持方案等；消费后所考虑的因素有使用的便利、抱怨处理、服务的有效性、可靠度等。
Armistead（1985）	服务质量包含五个方面的内容：组织（服务范围、公司形象等）、人员（服务人员的仪表、服务态度等）、过程（服务的迅捷性等）、设备和商品。
PZB（1985）	服务质量取决于顾客购买前期望、感知的过程质量和感知的结果质量，服务质量是这三者的乘积。
PZB（1985，1988）	顾客从十个方面来衡量服务质量：可靠性、响应性、胜任力、接近性、礼貌性、沟通性、信赖性、安全性、了解性和有形性。1988年将这十维度缩减为五项，即有形性、可靠性、响应型、保证性和移情性。
Martin（1986）	好的服务质量应具有下列五个特性：适用性（服务符合顾客需要）、复制能力（能提供水准一致的服务）、及时性（在最短的时间内完成服务）、最终使用者满意（顾客觉得他们所付出的代价是值得的）和符合既定的规格（有能力维持所制定的服务标准）。
杉本辰夫（卢渊源译，1987）	服务质量分为：内部质量（顾客看不见的质量）、硬质量（服务结果质量）、软质量（服务过程质量）、反应速度（服务的时间与迅速性）和心理质量（服务人员的礼貌应对与款待）。
Haywood Farmer（1988）	服务质量是有形设备过程和程序（如地理位置、服务场所的大小、设备可靠性、流程的控制与弹性、服务的速度等）、服务人员行为与相应性（沟通、态度、衣着、礼貌、处理抱怨和解决问题能力）及专业性判断（如诊断、革新、信任、识别和知识技能等）三者交互产生的结果。
Schvanenveldt，Enkawa and Miyakawa（1991）	服务质量依属性可分为绩效（服务的核心功能和其达到的程度）、保证（服务过程中的正确性和响应型）、完整性（服务的多样性和附属服务）、便于使用（服务的可接近性、简单性和使用的便利性）和情绪/情境（顾客在服务功能之外所得到的愉悦和满足感）。
Dabholkar，Thorpe and Rentz（1996）	服务质量包括有形设备、可靠性、人员间的互动、问题解决和政策等五项。

续表

学者（年代）	对顾客感知服务质量的基本观点与看法
Rust（1999）	提出电子服务（E-service）概念，并认为在电子化服务中，顾客将从以下几个方面来感知服务质量：进入容易性（可以很快地进入网站，寻找到想要接触的公司）、保证/信任性（顾客对于公司合作有信心）、网上浏览的便捷性、效率（网页简单易懂）安全/隐私（保护个人信息、保证交易安全）、网页美观新颖、可靠性（网址技术功能良好、服务承诺、结算和产品信息准确）、响应性（对顾客浏览、购买、付款和退货方式较多）、定制化/个性化（按照顾客的偏好和过去购买特点提供个性化服务）和价格信息准确。
Parasuraman（2000）	科技在服务中的作用日趋重要。顾客感知服务质量受到 TR 影响。
Bitner（1992）	提出服务接触中有形环境要素质量问题，即 Serviscape quality，简称为 Serviscape。
Rust and Oliver（1994）	顾客感知服务质量除技术质量和功能质量外，还应纳入第三个要素，即有形的环境质量。
Hulmlund（1997）	在产业市场上，最好用“经济质量”（Economic Quality）来替代顾客感知服务质量，因为对于企业来说，感知质量并不仅仅是一个价格或其他付出，而是一种解决方案可能带来的经济后果。
Gronroos（2000）	良好服务质量维度有七项，分别是：①职业作风与技能；②态度与行为；③服务的易获得性与灵活性；④可靠性与信任性；⑤服务补救能力；⑥服务环境组合；⑦声誉与信用。其中①为技术质量，②③④⑤⑥为功能质量，⑦则为感知质量“过滤器”。

资料来源：韩经纶，董军．顾客感知服务质量评价与管理［M］．天津：天津大学出版社，2006：67-69.

第二节　服务质量管理的内容与方法

一、服务质量差距分析模型

20 世纪 80 年代中期到 90 年代初，美国营销学家帕拉休拉曼（A. Parasura-

man）、赞瑟姆（Valarie A. Zeithamal）和贝利（Leonard L. Berry）对顾客感知服务质量进行了更为深入的研究，他们于 1985 年提出了服务质量差距分析模型（见图 8-3），专门用于分析导致各类服务质量问题的根源，并提出了消除这些差距的策略。后人将这一模型称作 5GAP 模型，将三位研究者称为 PZB 组合。

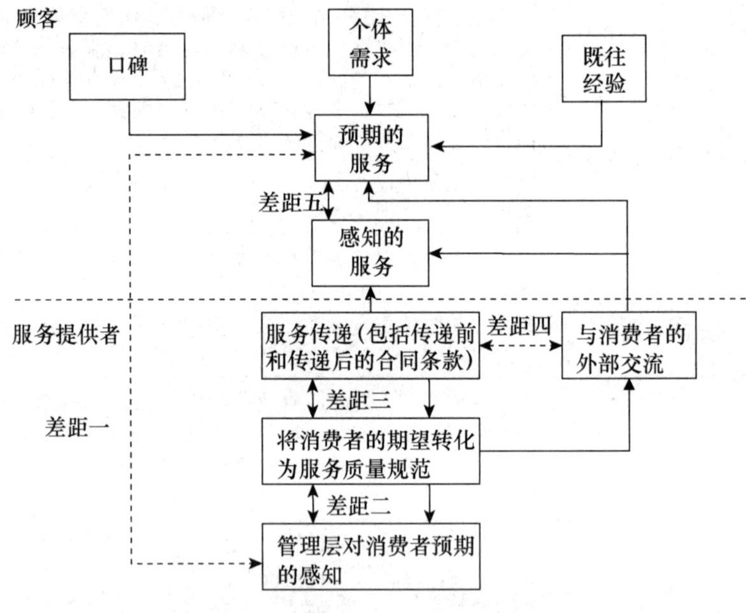

图 8-3 服务质量模型

资料来源：A PARASURAMAN，VALARIE A ZEITHAML，LEONARD L BERRY. A Conceptual Model of Service Quality and Its Implications for Forture Research [J]. Journal of Marketing，1985 (fall)：44.

（一）管理者对消费者期望的认知差距

差距一是消费者的期望与管理者对这些期望的感知之间的差距。导致这一差距的原因是管理者并不知道消费者的真正需求是什么，这可能是因为：服务组织缺乏对市场需求的调研；对市场调研和消费需求分析的方法不正确，管理者从中得到的信息不准确；管理者对信息理解不准确；组织内部机构重叠，组织层次过多，阻碍或改变了消费需求信息的传递。

为了弥合这一差距，可采取如下对策：重视市场调研，改进市场调研方法；加强管理者对消费需求的了解；改进管理者和一线员工的信息沟通渠道，减少管理层，缩短与消费者的距离。

（二）服务质量规范设计的差距

差距二是管理者对消费者期望的感知与管理者制定的服务质量标准之间的差异。这就是说，管理者没有构造一个能满足消费者期望的服务质量目标并将这些目标转换成切实可行的服务标准。导致这一差距的原因可能是：管理者对服务质量不够重视，认为不可能满足消费者的期望；服务组织缺乏清晰的目标；对服务质量作不适当保证，对可行性缺乏了解；服务组织任务的标准化程度不够。

为了弥合这一差距，可采取如下对策：明确服务质量管理的目标；制定服务规范时充分听取一线员工的意见；服务规范不能太细致，要有柔性。

（三）服务传送的差距

差距三是服务质量标准与实际提供的服务之间的差异。也就是说，实际服务过程中员工的行为不符合质量标准，未能达到管理者制定的服务规范的要求。引起这一差距的原因可能有许多，如缺乏团队合作，缺乏对员工的训练，工作设计不合理，标准太复杂或太苛刻，从而导致员工无法胜任；标准与现有的企业文化发生冲突，或员工对标准有不同意见；管理和监督不力，服务生产管理混乱；技术和系统没有按照标准为工作提供便利，缺乏技术设备支持。另外，服务质量的具体标准有时是相互冲突的，这也会影响按标准提供服务。如快速的服务与仔细周到的服务常常是两个冲突的质量标准。

为了弥合这一差距，可采取如下对策：改革管理机制，完善组织机构和监督考核体系；加强培训，提高员工的专业素质和技术水平；更新相应的技术、设备和设施。

（四）市场信息传播的差距

差距四是实际传递的服务和对外沟通之间的差距。引起这一差距的原因可分为两类：一类是服务组织的信息传播和组织经营管理体系之间缺乏充分和有效的协调；另一类是在广告宣传和其他市场传播中过于夸大其词或承诺过多。消费者对服务的期望常常受公司广告和营销宣传的影响，而在对外沟通中企业可能会提出过度的承诺，但又没有与一线的服务人员很好地沟通。

为了弥合这一差距，可采取如下对策：建立一套有效的机制，加强组织内部的水平沟通，使部门之间、人员之间相互协作；不盲目承诺，加强对市场信息传播的计划和监管，管理者要负责监督信息传播，及时纠正不当的宣传行为，减少负面影响。

（五）服务质量感知差距

差异五是消费者对服务的期望与实际得到的服务感知之间的差异。上述四个差距中的任何一个都将导致差距五的出现，或者说，差距五是前四个差距的函数。

差距五＝f(差距一，差距二，差距三，差距四)

感知或经历的服务与期望的服务不一样，有可能产生积极的结果，也可能导致不良后果，如消极的质量评价，口碑不佳，会对公司形象产生消极影响，甚至导致公司丧失业务。

要弥合这一差距，就要对上述四个差距进行弥合。

服务质量差异分析模型是一种直接有效的工具，它可以发现服务质量问题的症结和根源，以便对症下药，寻找适当的消除差距的措施。

二、服务质量评价方法

1988 年，帕拉休拉曼（A. Parasuraman）、泽丝曼尔（Valarie A. Zeithaml）和贝利（Leonard L. Berry）合写的论文《SERVQUAL：一种多变量的顾客感知服务质量方法》发表，许多学者们对 SERVQUAL 提出质疑和批评，PZB 对 SE-

RVQUAL 评价方法又进行了改进，从而形成了修正的 SERVQUAL 评价方法。此后，在 SERVQUAL 研究的基础上，学者们又先后推出了 SERVPERF、Adequacy-importance 和 Non-difference 等众多顾客感知服务质量评价方法。

SERVQUAL 是 Service Quality 的缩写。SERVQUAL 评价方法完全建立在顾客感知的基础上，PZB 根据服务质量五要素设计了包括 22 个问题的调查表，即 SERVQUAL 量表（见表 8-2）。

表 8-2　　　　SERVQUAL 量表

要素	组成项目
有形性	1. 有现代化的服务设施 2. 服务设施具有吸引力 3. 员工有整洁的服装和外表 4. 公司的设施与他们所提供的服务相匹配
可靠性	5. 公司对顾客所承诺的事情都能及时地完成 6. 顾客遇到困难时，能表现出关心并提供帮助 7. 公司是可靠的 8. 能准时地提供所承诺的服务 9. 正确记录相关的服务
响应性	10. 不能指望他们告诉顾客提供服务的准确时间☆ 11. 期望他们提供及时的服务是不现实的☆ 12. 员工并不总是愿意帮助顾客☆ 13. 员工因为太忙以至于无法立即提供服务，满足顾客的需求☆
保证性	14. 员工是值得信赖的 15. 在从事交易时顾客感到放心 16. 员工是有礼貌的 17. 员工可以从公司得到适当的支持，以提供更好的服务
移情性	18. 公司不会针对不同的顾客提供个别的服务☆ 19. 员工不会给予顾客个别的关怀☆ 20. 不能期望员工会了解顾客的需求☆ 21. 公司没有优先考虑顾客的利益☆ 22. 公司提供的服务时间不能符合所有顾客的需求☆

注：☆表示对这些问题的评分是反向的，在数据分析前应转为正向得分。

说明：问卷采用 7 分制，7 表示完全同意，1 表示完全不同意。中间分数表示不同的程度。问卷中的问题随机排列。

资料来源：A PARASURAMAN，V ZEITHAMAL，L L BERRY. SERVQUAL：A Multiple-Item Scale for Measuring Consumer Perceptions of Service Quality [J]. Journal of Retailing，1988，64 (1)：12-40.

SERVQUAL 方法首先度量顾客对服务的期望，然后度量顾客对服务的感知，由此计算出两者之间的差异（disconfirmation），并将其作为评价服务质量水平的依据，其基本公式为：

$$Q=P-E \tag{8-1}$$

式中，Q 表示服务质量；P 表示顾客实际感知的服务质量；E 表示顾客期望。

SERVQUAL 方法主要采用 SERVQUAL 量表进行问卷调查来实施。该量表由分别描述服务质量五要素的 22 项条款构成。每项条款分别被用两次：一次衡量顾客对所调查的服务质量的期望（E），另一次衡量顾客对该服务质量的感知（P）。用某个条款的感知项得分（P）减去期望项得分（E）就得到了该条款的服务质量得分（Q）。所有条款的服务质量得分加总就得到总的服务质量分数，即：

$$SQ=\sum_{i=1}^{22}(P_i-E_i) \tag{8-2}$$

式中，SQ 表示总的服务质量得分；P_i 表示第 i 项条款在顾客感知方面的分数；E_i 表示第 i 项条款在顾客期望方面的分数。

SERVQUAL 方法的评估结果，有三种情况：

当 $SQ=0$ 时，表明顾客的感知（P_i）和期望（E_i）是一致的，服务质量令顾客满意。

当 $SQ<0$ 时，表明顾客的感知（P_i）小于期望（E_i），服务质量不能令顾客满意，这种结果是企业应该避免的，也是经常出现的，因而使服务质量管理研究的重点。

当 $SQ>0$ 时，如果顾客的感知比期望高出很多（$P_i \gg E_i$），表明产生了过高的服务质量，这将导致过高的服务成本，直接影响企业的利润水平；如果顾客的感知比期望只是略高一些（$P_i>E_i$），表明既满足了顾客的期望又不至于给企业带来太大的成本压力，这是服务组织追求的目标。

SERVQUAL 用系统方法建立了衡量服务质量的有效工具，自提出后产生了巨大的影响，比其他任何方法都更有效地把服务质量的研究引向深入，在实践中也得到了广泛的应用。

SERVQUAL 方法可以为服务组织提供丰富的有价值的信息。通过 SERVQUAL 方法，管理者既可以了解顾客的实际感知，又可以了解顾客的期望，从而有利于服务组织有针对性地提供顾客所期望的服务。而且，SERVQUAL 方法能帮助服务组织更准确地把握顾客对其服务质量的真实看法。

SERVQUAL 方法也存在一些不足。首先，尽管 SERVQUAL 量表在开发之初旨在应用于所有服务行业，但是实际应用时，在不同的行业中都需要对其进行适当修改。这意味着，在对具体的行业作服务质量评价时，需要适当增加或减少指标，或者需要改变指标的具体措辞。

其次，SERVQUAL 量表的问题设置可能会导致理解偏差。在 SERVQUAL 问卷调查研究中，“应该”这个词可能会诱导受访者赋予期望条款异常高的分值。而且，PZB 组合设计的问卷中对部分问题采用反面语言表达，这可能会造成顾客的误解，降低问卷的有效度。

最后，问卷设置较长，两部分问题的相似性可能导致被调查者厌倦。而且，对受访者素质要求较高，要想达到较为理想的调查结果，调查者必须和受访者进行深入交流，耐心解释，以保证受访者正确理解问题含义，因而调查工作量较大。

三、服务质量的控制

（一）服务质量环

服务质量是一种过程质量，由于服务的不可分性，在服务的生产及其质量形成过程中，顾客一般是参与其中并直接感知的，因而服务质量可以是依据服务过程的质量所做的判断。对于服务质量的产生、形成和实现过程，在 ISO 9000 族标准中以服务质量环进行了表示（见图 8-4）。

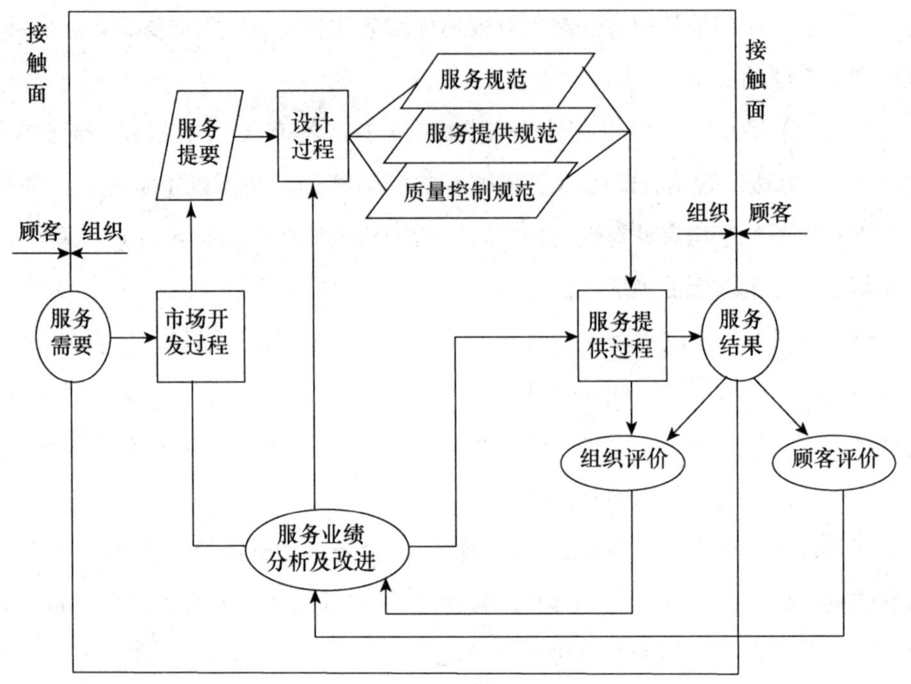

图 8-4　服务质量环

资料来源：宋彦军. TQM、ISO 9000 与服务质量管理［M］. 北京：机械工业出版社，2005：33.

如图 8-4 所示，服务质量环中有四个服务过程文件。其中，服务提要包括服务需要以及服务的类型、规模、档次、质量、承诺、基本方式等；服务规范规定了服务应达到的水准和要求，即服务质量标准；服务提供规范是在服务提供过程中应达到的水准和要求，它明确每一项服务活动怎样做，是服务过程的程序化和服务方法的规范化；服务质量控制规范规定了怎样去控制服务的全过程，即怎样去控制各阶段的质量。

服务质量环普遍适用于各服务行业，是对服务运作过程的高度抽象和概括，反映了服务质量管理体系运行的最基本规律，其作用在于给服务组织质量管理体系的建设和运作要素的确定提供规律性的逻辑思路和可以遵循的原理，是设计和建立服务质量管理体系的基础。

（二）全面质量管理

全面质量管理中常用的质量管理统计方法主要包括数据分层法、统计分析表、因果分析图、排列图、散布图、直方图和控制图，即“QC七种工具”。

1. 数据分层法

数据分层法是把性质相同、生产条件相同的数据归纳在一起，以便进行比较分析的方法。因为在实际生产中，影响质量变动的因素很多，如果不把这些因素区别开来，难以得出变化的规律。数据分层可根据实际情况按多种方式进行，例如，按不同时间、不同班次进行分层，按不同缺陷项目进行分层等。这是分析影响产品质量的原因及责任的一种基本方法，经常与统计调查表结合使用。

2. 统计调查表

统计调查表又叫统计分析表，是利用统计表记录积累数据并进行整理和初步分析原因的一种工具，常见的有缺陷位置调查表、不良品原因统计调查表、按不良品项目分类调查表等。统计调查表的格式多种多样，表8-3是其中的一种。这种方式虽然较简单，但实用有效。

表8-3　　比萨递送服务投诉数量一览表

时间	递送时间过长	冷比萨	浇头配错	规格不符	烘烤太嫩	烘烤太焦	合计
4p.m.～5p.m.		1	3	1	4		9
7p.m.～8p.m.	2		2		2		6
9p.m.～10p.m.	2	2				1	5
总计	4	3	5	1	6	1	20

3. 因果分析图

因果分析图以结果作为特性，以原因作为因素，在它们之间用箭头联系表示因果关系（见图8-5）。当出现了某种质量问题，但未搞清楚原因时，可针对问题把所有可能的原因都列出来；每一类原因可能又是由若干个次级原因造成的；每一个次级原因背后可能还有更小的原因。当所有可能的原因都找出来以后，就完成了第一步工作，下一步就是要从中找出主要原因。

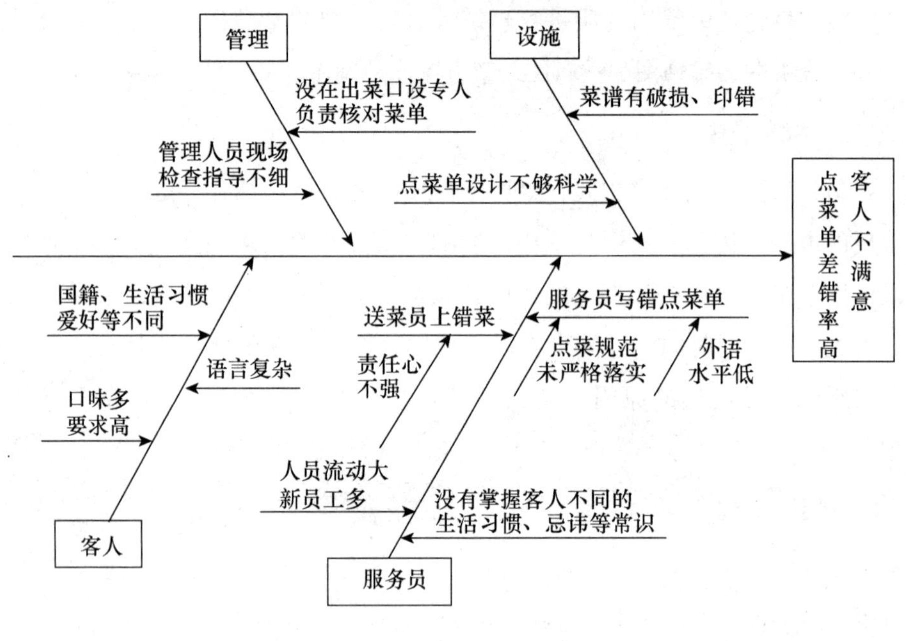

图 8-5　因果关系图

4. 排列图

排列图又称帕雷特图，因该图的发明者意大利经济学家帕雷特（Pareto）的名字而得名，是分析和寻找影响质量主要因素的一种工具。如图 8-6 所示，图中的左边纵坐标表示频数（如数量、金额等），右边纵坐标表示频率（以百分比表示），图中的折线表示累计频率。横坐标表示影响质量的各项因素，按影响程度的大小（即出现频数多少）从左向右排列。通过对排列图的观察分析，可从多种因素中找出影响质量的主要因素，从而确定从何处入手解决问题。

5. 散布图

散布图又称相关图，是把两个变量之间的关系用直角坐标系表示出来，用于分析两个因素之间的相互关系，判断其相关程度的方法。

散布图根据影响质量特性因素的各对数据，用点子填列在直角坐标图上，以

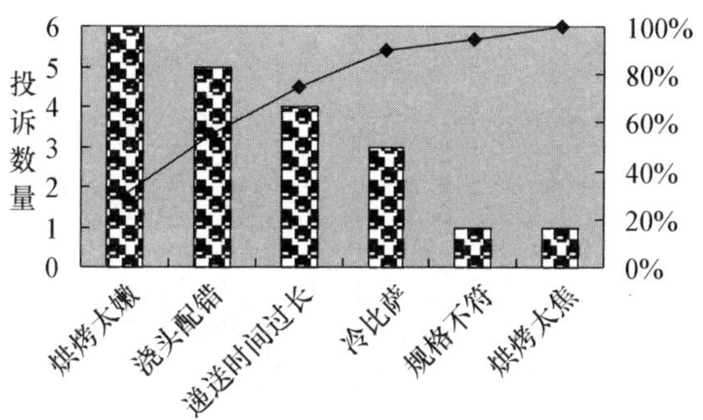

图 8-6　排列图

观察判断两个质量特性值之间的关系。图中所分析的两种数据间的关系，可以是特性与原因、特性与特性的关系，也可以是同一特性的两个原因的关系。图 8-7 是烘烤太嫩与预定数量之间关系的散布图。

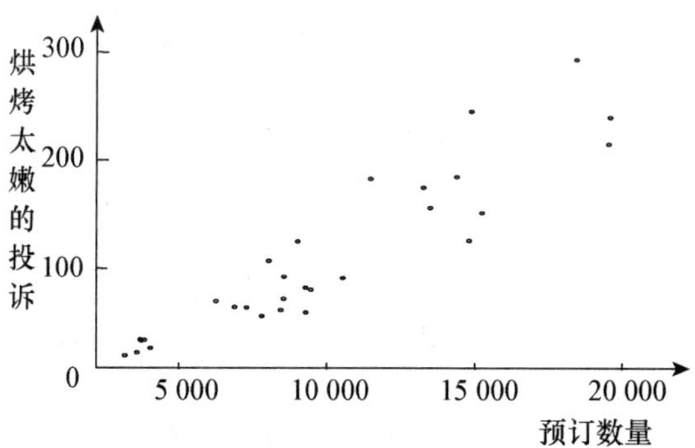

图 8-7　散布图

6. 直方图

直方图是将产品质量频率分布状态用直方形表示的图表，又叫质量分布图，是判断工序产品质量变化状态的一种常用工具。

如图 8-8 所示，纵坐标表示频数或频率，横坐标表示组距，直方形的面积为数据落在这个范围内的个数（频率），所有直方形面积之和就是频数的总和（1 或 100%）。观察直方图可以比较直观地看出质量特性的分布状态，可以判断服务过程是否处于受控状态，还可以对总体进行判断，判断其总体质量分布情况。

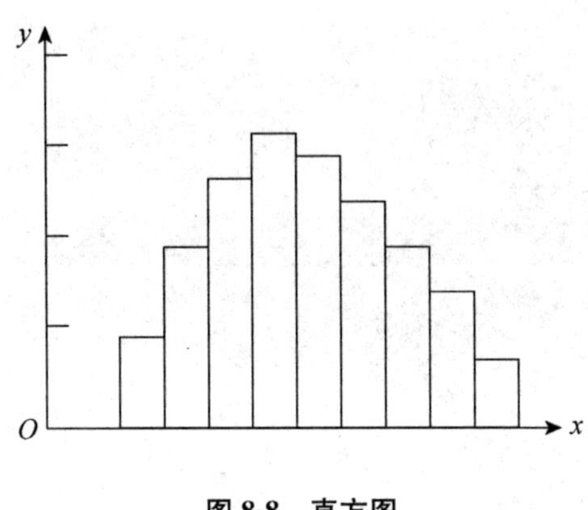

图 8-8　直方图

图 8-8 显示的是一个正常型的直方图，以中间为顶峰，左右对称地分散，呈正态分布，表明服务过程情况正常。

7. 控制图

控制图又称管理图，是一种用来对服务生产过程进行监视、分析和控制的工具，其基本形状如图 8-9 所示。控制图可分为两类，一类采用样本平均值（$\overline{X}$），如观察和分析平均服务时间或等待时间的变化情况；另一类采用范围（R），如分析消费者经历的服务时间或等待时间的差异状况。在控制变量时，二者要结合在一起使用。

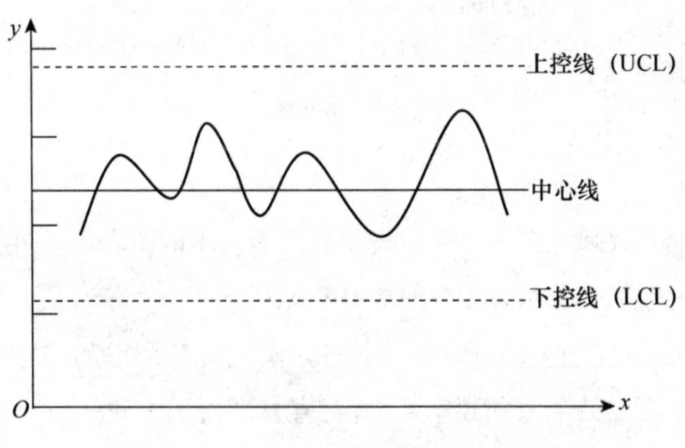

图 8-9　控制图

【本章小结】

ISO 9001：1994 将服务质量定义为“服务满足规定或潜在需要的特征和特性的总和”，其中，特性是用以区分不同类别的产品或服务的概念，特征则是用以区分同类服务中不同规格、档次、品味的概念。服务质量特性是指服务的功能性、经济性、安全性、时间性、舒适性和文明性。格朗鲁斯将顾客感知服务质量定义为顾客对服务质量的期望同其实际感知的服务水平的对比，从而将服务质量与有形产品的质量从本质上区别开来。服务质量由服务的技术质量、职能质量、形象质量、真实瞬间四个因素所构成，由感知质量与预期质量的差距所体现。服务质量要素是指服务的可靠性、响应性、保证性、移情性和有形性。

服务质量差距分析模型又称 5GAP 模型，专门用于分析造成各类服务质量问题的根源，并提出了消除这些差距的策略。SERVQUAL 评价方法在顾客感知的基础上，根据服务质量五要素设计了包括 22 个问题的调查表，用于度量顾客对服务的期望与感知及其差异，其计算结果显示了顾客对服务质量的满意状态。服务质量的控制方法有服务质量环和全面质量管理中常用的质量管理统计方法。

【关键术语及其定义】

服务质量 指“服务满足规定或潜在需要的特征和特性的总和”，是服务工作能够满足被服务者需求的程度。

技术质量 是指服务过程的产出，即消费者从服务过程中所得到的东西。

职能质量 是指服务推广的过程中消费者所感受到的服务人员在履行职责时的行为、态度、穿着、仪表等给消费者带来的利益和享受。

形象质量 是指服务企业在社会公众心目中形成的总体印象。

真实瞬间 是服务过程中消费者与企业进行服务接触的过程。

可靠性（reliability） 是指服务组织准确可靠地执行所承诺的服务的能力。

响应性（responsiveness） 是指服务组织能帮助消费者并迅速提供服务。

保证性（assurance） 是指服务组织的员工所表达出的自信、知识和能力。

移情性（empathy） 是指服务组织设身处地地为消费者着想，并对消费者给予特别的关注，努力去了解他们的实际需要并给予满足，使整个服务过程富有“人情味”。

有形性（tangibles） 是指服务机构有策略地提供服务的有形线索，以便识别和了解服务。

5GAP 模型 是专门用于分析导致各类服务质量问题的根源的服务质量差距分析模型。

SERVQUAL 评价方法 是建立在顾客感知的基础上，利用根据服务质量五要素设计的包括 22 个问题的调查表来测量服务质量的工具。

排列图 又称帕雷特图，是分析和寻找影响质量主要因素的一种工具。

散布图 又称相关图，是把两个变量之间的关系用直角坐标系表示出来，用于分析两个因素之间的相互关系，判断其相关程度的方法。

直方图 是将产品质量频率分布状态用直方形表示的图表，又叫质量分布图，是判断工序产品质量变化状态的一种常用工具。

控制图 又称管理图，是一种用来对服务生产过程进行监视、分析和控制的工具。

【讨论题】

1. 举例说明如何理解服务质量的要素。
2. 结合实际说明服务质量差异分析的基本内容是什么。
3. 一般来说，顾客从哪些方面对服务质量进行评价?
4. 如何进行服务质量的控制?

【互动练习】

1. 一个运输企业能否按“时刻表”准时运营的能力，指的是服务质量要素中的（　　）。

A. 可靠性　　B. 响应性　　C. 保证性　　D. 移情性

2. 顾客从服务过程中所得到的东西，即服务过程的产出是指（　　）。

A. 技术质量　　B. 职能质量　　C. 形象质量　　D. 感知质量

3. 服务推广的过程中顾客所感受到的服务人员在履行职责时的行为、态度、穿着、仪表等给顾客带来的利益和享受是指（　　）。

A. 技术质量　　B. 职能质量　　C. 形象质量　　D. 感知质量

【案　例】

案例背景资料：小麦公社

小麦公社是一家大型、专业的校园物流服务公司，2013 年 10 月 23 日，小麦公社的第一个营业厅落户北京理工大学，2014 年 8 月，小麦公社获得红杉资本 1 000 万美元的注资。截至 2014 年底，小麦公社的业务拓展至全国 390 所高校，实现 800 多万的人群覆盖[1]，是目前国内最大的电商校园渠道服务商。小麦公社的目标旨在通过铺设校园固定营业厅，整合主流电商企业和第三方快递公司，搭建校园最后一公里物流快递服务运营平台，从而为高校师生提供优质、安全、便捷的校内物流服务。

诞生背景

以往的高校快递配送通常以在校门口摆摊的方式实现，由于场地局限、缺乏

[1] 数据来源：创业邦，http://kuailiyu.cyzone.cn/article/11989.html.

管理等原因，快递员常常乱丢包裹、随意堆放，极易造成包裹的破损甚至丢失，同时也严重影响了校园周边环境的卫生状况。露天摆摊式配送受制于天气状况，遇到恶劣的天气不仅会破坏包裹内物品质量，更会导致派送延迟。因此，高校快递配送的服务水平总体低下，服务质量难以保证。

高校学生网购频率极高，常常需要前往多个快递派件点领取多家快递公司的包裹，时间、精力成本较高。小麦公社成立之初就是为了解决高校快递市场的痛点，主要通过在校园建立固定的营业厅、延长经营时间，和第三方快递公司合作实现校园快递最后一公里的服务接力。第三方快递公司将包裹送达小麦公社后，小麦员工进行重新编码并将包裹归档到相应的货架上，然后通过小麦公社微信公众账号推送和短信通知两种方式同时通知校内用户在营业时间内前来自提，或是选择由麦客[1]送货上门。用户取件后，小麦公社即刻将信息反馈给第三方快递，由此完成一次最后一公里配送服务。

“傻瓜前台＋精细后台”的服务运作设计

小麦公社已经与顺丰速递、圆通速递、中通快递、全峰快递、百世汇通等多家第三方快递公司签订合作协议，多数高校的小麦公社已开始派送这些快递公司的快件。小麦公社还对接了当当网、易迅网、蘑菇街、亚马逊等大型电商企业的物流系统，承接终端配送服务。目前，小麦公社仍以快递配送服务作为主营业务，包括快递配送和收揽寄件两项内容，快递配送可以是用户前来小麦公社校园网点自提（如图 8-10），也可以由麦客送货上门（如图 8-11）。

从服务蓝图来看，小麦公社的配送服务是通过改进现有服务实现的。深谙服务效率直接影响服务质量的道理，小麦公社致力推崇前台傻瓜式和后台精细化的服务运作方式以实现高效率的取件服务。首先，用户取件时看到的是干净整洁的取件环境、态度友善的服务人员，取件服务质量远高于流动快递配送。所谓前台傻瓜化是指，用户自提取件时，仅需在取件机输入手机号码这一简单操作即可向

[1] 麦客是指小麦公社分散在高校里的小快递员，主要由小麦员工和在校兼职学生组成。他们负责把小麦公社的快递包裹配送到需要服务的用户所在的宿舍，真正做到上门服务。

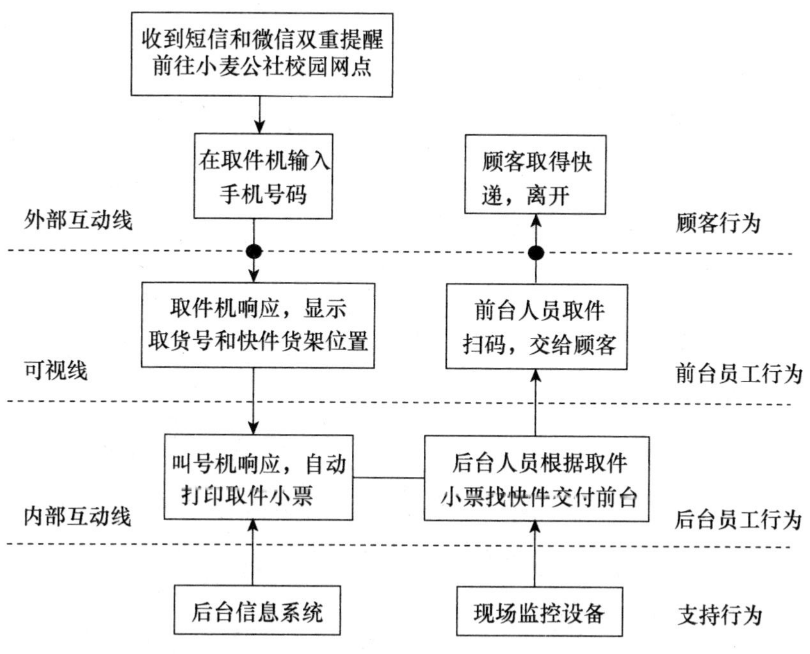

图 8-10　顾客自提服务蓝图

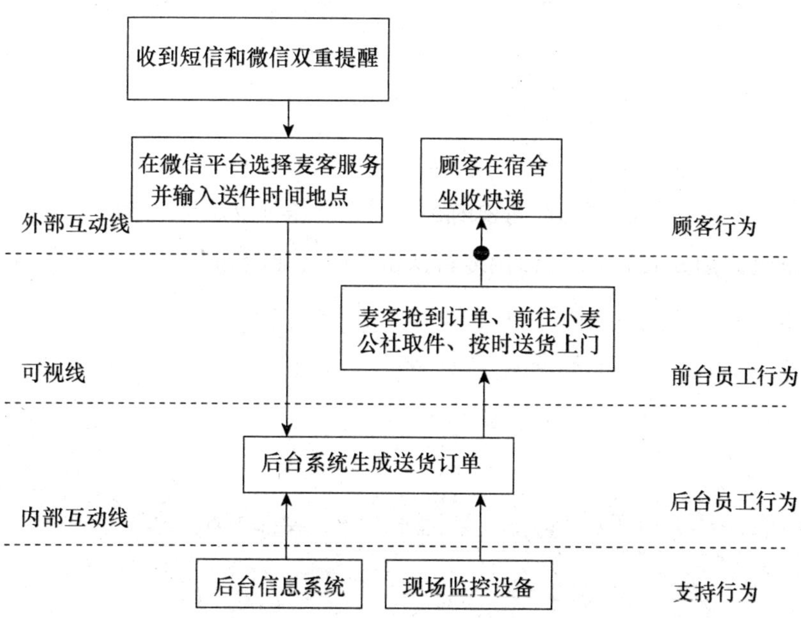

图 8-11　麦客送货上门服务蓝图

后台发出取件指令，随后在前台等候小麦员工取件交付即可，全程耗时不超过15秒钟，提供极速取件的服务体验。前台傻瓜化是建立在后台精细化运作基础之上的，小麦公社自行开发IT信息管理系统和编码规则，所有进入小麦公社的包裹都拥有唯一的小麦条码，条码中记录用户姓名、联系方式、取货号、货架位置等基本信息，这些信息都储存在取件系统，在取件机和叫号机[1]实现同步共享，实现后台精细化的管理，从而为15秒极速取件奠定基础，节省了用户的取件时间和精力，现场监控设备充分保证快件安全，有效提高了校园快递的服务质量。此外，通过快递平台整合第三方快递，提供一站式的快递服务，大幅降低领取多个快递的时间和精力成本，麦客送货上门服务则切实做到最后一公里服务。总之，不管是哪种派送方式，都是对现有的第三方快递公司分头派件服务的一种改进，为校园用户提供了极大的便利和保障。

基于校园物流平台的电商业务拓展

2015年3月，小麦公社微信端口的电商平台（小麦商城）正式上线[2]，标志着小麦公社完成校园物流服务之外的又一战略布局。小麦商城搭载在小麦公社的微信平台上，用户可直接登录微信在小麦商城下单购买水果、零食和生活用品。小麦商城具有三大突出的特点：

第一，区别于传统电商的“大而全”，小麦商城专注挑选校园师生青睐的商品。聚焦校园师生高频购买的食品和日用品，真正做到“少而精”。为解决挑选上架的商品的问题，小麦公社已筹建5 000多人的学生顾问团。[3]小麦公社首先基于已有的市场信息进行初步筛选，并在上架前进行顾问团内测，通过分析顾问团的购买数据，关注不同地区的差异化需求，决定最终的上架商品。因此小麦商城上线的产品几乎都是爆款。

[1] 取号机：用户输入手机号码以便向后台发出取件指令的机器；叫号机：后台收到用户指令后向小麦员工提供包裹货架信息的机器。

[2] 信息来源：小麦公社官方新浪微博，http://weibo.com/maxxiaomai?is_search=1&key_word=小麦商城#_rnd1434941236675.

[3] 数据来源：小麦论坛-小麦顾问团版块，http://bbs.imxiaomai.com/forum-60-1.html.

第二，小麦商城的上架商品在质量保证的基础上拥有一定的价格优势。在小麦商城的特供页面可看到商品的超亲民价格，如苹果 0.99 元/个，火龙果 2.49 元/个，木瓜 4.99 元/个……之所以能把价格压到很低的水平，是因为小麦公社直接与厂商合作，减少中间渠道环节，大批量集中采购、优化物流流程、降低仓储成本，实现进货成本的大幅削减。

第三，小麦商城依托物流服务平台完成配送。搭载自身的物流平台，小麦公社有效实现业务协同，没有向用户收取快递费用，再次强化商城的价格优势。

通过依托校园物流服务平台拓展电商增值业务，小麦公社实现单一业务向多元化业务的转变。物流与电商本来就存在一定程度的共生关系，小麦公社同时涉足两个业务，获取了资源共享和管理协同的巨大优势。小麦商场提供的价格亲民的爆款产品，可适当弥补物流平台的服务缺陷（如派送不及时、取件高峰期等候过长等），有利于淡化用户对服务质量低下的抱怨，对服务质量的提升提供了另一种巧妙的解决思路。

校园本地 O2O 生态构想与布局

现阶段已经有很多公司提供物流最后一公里服务，如城市 100、京东地铁站自提项目等，小麦公社最大的特点在于其主要从人群细分的角度入手，定位校园市场提供最后一公里服务。高校校园是一个自成系统的生态圈，包括校方、学生、校内外的传统商业等。小麦公社的野心绝不仅仅是校园物流平台，打造校园本地的 O2O 生态圈（如图 8-12）才是它的终极目标。小麦公社的生态布局概括为三步走：第一步，主要是在高校建设最后一公里校内物流快递服务平台，以此作为据点高效整合产业链上下游供需资源——向上整合主流电商和第三方物流公司，向下整合高校师生物流服务需求，实现有效沟通产业链的目标；第二步，基于物流平台嫁接生活服务平台，目前，小麦已建成小卖商城，预期在积累了足够的用户流量后再整合其他生活服务，如外卖、团购等，打造尽可能全面的生活服务平台；第三步，对接高校创业项目，提供资源和平台支持，不断塑造、强化小麦公社的校园品牌形象。

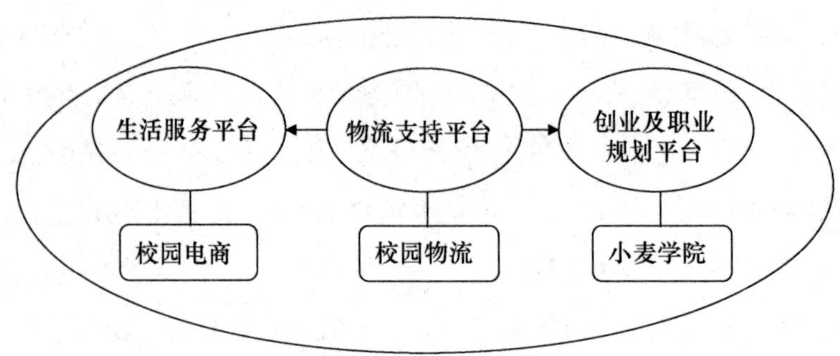

图 8-12　校园本地 O2O 生态圈

在小麦公社的校园 O2O 生态圈里，用户可享受个性化、物美价廉、方便快捷的产品和服务，同时如有创业想法也可通过小麦学院进行孵化，获得资金、技术和平台等的支持，如水果 O2O 创业品牌"一米鲜"就借助了小麦的物流平台。[1]一米鲜的官网资料显示，其物流渠道 90% 以上的自提网点都是高校的小麦公社。

另外，校园超市和校园周边商户也可借助小麦公社的平台轻松植入互联网基因，实现传统经营向 O2O 的转换。通过在共生开放的生态圈中为用户提供完整、方便、快捷、多元的服务体验，帮助高校更好地进行校园商户经营管理和校园快递规范管理。因此，小麦公社基本做到全面的质量提升与高效的协同管理，这对于校园快递最初的痛点问题提出了实质性的全面解决方案，那么用户感知层面的服务质量自然会发生突变性增长。

案例思考

1. 在解决校园快递痛点的问题上，小麦公社是如何弥补物流平台中服务质量差距的？

2. 分析小麦公社服务质量的构成。

---

[1] 信息来源：一米鲜官方网站，http://www.1mxian.com/pickuparea.html.

SERVICE MANAGEMENT

第九章　服务失败与服务补救

【学习目的与要求】

学完本章后，应当能够：

（1）把握服务失败的概念；

（2）阐释服务失败的归因及其影响；

（3）分析顾客对服务失败的反应；

（4）阐述顾客抱怨的原因和目的；

（5）掌握并运用服务补救的策略。

【本章概要】

本章介绍了服务失败对顾客的影响以及顾客可能出现的反应，顾客抱怨是顾客对产品和服务不满而产生的一种行为，不同的顾客其抱怨时希望得到的结果也不同。服务企业在出现服务失败时所做出的具有即时性和主动性的反应叫作服务补救。最后介绍服务补救的常用策略。

第一节　服务失败

服务的无形性、不可分性和不可储存性等特点决定了在服务经营过程中服务失败难免，正如学者 Chip R. Bell 和 Ron E. Zemke 所说的，每一次低于我们预期的服务经历，都意味着服务失败的发生。无论是何种原因导致的服务失败都有可能引起顾客的消极情绪和反应。

一、服务失败的内涵及其归因

（一）服务失败的内涵

对于服务失败概念的界定，很多学者已经从不同角度进行分析研究。Hays and Hill（1983）将服务失败定义为“导致顾客不满意的服务遭遇”；Gronroos（1990）对服务失败的界定是：没有按照顾客的期望进行服务，服务失败就产生了；同样，Keaveny（1995）认为当顾客对服务整个系统不满意时，服务失败就发生了；Smith（1998）提出，当服务提供者不能按照顾客的期望提供服务，并且导致其不满的时候，服务失败就发生了。

综上所述，服务失败是指服务未按顾客的期望进行，致使其需求得不到满足，因而产生不满的情况。

（二）服务失败归因

归因理论在解释服务失败的过程中发挥了很大的作用。Heider 强调，当一件事情出现积极或者消极的结果时，人们会自然而然地寻找原因[1]，因此，归因常常被定义为对积极或消极结果的原因确定。此后，学者们归因理论做了进一步的补充和完善。Bernard Weiner（1980）将归因原因概括为归属性、稳定性和可控性。[2]在后来的研究中，这种对服务失败归因维度的划分得到了广泛的应用。

1. 归属性

归属性是指服务失败发生原因的归属，即事件的原因在于自身还是外部因素，指服务失败是由服务提供者、顾客自身还是其他顾客（第三方原因）导致的。

由于服务具有生产与消费同时进行的特征，因此服务的生产过程就是顾客的消费过程，所以，顾客对产品质量的感知就发生在服务企业与顾客接触的真实瞬间。服务的质量难以确定衡量标准，不仅顾客在不同的情境下对服务的感受不同，而且不同员工针对不同顾客所提供的服务不同，即使是同一员工在不同的时间提供的服务也不完全相同。所以，服务进行的环境、服务等待的时间以及员工服务的态度和操作熟练程度等方面的问题都有可能导致服务的失败。

此外，服务是一项顾客高度参与的活动，顾客参与程度低可能会导致更大程度上的服务失败。如果顾客不能积极地参与到服务过程中，在服务进行时未能表达出自己的需要和真实感受，就很难达到预期的服务目标，这就是由顾客自身原因造成的服务失败。

2. 稳定性

稳定性是指服务失败发生的频率，即事件是经常发生还是偶尔发生。

3. 可控性

可控性是指服务失败发生的原因是否是企业可以控制的，即事件的发生可否

[1] HEIDER F. The Psychology of Interpersonal Relations [M]. New York：Wikey，1958.
[2] WEINER B. Theories of Motivation：From Mechanism to Cognition [M]. Chicago：Markham，1972.

避免。其中，不可控制的服务失败是指由于服务的无形性导致的服务结果与顾客预期存在偏差，或由于服务企业系统出现故障、由于天气等不可抗力的随机因素导致的失败；可以控制的服务失败往往是由于服务人员个人的原因导致的服务失败。

二、服务失败的影响

服务企业会尽力保证服务质量，避免服务失败发生，但是由于服务的特殊性，服务质量不能在出售给顾客之前得到检验，在服务进行过程中不可避免地会出现失误。服务企业应该积极地了解服务失败可能给顾客带来的影响，只有这样，才能真正了解顾客心理和认知的变化过程，更好地满足顾客的需求。

根据社会交换理论，一切社会活动都是在追求能够满足个人生活所需的各种资源。在服务行业中，消费者用金钱来换取其他资源，然而服务失败发生后，消费者要换取的资源贬值，这必然会引起消费者的不满。服务失败对消费者的影响主要表现为经济损失和情绪变化。

（一）服务失败对顾客的影响

1. 经济损失

顾客为获得服务付出了各种成本，服务失败会给顾客带来经济上的损失。在有些情况下，顾客可能因为选择了此项服务而丧失了接受其他服务的机会，顾客为此付出了机会成本。经济损失不仅包括顾客为服务付出的费用，也包括顾客在选择此项服务时付出的心理成本和机会成本。例如，火车晚点可能会耽误乘客的急事，导致乘客蒙受重大的经济损失；同时，乘客因为选择了乘坐火车而丧失了乘坐飞机、汽车等其他交通工具的机会。

2. 情绪变化

服务失败发生后，顾客可能会产生懊悔、愤怒、焦急的感觉，失望、愤怒等情绪会影响顾客对服务质量的感知，也会影响到顾客对服务提供者原有的感知。

这种情绪的变化在给顾客带来不便的同时，也影响到顾客对企业的感知。例如，在一次旅行中，顾客购买了这次旅游经历，然而由于导游的服务技能较差，使得游客没有享受到愉快的旅行。游客可能会为自己选择了这家旅游公司而懊悔甚至愤怒，从而对这家旅游公司的形象也产生了怀疑。

同一种服务失败，对不同顾客造成的损失程度有所不同。这往往是因为顾客混淆了直接损失和间接损失，过于夸大服务失败对间接损失的影响。服务企业应该努力识别顾客损失的程度，因为这一判断决定着服务补救的数量及力度。企业应该明确服务失败对顾客造成的直接损失和间接损失的区别。直接损失是指由于服务失败直接导致的顾客的损失，它对所有顾客来说一般差异不大。间接损失是由直接损失所引发的损失，它因顾客而异，并且在量上有显著的差异。例如，同样对于包裹快递的延误，有的顾客认为仅仅是耽搁了几个小时，有的顾客则会认为由此致使其他事情被耽搁，造成了不可弥补的损失，这就是人们混淆了直接损失和间接损失带来了不同结果。

（二）服务失败对企业自身的影响

1. 企业信誉度受损

服务失败的发生会极易使企业的信誉受损，降低顾客对企业的信任程度，甚至导致企业的竞争力下降。

2. 顾客流失

服务失败的发生可能会使顾客对企业丧失信心，进而导致顾客与企业间关系的破裂，造成顾客流失。

三、顾客对服务失败的可能反应

服务失败发生后，不满的顾客由于遭受了经济上和情绪上的损失，必然会对此做出一定的回应。顾客可能不采取行动，也可能进行抱怨。

（一）不采取行动

这类顾客经常怀疑抱怨的有效性，所以他们对服务失败不采取行动，认为抱怨的结果和所花费的时间与精力不成比例，因此会保持沉默。这类顾客中的大多数会拒绝再次购买，他们会转向企业的竞争对手。尤其对一些转换成本比较小的行业，服务失败发生后，顾客会迅速停止在这家企业消费。这类顾客对企业来说是不利的，因为企业永远不知道顾客的真实想法，也就无法通过服务改进重新赢得顾客。

（二）抱怨

抱怨是指顾客将自己的不满讲述出来，可能直接向企业抱怨，可能向亲朋好友倾诉，也可能向消费者权益保护机构或其他相关部门投诉。顾客直接对企业的抱怨对企业有积极的帮助作用，他们期望企业有改进，实际是给企业提供了立即反应并处理失误的机会。通过顾客抱怨，企业可以发现服务存在的问题，提高服务水平，并有希望重新获得顾客满意，留住忠诚的顾客。顾客对朋友抱怨一般是发泄一下心中的怨气，或者是想得到朋友的认同，证明自己的看法是正确的，企业确实出现失误。顾客对其他机构抱怨，一般是期望得到补偿或追究企业的责任。而后两种情况的出现，如果能把抱怨通过有效的渠道传递给企业，企业也可以立即采取补救的措施，但是这两种情况都可能给企业带来负面的影响，影响企业在消费者心目中的形象，企业的潜在客户会减少。

第二节　顾客抱怨

在顾客对服务失败的各种可能出现的反应中，顾客抱怨是企业能感受到的一种反应。从某种意义上来说，顾客抱怨对企业改进自己的行为、赢得顾客忠诚有很大帮助。鼓励顾客在不满时直接向企业反映问题，挖掘出抱怨中所蕴含的有价值的信息并将其作为处理顾客抱怨的依据，这对企业来说是至关重要的。

一、顾客抱怨的分类

（一）顾客抱怨行为的研究概述

顾客抱怨是由于顾客对产品和服务不满而产生的一种行为。对顾客抱怨行为方面的研究大致始于 20 世纪 70 年代。Singh（1988）认为，顾客抱怨行为是一系列的多重反应，其全部或部分由某次购买中感知的不满意引发。目前常见的对抱怨行为的分类主要有以下几种：直接向产品或服务的提供商抱怨以求得补偿、向亲朋好友抱怨、采取第三方行动（向消费者权益机构、政府组织等申诉）或保持沉默并退出以后的购买行为。

关于顾客抱怨行为的分类目前还没有统一的规定，主要观点有以下几种：

Day and Landon（1977）将抱怨的方式分为采取行动和不采取行动两种类型（见图 9-1）。采取行动又可以分为采取公开行动和私下行动。其中，公开行动包括向企业投诉、向消费者保护组织等民间机构投诉以及向法院诉讼；私下行动包括告诉亲朋好友和从此停止购买该企业产品或服务。

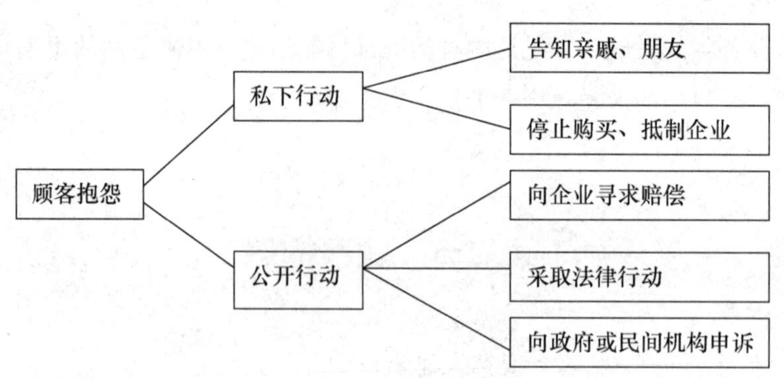

图 9-1　顾客抱怨的分类

资料来源：DAY R L，LANDON E L. Towards a Theory of Consumer Complaining Behavior［M］// WOODSIDE A G，SHETH J N，BENNETT P D. Consumer and industrial buying behavior，New York：North-Holland，1977：427.

Day（1980）根据顾客抱怨的目的，将抱怨的方式分为公开目的和私下目的两种类型。顾客抱怨的公开目的是为了寻求企业对其的补偿；私下目的有两个，其一是发泄不满情绪并影响他人，其二是产生个人抵制行为。

Sigh（1988）通过对汽车维修业的抱怨行为的研究，发现顾客抱怨可以分为三种类型：一是直接抱怨，即直接向厂商抱怨求得赔偿；二是私下抱怨及退出，即顾客只告诉亲朋好友，但不向厂商及第三方倾诉，也有可能退出商品购买；三是第三方行动，即顾客向消费者协会投诉或向法院申诉。

Davidow and Dacin（1997）从两个维度对顾客抱怨进行了划分（见图 9-2）。一个维度是抱怨对象是否在顾客自身圈子内，另一个维度是抱怨对象是否与不满意购买直接相关。按照这两个维度，顾客抱怨可以分为四种类型：直接抱怨是顾客向自身圈子外与不满意购买直接相关的对象进行抱怨；负面口碑是顾客向自身圈子内与不满意购买无直接相关的对象进行抱怨；第三方抱怨是顾客向自身圈子外与不满意购买无直接相关的对象进行抱怨；沉默抵制是顾客向自身圈子内与不满意购买直接相关的对象进行抱怨。

		与不满意购买的相关性	
		相关	不相关
在顾客圈子内外	内部	沉默抵制	负面口碑
	外部	直接抱怨	第三方抱怨

图 9-2　抱怨的四种类型

尤建新（2003）在其顾客抱怨管理研究中，从有利于企业管理角度出发，将顾客抱怨行为划分为两大类：非投诉型抱怨和投诉型抱怨。非投诉型抱怨包括不采取任何行动、停止购买以及向他人传递不满信息；投诉型抱怨则包括向企业抱怨和向第三团体抱怨。

从以上的分类可以看出，学者们对顾客抱怨的分类各有不同。

（二）顾客抱怨行为的分类

1. 按顾客抱怨的对象分类

按顾客抱怨的对象，可分为投诉型抱怨和非投诉型抱怨两种类型。

投诉型抱怨是指顾客因不满意而采取投诉行为，一般而言，投诉型抱怨的信息直接反馈至企业、消费者权益机构、法院等组织，且往往连带着索赔问题，容易引起企业的重视。企业往往对顾客采取解除其不满的措施，变不利为有利。投诉型抱怨其实是顾客不满意所采取的积极行为，对于这一类抱怨，企业必须进行及时处理以赔偿顾客的经济损失和平息顾客的不满，并应采取积极措施防止同类事情再次发生。企业需要创造条件鼓励顾客对企业的直接抱怨，如设立投诉箱、开通免费的投诉热线等，这样有利于企业及时弥补自己的不足。

非投诉型抱怨的信息不直接反馈至企业，使得企业无法了解顾客的满意状况。大多数顾客会因为浪费时间或商品的价值低而不去投诉。不满意的顾客虽然未直接向企业投诉，但可能停止再次购买或向他人传播不满信息。这样企业不仅因为无法了解顾客不满意的原因而失去了进一步改进和提高产品和服务质量的机会，而且企业形象也有可能在不知不觉中受到极大影响。所以，企业应给予非投诉型抱怨足够的重视，并建立畅通的渠道来了解这些抱怨，如促使一线员工细致地观察顾客满意的情况，利用各种形式调查未曾投诉的顾客的抱怨信息，并对这些信息进行统计分析，从而指导企业改进工作。

2. 按顾客抱怨内容出现的次数分类

顾客抱怨的内容可以是首次出现，也可以是第二次或重复多次出现。首次出现的内容，一般是企业服务过程中新出现的问题，企业应及时处理顾客抱怨，找出服务中的问题并及时改正。重复出现的抱怨，指顾客对一类服务问题进行过多次抱怨。企业对这类问题应给予高度重视，有多次抱怨说明服务补救工作做得不好或者是企业没有及时地找出多次抱怨的原因并采取措施。

3. 按顾客类型分类

按顾客类型可以分为新顾客抱怨和老顾客抱怨。新顾客和老顾客对服务失败的忍受程度不同，抱怨的方式也有所不同。新顾客对服务失败的忍受力更低，服务失败后也不倾向于直接向企业抱怨，一般是私下向亲朋好友抱怨，或者是采取沉默抵制的方式，以后不再购买该 产品。老顾客一般对企业忠诚，服务失败发生后，希望企业能及时改进，因此他们更倾向于直接向企业抱怨，这也为企业提供了发现问题的机会。

二、影响顾客抱怨的因素

顾客抱怨由于顾客对购买产品和服务的不满而引发，但是顾客对购买不满意并不一定导致顾客抱怨。顾客对服务失败可能会采取沉默抵制的方式。据研究，只有5%的不满意顾客会直接向公司投诉，有2/3的不满意顾客会选择默默离开，转向其他竞争品牌。顾客抱怨的影响因素来自社会大环境、企业和顾客自身等多方面。学者 Blodgeet 曾提出，投诉成功的可能性、消费者对抱怨的态度、服务本身的重要性以及事件的可控性等都会影响消费者是否向服务商提出抱怨。我国学者范秀成总结了影响顾客抱怨倾向的六个因素：产业竞争程度，顾客对服务提供者的认知，顾客抱怨的态度，问题的严重程度、价格水平、抱怨成本，抱怨所需的知识和技能以及顾客的个性特征等。

（一）总体环境因素

申跃（2005）对顾客抱怨行为影响因素进行了分析，他指出总体环境因素中对顾客抱怨影响比较大的主要有四个方面：生活水平、政府法令管制、消费者协助、社会风气。

1. 生活水平

生活水平主要指顾客群体的购买能力。一般来说，顾客购买能力越高，越容易产生抱怨。购买能力高的顾客一般有较多的购买经验，自信心也高，认为抱怨的成功率大。假如顾客只能满足自己的最低生活标准，顾客对服务也不会有较高的要求。

2. 政府法令管制

政府法令管制主要指政府在规章制度方面对企业的要求。政府对企业要求较高时，服务失败导致的顾客抱怨能使顾客更可能获得补偿；相反，若政府对企业的管制较少，顾客抱怨得到补偿的可能性也较低，因此顾客可能采取不行动的方法。

3. 消费者协助

消费者协助主要指一些专门机构为消费者提供购买信息、法律援助等服务。一些顾客对购买的服务产品并不了解，也不知道自己所有的权利，这些协助机构能帮助消费者维护自己的权益，因此消费者投诉的信心就有所增加，从而顾客抱怨发生的可能性也增大。

4. 社会风气

社会风气是指全社会对顾客抱怨这一行为的一种看法。如果社会上形成了对不满意进行抱怨的风气，顾客抱怨的可能性也比较大。社会风气与文化背景有关，不同的文化背景下容易产生抱怨的顾客群体以及对抱怨的支持程度都有所不同。

（二）产业竞争程度

在一个产业中，如果存在大量的商家，顾客很容易从其他企业中购买到所需的服务，服务失败发生后，顾客可以轻松地转向其他商家，无须花费时间和精力去投诉。由于转换成本低，顾客倾向于不抱怨。当一个产业中商家很少，顾客购买的转换成本很高时，顾客别无选择，只能向商家抱怨。

（三）情境因素

情境因素是指那些与互动没有直接关联的其他刺激，以及个人因环境所引发的暂时性特征。情境因素主要受以下四个变量的影响：

1. 顾客对服务不满的程度

一般来说，顾客对服务不满的程度较高时，顾客抱怨的可能性大。这类顾客认为服务失败给自己带来了很大的伤害，顾客不满的程度越高，企业对抱怨应该越重视。

2. 服务对顾客的重要性

服务对顾客越重要，顾客抱怨的可能性越大。例如，银行柜台人员办理业务的速度很慢，让顾客多花费了一点时间，顾客可能不会抱怨。如果是某一公司在酒店宴请重要客户，这就关系到公司的声誉，宴请对公司来说是至关重要的，公司对其的要求会极其严格，因此不允许服务出现任何闪失，抱怨的可能性极大。

3. 抱怨成本

抱怨的成本会影响到顾客抱怨的行为。抱怨成本主要包括花费的时间、精力、金钱以及引起争执、面临尴尬等心理上的负担等。通常情况下，抱怨成本越低，顾客抱怨的可能性也越大；如果抱怨的成本超过所得，顾客则不会抱怨。抱怨的收益和成本之间的对比很难有固定的衡量标准，往往只是顾客的认知。

4. 顾客对抱怨预期成功的可能性

服务失败发生后，有的企业为了维护自己的声誉会迅速处理顾客抱怨并采取补救措施；有的企业由于抱怨处理的程序复杂、员工没得到充分的授权，对顾客的抱怨反应缓慢，抱怨也得不到有效的处理。顾客凭借对企业以往的印象产生对抱怨成功可能性的预期，这种印象建立在公司的政策、口碑和顾客购买经验之上。顾客对抱怨预期成功的可能性越大，越可能进行抱怨。

另外，因为每个不满顾客在决定是否抱怨时所面临的情境不尽相同，情境因素对抱怨行为的影响效应在不同顾客间也会存在较大差异。

（四）顾客特征

顾客特征是指那些主要与顾客有关或者由顾客决定的因素，包括人口统计变量和顾客对问题的归因、价值取向等。

1. 人口统计变量

人口统计变量包括性别、年龄、受教育程度、收入、家庭类型等。根据研究，部分人口统计变量对顾客抱怨行为的影响已获得比较一致的结论。受教育程度较高、收入水平较高的顾客易采取直接抱怨的方式。这类顾客社会经济地位高，善于掌握信息，购买经验比较丰富，对顾客抱怨感知的成功率较大，因此倾向于直接抱怨来表达自己的不满。

2. 顾客对问题的归因

顾客在不满意的情况下，对服务失败的问题有不同的归因。将问题归因于个体员工的顾客，通常会感到生气或愤怒，这样的消极情绪往往会导致顾客抱怨。顾客会信心十足地找到服务组织进行抱怨并要求立即解决问题，因为他们确信，服务组织肯定会周到地解决其投诉并对“问题员工”进行批评教育，即使他们不指出来，“问题员工”也不会在如此优秀的服务组织里存在太久（如培训、解雇等），他们对下次再来消费时不会遇到“问题员工”充满信心。同时，他们也希望企业能补偿其损失。有的顾客将问题归因于服务组织系统的原因，如组织整体服务意识不强、员工培训不力等，顾客很可能认为抱怨不会有什么成效，或认为再来此消费风险很大，顾客不会直接向企业抱怨，他们会默默离开或直接向消费者组织、法院公开投诉。将问题归因于某些情境性因素的顾客则常常感到沮丧或恐惧，觉得无助，因而倾向于不抱怨。如果顾客觉得员工可能会因为自己的抱怨受罚，内心会感到不安，也倾向于不提出抱怨。

3. 顾客的价值取向

范秀成、赵先德、庄贺均（2002）研究了中国顾客价值取向对服务业顾客抱怨倾向的影响。该研究中价值取向按权力距离、不确定性规避、个人主义三个方面衡量，根据价值取向将顾客分为弱势顾客、个人主义顾客、强势压力型顾客三个群组。其研究发现，对于弱势顾客来说抱怨所需的知识和技能、对抱怨的负面结果信念对其抱怨倾向有显著影响；对个人主义顾客来说正面的结果信念、时间充裕与否对其抱怨倾向有显著影响；对于强势压力型顾客，他们所欣赏的重要人物对其抱怨行为存在显著影响。这说明，在同样的服务情景下，对于不同价值取向的人，影响他们抱怨倾向的因素是不同的。

另外，也有研究证实，集体主义倾向的顾客更倾向于私下抱怨，他们要维护社会和谐，为自己留足面子，不想在集体中散布不好的口碑，因此一般会在私下场合表达自己的不满。而个人主义倾向的顾客会更直接地表达自己的情绪和意见。集体主义倾向的顾客如果进行一次直接投诉，下次再购买该产品的可能很小，因为曾经的投诉经历会让他们感到尴尬。相反，个人主义倾向的顾客对服务不满但没有投诉的情况下，再次购买的可能性很小。

服务企业需要根据目标顾客的价值取向制定相应的政策，以更好地了解顾客的不满，及时改进服务产品。

三、顾客抱怨时的期望

当顾客认为服务失败归因于企业时，当顾客认为服务失败是由可控因素造成时，其抱怨的可能性就比较高。不同的顾客在抱怨时的期望也不同，有的期望得到经济上的补偿，有的期望能受到尊重，有的可能只是期望有人倾听，但大多数顾客有多方面的期望。

对企业来说，了解顾客抱怨时的期望并公平地对待抱怨顾客、正确处理顾客投诉、重视与投诉顾客的沟通，是企业提高自己服务水平、赢得顾客信任的机会。

1988 年，美国学者 Clemmer 首次提出了服务公平性概念，认为社会交往公平性理论对服务性企业与顾客之间的交往也是适用的。[1]之后，学者们对公平性

[1] CLEMMER E C. The Role of Fairness in Customer Satisfaction with Service [D]. University of Maryland, College Park. Dissertation Abstracts International, 1988.

维度进行了大量研究，Smith，Bolton and Wagner 提出感知公平是顾客感受到的提供服务方处理服务失误的公平程度，并由结果公平（或分配公平）、过程公平和交互公平三个方面组成。

（一）交互公平

交互公平是指顾客对于自己被看待和处理方式的一种公平感知，即沟通过程中顾客感知的雇员向顾客展示的行为的公平性。这涉及服务人员的礼貌与态度，解决问题过程中的主动性与努力程度、同情心以及解释和道歉等行为。此时，顾客关注的是受到何待遇。

顾客投诉时最希望自己的意见能得到别人的认同，得到企业的尊重。顾客抱怨的目的主要是让员工用实际行动来解决问题，获得心理上的平衡。企业应树立“顾客永远是对的”的观念，真诚对待顾客的抱怨。在行动时，动作一定要快。这样，一来可以让顾客感觉到被尊重，二来表示经营者解决问题的诚意。这样受到尊重的顾客由不满意变为满意，甚至还会向他人进行正面宣传，企业不仅解决了顾客抱怨的问题，而且形成了良好的口碑。

顾客就是上帝，顾客总是有自己的道理。顾客抱怨是希望企业能理解自己的需求，认真地对待自己的问题。希望有人能倾听他的不满，顾客在物质上或精神上已经遭受到某种程度上的伤害，其抱怨时一定会加上自己的情绪。有的顾客只是想找一个倾诉的对象，发泄一下自己不满的情绪，以求得心理上的安慰。顾客希望在投诉时，投诉的对象能扮演好一个听众的角色，把自己的不满痛痛快快地发泄出来。另外，顾客投诉时，希望处理投诉者能站在顾客的立场上倾听意见。

因此，企业在处理顾客抱怨时，应先反省自己在服务过程中是否存在问题，该如何补救，而不是认为这个顾客太麻烦。真诚的态度是解决一切问题的基础，面对顾客的不满，处理顾客抱怨的人员要真心理解，口气轻快、柔和，承诺给顾客积极和热情的处理意见，从而消除顾客内心情感的对立和隔阂，使顾客愿意通过友好协商解决问题。

（二）程序公平

程序公平是顾客对达到补救结果所经历补救过程的公平感知，涉及解决在服务传递过程中出现的可进入性、时间、速度、过程控制、延误和应顾客补救需求的灵活性等问题的方法。此时，顾客关注的是实现结果的过程，希望企业有反应、有行动。

顾客抱怨时除了想得到服务人员的倾听和道歉外，最想知道的就是企业会怎样处理问题。顾客希望投诉处理者能迅速提出合理的解决方案。投诉处理者在耐心听完顾客投诉后，可以先询问顾客的意见，然后，再针对问题找出一种顾客能接受的合理解决方案。另外，顾客投诉时心情很急切，希望一进入服务组织就有人能意识到问题的存在并解决问题。时间拖得越久，越会激发顾客的愤怒，同时也会使他们的想法变得顽固而不易解决。因此，投诉处理者应同顾客一道，及时、妥善地找出解决问题的办法，迅速、有效、果断地处理问题，给顾客一个满意的答案。同时，这也要求企业能给一线员工适当的授权，使他们迅速处理顾客的抱怨。

（三）结果公平

结果公平指顾客对可感知交换结果的公平感知，包括折扣、赠券和退款等，主要表现在应给顾客满意的补偿方式及力度。此时，顾客关注的是利益与成本的对比，即结果是否抵消了服务失败给顾客造成的损失。

顾客抱怨必然是因为已受到经济上或心理上的伤害，认为自己的付出和获得不对等，因此几是每个抱怨的顾客都希望得到补偿。根据公平理论，购买和抱怨的每一个阶段都要从公平的方面思考。顾客抱怨时，大多数面对的是一种负面的、不公平的情况，他们希望通过抱怨的方式恢复公平，希望企业能补偿他们的损失。在确实是企业失误导致服务失败的情况下，企业应毫不吝啬地及时给予顾客补偿，防止因顾客的投诉等造成重大的损失。真正有效的补偿应该考虑对顾客的额外成本和不愉快的购买经历进行一定补偿。除了经济上的补偿外，还应包括感情和心理等多方面的补偿。但是这种补偿不必与顾客所花费的额外成本等价，例如，对于一个食品超市来说，可以给顾客一定金额的优惠券；而餐馆可以考虑免费送给顾客一小瓶特色白酒或其他合适的东西；商场则可以送顾客一些赠品。而对于顾客来说，这些补偿是很有价值，满足感也是很大的。

第三节　服务补救

服务失败可能会造成企业信誉降低、顾客流失等后果，但出现服务失败与顾客抱怨并不可怕，可怕的是企业不知如何处理这些问题。服务补救是服务企业在出现服务失败时所作出的一种具有即时性和主动性的反应。服务补救比顾客抱怨管理包含更多的内容，它更具有即时性和主动性的特点，强调企业积极主动地发现服务失败的问题。

一、服务补救的作用

（一）服务补救的概念界定

服务补救理论的研究始于 20 年世纪 80 年代，学术界对关于服务补救的表述不尽相同。

1988 年，Christian Gronroons 将服务补救（service recovery）这一概念定义为“当服务失误发生后，服务提供者针对顾客的抱怨行为所采取的反应和行动”。[1]

[1] GRONROOS CHRISTIAN. Service Quality：The Six Criteria of Good Perceived Service Quality [J]. Review of Business，1988，9（Winter）：10-13.

此后，一些学者对这一定义进行了修正。如 Ron Zemke and Chip R. Bell 认为："服务补救是当顾客因企业所提供的产品或服务发生缺失而感到困扰时，企业为使顾客达到期望的满意度而做的努力过程"；Kelley 和 Davis 认为："服务补救是服务失误后服务组织所采取的加强或恢复活动"；Johnston 和 Hewa 认为"服务补救是及时发现并处理服务失误的主动性和预应性行为"，是"服务提供者针对服务实施过程中给消费者带来的损失和伤害而采取的一种修复和缓解措施"；Tax and Brown (1998) 认为："服务补救是服务提供者为缓解和修复在服务提供过程中对顾客所造成伤害而采取的行动"，这一定义将服务补救视为一种发现服务失败、分析失败的原因、评估服务失败、采取措施解决问题的管理过程。[1]Smith and Bolton (1999) 提出企业对顾客抱怨的处理与服务补救有本质区别，服务补救比顾客抱怨包含更为广泛的活动内容，其所处理的状况包括了服务失误已经发生但顾客并未提出抱怨的情境。[2]2000 年，Gronroos 也在其研究中进一步将服务补救定义为在和顾客建立关系的过程中对服务失败和服务问题的处理策略。

目前，学者们在研究时多使用服务补救这一理论，也有学者直接把顾客抱怨处理纳入了服务补救体系。

综上所述，服务补救是为了提高顾客满意度和忠诚度而采取的一种对服务失败及时、主动、有效的管理，是对整个服务系统进行改善，形成持续、能动的服务质量改进机制。它包括预应性服务补救和反应性服务补救。其中，反应性服务补救是针对服务过程中已经出现但未被顾客察觉的隐性服务失败或已被顾客觉察并提出抱怨的显性服务失败的一种即时性和主动性的反应活动；预应性服务补救则是针对可能导致服务失败的所有因素而做出的一种前瞻性和预防性的控制和改进活动。由此可见，服务补救要与服务失败同步发生，并要求服务提供者主动发现并及时弥补的一整套预案。

---

[1] TAX S S, BROWN S W. Recovering and from Learning from Service Failure [J]. Management Review, 1998, 40 (1) 75-88.

[2] SMITH A K, BOLTON R N, WAGNER J. A Model of Customer Satisfaction with Service Encounters Involving Failure and Recovery [J]. Journal of Marketing Research, 1999, 36 (8): 356-372.

从服务补救概念的演变中可以看出，服务补救的原因主要在于“服务失败在所难免”，服务补救的作用是“把抱怨的顾客变成忠诚的顾客”。

（二）服务补救对顾客的影响

Zeithaml 等人认为“对服务补救的满意可以显著增加顾客称赞公司的意愿，并显著提高他们对总体服务质量的感知。”Tax 等人研究发现，企业提供的补救措施与企业的利益回报息息相关，在金融业、零售业和自助服务业更是如此。W·厄尔·萨塞等人对关于服务补救价值进行研究，认为如果企业能够使 5%的欲转向竞争者寻求服务的顾客回心转意，公司就能提高 25%～85%的盈利能力。这说明企业通过服务补救不仅能挽回损失，而且可能提高利润。研究表明，企业填充一位流失顾客位置的成本比保留一位忠诚顾客的成本要高得多，成功的服务补救对企业赢回顾客、改进服务质量以及增强员工的工作信心都有积极的影响。

现实生活中，服务失败是难以避免的，如果不能进行服务补救，不仅会造成顾客流失，而且在潜在顾客中也会造成负面口碑。

服务补救表面上增加了企业成本，但却为顾客提供了重新评价企业服务质量的机会。企业通过实施服务补救，能使顾客满意，提高顾客的忠诚度，最终实现利润的持续增长。

1. *提高顾客满意度和忠诚度*

服务失败造成的直接结果是顾客不满意，为了消除顾客不满，企业应进行服务补救。Berry（1995）指出服务补救是顾客对企业进行评估的重要因素，因为相比于企业常规的或首次的服务，顾客对企业的服务补救管理会有更多的感性投入，当企业在其服务失败时不能采取恰当及时的补救措施时，他们对于企业的不满意要远超于失败的服务本身。因此，恰当及时的服务补救行为对于增强顾客满意，建立顾客关系，保持顾客忠诚，防止顾客流失具有非常重要的作用。Hart 等人认为“一个好的补救可以使愤怒、沮丧的顾客变为忠诚顾客”。Hart，Heskett and Sasser（1990）认为服务补救是服务提供者为了减轻或修复因服务失败对客户所造成的损害的行为，是企业用来解决客户抱怨，并从抱怨处理的角度去建立客户对企业信赖的策略。Bimer，Booms and Trtreault（1990）的研究结果显示，服务补救是客户满意的一个基石，有效解决服务失误有助于客户忠诚度的维持和提高。

有效的服务补救不仅能消除不满，而且可能导致更高的顾客满意，在顾客群体中形成更好的口碑，提高顾客忠诚度。例如，现在许多公司都开通了免费的800投诉电话，顾客可以方便地向企业告知他们的问题。这种方式也为顾客与企业的沟通提供了方便的渠道，企业可以及时地发现服务过程中存在的问题。由于服务行业的特征，服务失败是难以避免的，但及时采取的服务补救会给客户留下更深的印象。根据管理学中的“80/20法则”，即企业80%的收入来源于20%的顾客，企业挖掘一个新顾客比留住一个老顾客花费的成本要多得多。恰当、及时和准确的服务补救可以减弱客户不满情绪，并在一定程度上恢复客户满意度和忠诚度，甚至大幅度提升客户满意度和忠诚度。

2. 提高顾客的重购率

Smith等人认为“优秀的服务补救可以增加顾客满意和再次购买的意愿”。学者Gilly在1987年的研究中发现，对企业的服务补救措施满意的顾客，会比原先就满意但没有抱怨的顾客有更高的重购意愿。成功的服务补救可以增进顾客与企业的关系，提高顾客对企业的信任、承诺等。因此，建立有效的服务补救机制，可以加强顾客与服务提供者之间的关系。

因此，企业应该鼓励顾客抱怨的行为，这样也便于企业发现自己的不足，积极进行补救，让顾客满意，为自己赢得更多忠诚的顾客。

3. 改善顾客对企业的感知形象

Rossello（1997）的研究也显示，通过积极执行确认服务失败且有效执行服务补救的方案，每年老顾客的续约比率是98%。由此可知，一个好的服务补救不但可以帮助企业建立良好的声誉、顾客忠诚度、社会形象以及与其他竞争者的差异化（Kelly and Davis，1994）；更有助于服务传递过程的改善（Brown，

1997)，并以此提高顾客满意度、信赖感、顾客维持率与企业绩效等正面效益(Bitoer，Boom and Tetreault，1990；Boshoff，1997)。相反，一个执行不力的服务补救，将会增加顾客不满意的机会，甚至会对企业的商誉与利润造成更大程度的伤害（Hart，Heskett and Sasser，1990)。因此，服务补救不但对顾客维持有着决定性的影响，也是一个企业能否永续经营的关键所在。

企业及时地对服务失败进行补救，能让顾客感受到企业是站在消费者的立场来考虑问题，给顾客以企业可以为自己的行为负责任的感觉，从而改变顾客对企业的感知形象，提高企业信誉。另外，完美的服务补救会给顾客留下美好的印象，顾客会主动地向亲朋好友传播，顾客的口碑效应为企业树立了良好的社会形象，也为企业带来了许多潜在的客户。

（三）服务补救对企业自身的影响

除了对顾客的影响外，服务补救对服务企业改进质量的主动性有着潜在的影响。顾客不满意意味着企业提供的服务有问题，这些问题可能是日常程序所导致的，服务补救为企业提供了与顾客深度交流的机会，企业可以从中获取有价值的信息以便对存在问题的服务进行改进或制定新的服务、新的标准等。另外，服务失败事件不但能够使企业发现问题的原因，而且能够为企业提供其他潜在的有价值的信息，这些信息可以用来发现问题、帮助企业改进服务流程。

Brown 等人认为，服务补救的作用不仅体现在快速提升顾客眼下的满意度，更应该在改进服务交付系统和全面提升服务质量中起到重要作用。杨俊、刘英姿、陈荣秋（2002）提出了服务补救-质量提升模型（见图 9-3），认为企业应该首先建立服务补救预警系统，跟踪、识别服务失败，预测服务失败可能发生的环节。服务失败发生后，应测算服务补救发生的成本，与预期的收入相比较。这个过程也可以视情况而定，在时间不允许时，一线员工应该及时地进行服务补救。服务补救一旦进行，应尽快地解决顾客的问题，在补救的过程中让顾客满意。然后企业需要收集补救的信息，以便改进服务系统，提升服务质量。

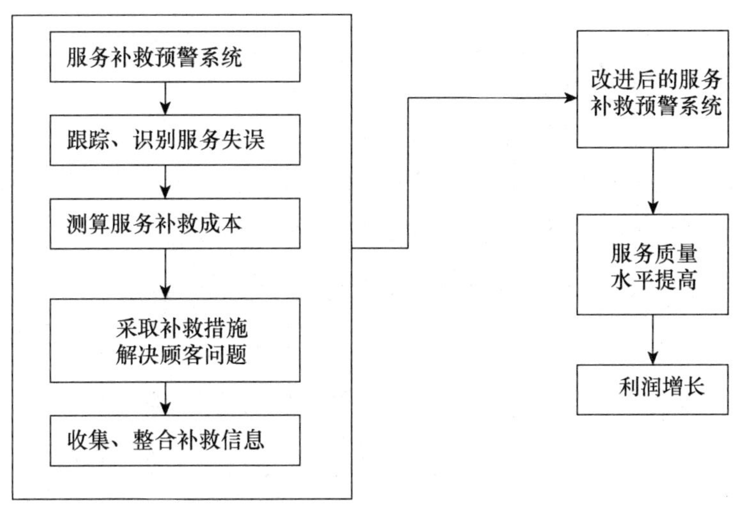

图 9-3 服务补救-质量提升模型

通过对服务补救全过程的跟踪，管理者可以发现服务过程中需要改善的问题，并及时修正服务系统中的某些环节。这不但可有效避免差错的发生，还有助于企业在更高层次上整合服务流程、提高服务质量，进而提高企业运作效率和增加企业收益。

（四）服务补救对员工的影响

满意的服务补救和企业有效的服务补救激励政策，能够增强员工对服务补救的信心，同时使他们在顾客满意中获得自豪感、成就感，使员工更愿意为顾客提供满意的服务和服务补救，进入员工满意、顾客满意的正循环；反之，失败的服务补救或缺乏服务补救激励政策，有可能导致员工士气低落或回避顾客的抱怨，甚至有意激化矛盾，最终的结果是陷入恶性循环。从顾客角度来看，如果顾客觉得公司的服务补救品质良好，会原谅员工的失误，并对其有积极的看法；反之，顾客对员工会有负面的看法，挫败员工工作的士气。另外，企业对员工的内部服务补救，可以使员工提高服务技能，更有效地解决顾客的问题。员工顺利地工作，也能够培养其对企业较高的满意感和忠诚度。

二、服务补救管理体系

服务补救是一个管理过程，其目的是重新赢得顾客因服务失败而失去的对企业的好感。服务补救管理体系包括四大模块：服务补救预应机制、服务补救启动机制、服务补救执行机制和服务补救反馈机制（见图 9-4）。

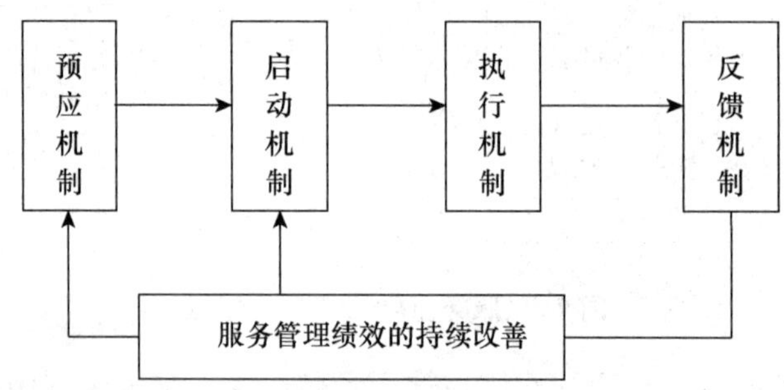

图 9-4 服务补救管理体系

资料来源：梁新弘，张金成．服务补救管理体系的战略竞争力逻辑——平衡记分卡［J］．科技管理研究，2005（11）：244-247．

（一）服务补救预应机制

Johnston（1997）首次从战略的高度来探讨服务补救工作，并将“远程预警”概念引入服务补救领域，以防止服务失败对顾客所造成的损失进一步扩大。“预应”是指在结果尚未发生之前就采取行动。服务补救应以预防为主、补救为辅，服务补救应以避免服务失败为起点。如果失误已经出现，只能是事后补救，能在第一时间把事情做好，是服务质量管理的重要原则。预应主要有两个功能：一是促使有利结果的发生，限制不利结果的发生；二是为正确、及时地采取应对措施准备条件。服务补救预应机制包括三个环节。

1．对可能发生的服务失败进行分类

服务失败不可完全避免，可能发生在服务人员与顾客接触的任何时刻。但是服务失败也不是没有规律可循，总体上来说，服务失败是由三个原因造成的：第一，企业服务系统的失败，主要表现在正常服务不可获得，服务延迟和不可接受服务；第二，服务人员的不合理行为，一是对顾客的需求偏好反应不当，二是其自身行为违反了服务标准；第三，顾客自身的原因，一些顾客没有积极参与服务过程导致服务人员和顾客之间沟通不利，由此造成服务失败。企业应找到引起服务失败的原因，以便对症下药。

2. 对各类服务失败所造成的顾客影响的性质与程度进行判断

顾客因服务失败的发生而遭受损失，既包括经济上的损失，也包括精神上的损失。服务失败造成的损失除了在性质上有所不同外，在程度上也有所不同。尽管判断服务失败造成的损失非常困难，但是企业还是应努力识别。服务失败造成的损失对不同的顾客而言也有所不同，例如，航班的延误对一些人来说仅仅是在机场多等待几小时而已，但对于有急事的乘客来说则是重大的损失。企业应尽量公正地衡量服务失败为顾客造成的真正损失，进而采取有效的预防措施。

3. 采取积极有效的预防措施

在上述两个步骤的基础上，企业可以采取积极有效的服务补救预防措施，预防服务失败的发生。服务补救预防措施包括稳健设计和内部服务补救。

稳健设计由日本著名质量工程专家田口玄一于 1978 年首先提出，它是一种面向产品质量的提高产品性能稳健性的方法。稳健设计要求预应系统在设计上能够抵抗各种不可控因素的影响，不改变服务质量特性，可以预防大量出现、稳定发生的服务失败。

由于服务过程中包含了人的因素，因此可靠的服务对服务人员的服务理念、技能、工作态度提出了更高的要求。内部服务补救的基本理念是将员工看作内部顾客，员工在提供服务之前必须在工作中得到必要的服务和愉悦。内部服务补救应坚持两个原则：一是服务失败发生时，有关部门应及时通知内部顾客，以免其措手不及造成外部顾客更大的损失；二是员工发生服务失败时，企业应设身处地为其着想，使其免受过大压力。另外，应针对可能出现的服务失误进行服务补救训练，培训员工如何避免失误，如何在失误发生时采取正确措施，如何正确处理人际关系，如何提高服务补救的应变能力等，使员工面对服务失误能迅速补救，理清思路，妥善解决，正确使用授权，提高补救效果。

（二）服务补救启动机制

尽管针对性的预防措施可以降低服务失败发生的可能性，但是服务失败依然是不可避免的。准确地发现问题是正确采取行动的必要前提，由于对服务不满的大多数顾客不会直接向企业抱怨，因此服务补救工作不能完全依赖于对顾客抱怨的收集。除了鼓励顾客抱怨以外，企业可以事先明确服务质量和服务保证的标准，鼓励员工据此积极观察和调查顾客的满意程度。

1. 鼓励顾客抱怨

面对服务失败带来的损失，顾客可能会采取多种行动，如默默离开、向企业抱怨、向亲朋好友倾诉、向消费者协会或法院投诉等。服务企业最希望得到的是顾客抱怨，用曾任英航 CEO 的马歇尔先生的话来说："我热切地相信顾客的抱怨对我们是最珍贵的机会，这既可保住顾客，防止他把业务带到别处，又可从中获悉哪些问题须改进。"服务企业应制定欢迎抱怨的政策并完善抱怨的渠道以鼓励顾客抱怨。

2. 员工观察与调查

一线员工与顾客最为接近，最容易发现服务问题及顾客的不满。因此，服务企业应通过聘用、培训、授权等环节，使一线员工具备发现顾客不满并消除不满的能力，对服务过程中出现的问题立即做出反应。人们通常都能根据他人的面部表情和身体动作判断其心理状态。

（三）服务补救执行机制

服务补救启动机制在发现服务失败后，提出了执行服务补救方案的要求。服务补救是一项全员参与的活动，任何人都要在其中找到自己的位置，发挥应有的作用，做出合理的贡献。企业的成功往往植根于优秀而独特的企业文化，企业文化是企业在长期发展过程中形成的饱含特色的资源，是能影响企业业绩的深层次资源。因此，服务企业应把服务补救的理念纳入到企业文化体系中来，倡导一种补救文化。此外，员工技能的培训也是服务补救执行中不可缺少的环节。

（四）服务补救反馈机制

1. 反馈信息的接收

服务补救反馈信息的传递由三个要素组成：信息发布人、信息传递媒介和信息接收人。服务补救信息的发布人可以是顾客、员工，还可以是其他组织与个人。顾客是服务的接受者，是服务质量高低的判断人，也是服务补救效果的鉴定人，因此顾客的意见对企业来说是至关重要的。员工可以从对顾客的服务中发现服务失败的原因，可以把这些信息及时地反映给管理人员，并可以提出一些改进的建议。当顾客遇到服务失败时，可能不会直接向企业反映，而是向亲朋好友抱怨或向一些媒体、消费者协会等投诉，企业通过这些组织和个人也可以了解到服务补救的状况。

随着信息技术的发展，信息传递的媒介已经非常丰富。信息的传递可以通过面对面的交流、企业设置的投诉信箱、免费的投诉电话和电脑网络等方式完成。

反馈信息的接收一般由前台员工或顾客投诉的接待员工来完成。员工传递的信息的最终接收者是企业内部人士或者管理人员。

2. 反馈信息的处理

反馈信息的收集人往往不是最终的使用者，因此反馈信息在传递到使用者之前需要作进一步的处理。随着信息技术的发展，一些客户管理软件的应用使得顾客反馈信息的处理也相对容易了一些。

“客户管理（CRM）系统”是当前最受青睐的客户投诉管理手段之一，它可以有效地把各个渠道传来的客户信息集中在一个数据库里。客户服务与支持的典型应用包括：（1）客户关怀；（2）订单跟踪；（3）现场服务；（4）问题及其解决方法的数据库；（5）维修行为安排和调度；（6）服务协议和合同；（7）服务请求管理。完善的CRM系统应包括“投诉处理分析模块”，及时输入投诉记录，如时间、地点、性别、年龄、事由、处理经过、处理结果、顾客满意度等指标。信息系统定期生成上述各因素的相关性分析报告或图表，通过分析报告，企业可以了解喜欢投诉的顾客类型、投诉次数较多的问题等，为改善服务质量提供向导，使“投诉”为企业带来效益。

3. 反馈信息的运用

借助顾客数据库，企业可以更方便地掌握顾客的信息，以便提供更好的服务。例如，一些星级酒店把VIP客人的个人偏好信息都记录到顾客管理系统，顾客下次光顾时就会享受到个性化的服务，酒店房间设施可能会按顾客的偏好来摆放，顾客进入酒店就感到惊喜，这可以为酒店培养大量的忠诚顾客。另外，在服务补救实施过程中，员工会积累很多的经验，通过内部员工之间的交流以及员工和管理者之间的交流，可以实现经验共享，进一步提高企业的服务水平和处理服务失败的能力。

三、服务补救策略

当服务失误已经发生时，企业应根据具体情况和失误的严重程度来采取恰当的服务补救方式。归纳总结前人研究的结果发现，服务补救的策略可以概括为响应速度、精神补偿和物质补偿三大类。

（一）服务补救速度

服务补救速度在此主要指当出现服务失败后企业的反应速度和采取补救措施的响应速度。对于一些因核心服务出现问题而引发的服务失败，顾客一般希望服务组织尽快恢复或重新启动服务。一旦出现服务失误，快速反应是现代服务企业迅速解决问题的关键。美国质量管理奖得主 Patrick Mene 指出，出现服务失误后，当场补救可能要使企业支出1美元，但第二天补救这笔费用会是10美元，以后补救则会上升到100美元，这就是“1-10-100”服务补救法则。如果在服务过程中就得到投诉信息，应立即在现场及时补救，将问题就地解决，而不能等专门的人员来处理顾客的抱怨，那将会耽误服务补救的时机，顾客会以为商家缺乏诚意而使抱怨升级，最终增大服务补救的成本。当一个组织实施紧急复原措施时，向顾客证明其对顾客的抱怨非常重视，将使顾客心理更容易得到满足。假如组织对顾客的不满反应迟钝，很有可能迫使顾客去尝试竞争对手的服务。李帆（2009）认为，对投诉进行快速反应其关键的一个要素是要对一线员工合理授权。蒙玉玲等（2012）指出，做到及时的服务补救要求企业有适合快速行动的流程和组织结构。因此，服务企业应对一线员工适当授权，并建立能够迅速解决失误问题的工作程序和专司其职的处理顾客投诉的部门。

（二）心理补救策略

心理补救策略主要包括解释服务失败的原因、道歉等精神层面的无形补偿。最常见的方式是道歉。

1. 道歉

Smith等人指出，当遭遇比较小的服务失败时，道歉便可奏效，在道歉的过程中，如果员工配合以移情，其效果最佳。当组织面对顾客的不满时，应有人向顾客道歉。企业对道歉的言行应具有发自内心的诚意，而不仅限于“抱歉”“很抱歉”“对不起”等道歉语汇的使用。道歉时还应注意身体语言的使用与配合，因为顾客经常通过观察员工的身体语言来判断道歉是发自内心的，还是迫于公司政策的不情愿行为。很多企业不愿意向顾客道歉，因为道歉意味着企业承认自己在服务上的失败。然而企业必须向员工灌输向不满的顾客道歉的思想，因为对于一些顾客损失较小的服务失败，很多顾客容易原谅企业的失误。企业的道歉会使顾客感到受尊重，从而为保持忠诚顾客打下坚实的基础。

2. 理解和同情

员工要站在顾客的角度，理解由于未满足顾客需求而对顾客造成的影响。顾客在遇到服务失误后，通常会产生焦虑和挫折感，服务企业应当对顾客精神上的伤害予以特别关注。对顾客给予理解和同情，使顾客意识到企业实际上对他的困境也相当在意，一旦顾客意识到这一点，许多愤怒便会烟消云散，为企业和顾客未来的合作提供良好的基础。

（三）物质补救策略

物质补救策略主要包括赔偿、折扣等有形补偿，通常可采取优惠券、免费服务、打折促销、赠送礼品、退款等。

（四）心理加有形补救组合

在许多研究中都指出，在顾客满意上，心理补偿加有形补偿的组合优于单独的心理补偿或有形补偿。毛广雄等（2011）认为，针对顾客的负面情绪，企业采取道歉，并辅以公平的有形经济补偿，能够有效地实现服务补救。心理加有形补救组合中最常见的方式是道歉加补偿。

在对顾客表示理解和同情后，企业应该以有形的方式对顾客补偿，如送一份小礼物、免费的点心等，使顾客得到心理上的满足。同时告知顾客，企业愿意为使顾客失望的经历负责，愿意承担服务失败的责任。

（五）事后跟踪

顾客跟踪并非可有可无，它的贡献至少体现在三个方面：一是识别未达目标的服务补救，并对其进行及时的二次补救；二是进一步挖掘顾客有价值的信息；三是对顾客施加影响，努力将其转化为愉悦、忠诚的顾客。Janis L. Miller 等学者的实证研究表明："尽管在我们的样本中仅有不到 10%的人曾碰到过'二次补救'，但这些人中 78%都对补救结果相当满意。"Robert Johnston 等学者针对银行顾客所进行的实证研究表明："调查显示，是有可能使遭遇服务失败的顾客高兴起来的。超过一半的受访者表示，他们很高兴能在事后收到服务组织的回访电话、信件或管理层的致歉信。”企业必须跟踪其补救措施的效果，看是否消除了顾客的不满、获得了顾客的谅解，从而检验补救策略的成败，并识别那些需要改善的环节。必要时，还可以采取进一步的行动，再次进行补救。跟踪有多种形式，可以根据服务的类型和服务补救的情景而定。它可以是几个小时后的电话回访，也可以是几天后的一封信或电子邮件，还可以是服务体验结束后进行的口头询问。问题的关键是要确定企业的补救努力是否得到认可，顾客对企业的反感是否已经消失。另外，跟踪也会使企业获得一次对自身补救能力进行评价的机会，并识别出内部有哪些环节需要改进。

（六）服务承诺

承诺是一种特别的补救工具。它是对于销售产品的期望质量或使用寿命的一种保证，常常伴有补偿的承诺。

有效的服务承诺有助于服务补救策略的实施（见图 9-5）。

1. 服务承诺的益处

一个好的承诺促使公司关注其顾客。要开发一个有意义的承诺，公司必须了解对其顾客来说什么是重要的——他们期待和价值。在许多情况下，承诺顾客“满意”是为了让承诺更有效地发挥作用，公司必须清楚了解对其顾客来说满意的含义是什么（如他们认为什么是有价值和被期望的）。

一个有效承诺为组织设立了清晰标准。它促使公司明确对员工的期望，并为此与他们进行沟通。承诺为员工们提供了以服务为导向的目标，它可以让员工围绕顾客策略一起行动。它使员工们确切知道当顾客抱怨时应该做什么，同时也使他们明确何为公司的重要目标。

一个好的承诺可以从顾客那里得到快速及相关的反馈，能够激发顾客抱怨。因此，较之仅仅依赖于那些少数爱讲出自己意见的顾客，好的服务承诺给公司提供更有代表性的反馈，承诺使顾客了解到他们有权利抱怨。实施承诺时一个快捷的机会补救，既可以令顾客满意也有助于维持其忠诚度。

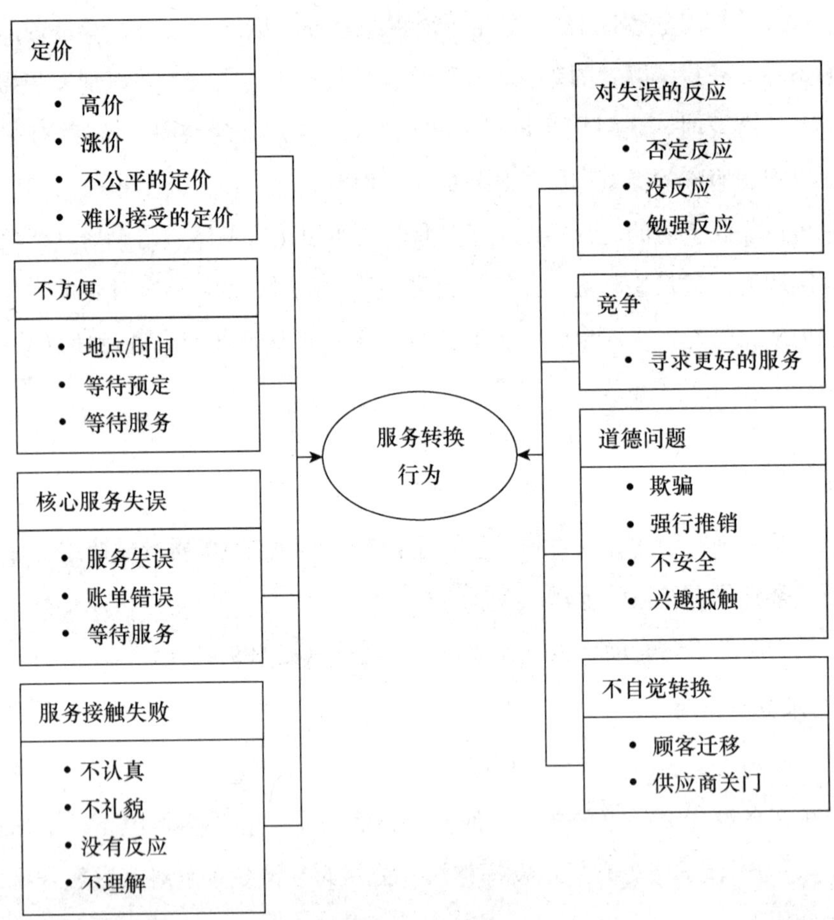

图 9-5　服务转换原因

资料来源：S KEAVENEY. Customer Switching Behavior in Service Industries: An Exploratory Study [J]. Journal of Marketing, 1995, 59 (4): 71-82.

通过承诺产生的信息可以被跟踪，并汇总在持续改善的行动中。顾客和服务运作决策之间的反馈联系可以通过承诺得到强化。

对服务承诺影响的研究表明，承诺使员工的士气和忠诚度得到加强。承诺可以使员工产生自豪感。通过承诺的反馈，服务得以改进，这既使客户受益，也使员工间接受益。

对于顾客来说，承诺降低了他们的风险感并建立了其对服务组织的信任。因为服务是无形的，并且经常具有高度个性化或个人牵涉性，顾客们希望找到可帮助其降低不确定感的信息和暗示。承诺已经显示出可用来降低风险和增加在采购前对服务的积极评估。

（1）最低限度。对公司来说，其生存和发展就是通过建立顾客的理解和忠诚，正面的口头宣传，成本随服务改进和补救费用下降而下降来获益。一个有效的承诺能影响企业的盈利能力。通过建立一种更积极的服务文化，承诺能够间接地减少员工的变动成本。

（2）一个告诫。在给出服务承诺的所有积极利益之后，也该给出一个告诫：服务承诺并不适合所有公司和每一种服务环境。

2. 服务承诺的适用性

承诺不总是适用的。在实施一项承诺前，有许多重要问题要考虑。在下述情况下，承诺就可能行不通：

（1）公司现有服务的质量低劣。在建立一项承诺时，公司应该解决所有重大质量问题。当一项承诺确实引起对这些失误和严重质量问题的注意时，完成该承诺的成本会轻易超过任何收益。这些成本包括因为严重质量问题而付给顾客的实际货币以及与顾客改善关系有关的其他成本。

（2）承诺与公司形象不符。如果公司已经因质量高而拥有很好声誉，并且实际上无形地保证着它的服务，那么形式上的承诺就没有必要了。

（3）服务质量确实无法控制。这常常被用作不使用承诺的借口，很少有质量真正失去控制的情况出现。不过，也有这种情况存在：如一个培训组织，当成绩合格更多的是依赖于学员的个人努力时，那么，承诺所有参加者在课程结束时都能通过某个特定水平的认证考试就不是一个好做法，不过，公司可以保证培训本身或培训过程中某个特定方面会令人满意。

（4）承诺的成本超过利润。对于任何质量方面的投资，公司要仔细计算相对于预期收益（顾客忠诚、质量改善、新顾客开发和口头广告）的期望成本（对失误的赔偿和进行改善的成本）。

（5）顾客在服务中感觉不到风险。当顾客对公司或其服务质量不确定时，承诺常常是最有效的。承诺可以减轻不确定性，有助于降低风险。如果顾客觉察不到风险，或者服务价格相对比较低廉并且有大量潜在的替代者，抑或是质量相对来说是不可变的，那么承诺对公司可能产生不了什么效果，还不如促销的价值大。

（6）竞争者之间在质量方面差异不大。在某些行业中，竞争者之间在质量方面可能有极大差异，在这种情况下，承诺可能非常有效，特别是对第一个提供这种承诺的公司而言。但如果竞争者之间质量差异不大，就不宜使用承诺，即便做出了承诺，其效果也不明显。

【本章小结】

服务失败是指服务未按顾客的期望进行，致使其需求得不到满足因而产生不满的情况。服务失败归因的维度可概括为归属性、稳定性和可控性。服务失败给顾客带来经济上和心理上的损失；给企业带来的影响是使企业信誉度受损、顾客流失。面对服务失败，顾客可能不采取行动，也可能产生抱怨。

顾客抱怨是由于顾客对产品和服务不满而产生的一种行为，可以分为投诉型抱怨和非投诉型抱怨两大类。顾客抱怨主要受到总体环境因素、产业竞争程度、情景因素和顾客特征的影响。顾客抱怨时有的期望得到经济上的补偿（结果公平），有的期望过程公平，有的可能是期望相互对待公平，但大多数顾客有多方面的期望。

服务补救是为了提高顾客满意度和忠诚度针对服务失败而进行的整个服务系统的改善，具有及时性和主动性的特点，对于企业成功挽回顾客、提升自身的服务质量和保持员工工作的积极性都有重要意义。服务补救管理体系包括服务补救预应机制、服务补救启动机制、服务补救执行机制和服务补救反馈机制四大模块。服务补救的具体实施策略可概括为响应速度、精神补偿和物质补偿三大类，具体包括紧急复原、道歉、理解和同情、象征性补偿、事后跟踪和服务承诺等。

【关键术语及其定义】

服务失败　是指服务未按顾客的期望进行，致使其需求得不到满足，因而产生不满的情况。

抱怨　是顾客对产品和服务不满而产生的一种行为。

服务补救　是为了提高顾客满意度和忠诚度而采取的一种对服务失败及时、主动、有效的管理，是对整个服务系统进行改善，形成持续、能动的服务质量改进机制。

反应性服务补救　是针对服务过程中已经出现但未被顾客察觉的隐性服务失败或已被顾客觉察并提出抱怨的显性服务失败的一种即时性和主动性的反应活动。

预应性服务补救　是针对可能导致服务失败的因素做出的一种前瞻性和预防性的控制和改进活动。

【讨论题】

1. 举例说明服务失败的原因。
2. 服务失败发生后对顾客及企业有什么影响?
3. 影响顾客抱怨的因素有哪些?
4. 结合实际说明顾客抱怨时的期望有哪些。
5. 企业应如何实施服务补救策略?

【互动练习】

判断下列说法是否正确：

1. 顾客抱怨就意味着存在令人不满的服务，因此，服务企业管理者最高兴的是听不到抱怨的声音。

2. 顾客对服务失败进行抱怨其目的无非是期望得到公平的结果。

3. 服务补救的意义只不过是要使顾客满意。

【案　例】

案例背景资料：航空延误——服务能否补救[1]

2015 年 4 月 2 日，由于受到雷暴天气的影响，上海两大机场都出现了航班大面积延误甚至是临时取消的情况。这不仅打乱了乘客的出行计划，也让各大航空公司迎来了应对突发状况大考。直到 4 月 3 日上午，上海浦东机场的候机大厅里依然滞留着 500 多名成都航公司跟山东航空公司的乘客，他们本该于 4 月 2 日晚上搭乘成航和山航的航班离开上海，但由于天气原因，航班出现了延误，乘客表示鉴于当时各航空公司都无法出航，他们对延误表示理解。但凌晨后，天气渐渐好转，眼看其他航空公司的飞机一架架起飞，成航与山航两家航空公司的滞留乘客询问他们的航班什么时候能够起飞，而得到的回复始终模棱两可。而且，滞留乘客当晚要求航空公司给予安排住宿，但公司对此却只字不提，一直不给滞留旅客任何回复。当滞留旅客询问自己的航班什么时候能到时，航空公司给予的回复是不知道、不清楚，航空公司方面也没有人给出任何的解决方案。乘客反映，一整晚，当问及每一个重要的问题，航空公司方面都避而不谈。航空公司不仅在乘

[1] 资料来源：东方卫视《看东方》（2015 年 4 月 4 日），http://tv.sohu.com/20150404/n410810373.shtml.

客告知方面不明确，而且其安置滞留旅客的态度也让乘客很不满意。据滞留旅客说，一整晚成航、山航两家航空公司都无人来出面解决大家的住宿问题，以至于很多难忍疲惫的旅客不得不睡在机场登机口的地板上，当乘客请机场人员提供毛毯给老人、小孩用时，机场工作人员的回复是没有。另外，滞留一整晚的旅客们每人只收到了航空公司的一盒饼干充饥。当新闻记者采访两家航空公司，向他们询问事件原因是，他们的回复是“这次事件属于特殊情况，由于天气原因，航班大面积延误，全部积压在一起，周边酒店也全部被订满，无法为乘客安排住宿”。可是假如无法为乘客安排住宿，航空公司是不是能在告知上尽到义务呢？为何连航班恢复时间也都没个准信呢？航空公司的回复是他们在上海没有基地，航班都是代理的，所以他们只有在向成都航空询问相关飞行信息后才能公布给旅客。尽管民航局规定，因天气原因导致航班延误的不在赔付之列，但山东、成都航空公司均表示愿给予滞留乘客每人补助两百元，并送至目的地。但大部分旅客对补偿标准并不认可，他们认为，由于航班延误导致的误工费、住宿费、伙食费都没有算在里面，也因此，当两家航空公司派出航班到港接客时，很多不满旅客拒绝搭乘，两架飞机只能载着少量旅客离开。

案例思考

由于天气变化的不可预知性，航班出现延误情况是较为常见的，航空公司应该如何在出现延误时对滞留乘客采取恰当的服务补救措施？

SERVICE
MANAGEMENT

第十章　服务存货管理

【学习目的与要求】

学完本章后，应当能够：

（1）了解库存理论；

（2）阐释订货模型；

（3）设计库存控制系统；

（4）运用 ABC 分类法分析库存物品；

（5）确定单周期库存模型的订货量；

（6）描述零售折扣模型的原理。

【本章概要】

本章讨论了服务业存货的特点以及库存系统的特征。在介绍了经济订货批量模型之后，介绍了订货点、订货间隔期、ABC 分析等库存控制方法。最后介绍了易腐物品的单阶段模型，以及能够帮助企业确定达到盈亏平衡的折扣价的零售折扣模型。

第一节　库存理论

尽管服务是无形的，但为了提供服务仍然需要一些有形的设施、设备和材料。因而，服务业的经营管理中少不了库存管理。库存理论包括库存在服务业中扮演的角色，各种库存系统的特性和维持库存的成本等。

一、服务业存货的特点

（一）物料的输入与输出

服务业的物料输入是为了满足消费需求而输入的。由于服务消费需求的满足具有交互性，所以服务业存货中输入的物料将在服务过程中提供给消费者，或用于为消费者服务；服务业库存输出的物品都将直接用于消费者，如果缺货，服务将不能进行，这就意味着将失去消费者。

（二）保存期

服务业存货的保存期一般都非常短，如餐厅的食物原料和成品、书刊亭的报纸和杂志。但这些库存作为投入品和产出品时的保存期限却大不相同，所以，在许多服务行业中，存货采购往往取决于保存期。

（三）输入物料的采购量

一次采购物料数量的多少，取决于物料自身的物理特点、订货提前期及小批量购货的难易程度（见表 10-1）。

表 10-1　　服务业中输入物料的采购量

采购量	举例
持续不断	煤气公司为居民生活供应的煤气
少量	油漆、食物原料以及其他可在当地方便采购的物品
大量	订货提前期长达几个月的物品

二、库存系统的特征

（一）需求类型

消费者的需求类型可分为独立需求和相关需求两大类。

1. 独立需求

来自最终消费者的对企业产品和服务的需求被称为独立需求。独立需求最明显的特征是需求的对象和数量不确定，只能通过预测方法粗略地估计。

2. 相关需求

企业内部物料转化各环节之间所发生的需求被称为相关需求。相关需求也称为非独立需求，它可以根据对最终产品的独立需求精确地计算出来。

（二）补充订货的前置时间

如果从订货到交货这段时间相对较长，则必须存储更多的货品，对于关键的重要物品尤其如此；相反，如果补充订货的前置时间服从一定的概率分布，就可以根据分布规律决定这一期间的库存量。

（三）库存限制

库存限制如存储空间的大小决定最多的存货量是多少，许多易腐烂的物品的保质期也限制了其库存量。还有一些比较复杂的限制因素，如维持库存的成本以及其他明显的成本也限制了库存量。其他的成本有人员费用、维持管理费用以及对库存资产的保险费和税费等。

（四）库存系统的相关成本

1. 订购成本

订购成本是指由于每次订货业务而发生的文件处理和验收成本。例如，邮资、电话、电报、电传、文件复印和验收、付款等方面而支出的费用（这部分与订货次数的多寡成正比，但与每次订货数量的多少无直接联系），以及采购部门的管理费、采购人员的工资和差旅费等。

2. 接货与验货成本

这项成本主要发生在货物的运输、接收和收货检验等活动中。包括运货、提货、卸货、送检、验收等所发生的费用。

3. 存储成本

这项成本主要用于维持库存活动，包括仓库使用费、物资保管费用、物资损坏编制损失、投资的机会成本等，它一般同物资库存数量和时间成正比。

4. 缺货成本

缺货成本是指因库存不能满足需求而造成的损失。如失去销售机会的损失、延期交货的额外支出、对方的损失赔偿等。当不允许缺货时，可将缺货费用作无穷大处理。

实际计算时，常用一个生产计划期（或库存周期）内的总成本或单位时间平均总成本来衡量。在确定向供应商订货的数量或者要求生产部门生产的批量时，应该尽量使总成本达到最小。

第二节　订货模型与库存控制

一、订货量模型

（一）经济订货批量模型

经济订货批量（economic order quantity，EOQ）模型最早是由 F. W. Harris 于 1915 年提出的。该模型的假设条件是：外部对库存系统的需求量已知，需求量均匀且为常量（年需求量用 D 表示，单位时间需求量以 d 表示）；一次订货量无最大最小限制；单位产品的价格是固定的，采购、运输均无价格折扣；订货提前期一致，且为常量；订货成本与订货批量无关，即订货成本固定；维持库存成本是库存量的线性函数，以平均库存为计算依据；不允许缺货；补充率为无限大，全部订货一次交付；采用固定量系统。

在以上假设条件下，库存量的变化如图 10-1 所示。系统的最大库存量为 Q，最小库存量为 0，不存在缺货。库存按固定需求量减少。当库存量降到订货点 RL 时，就按固定订货量 Q 发出订货。经过固定的订货提前期 LT，新的一批订货 Q 到达（订货刚好在库存变为 0 时到达），库存量立即达到 Q。显然，平均库存量为 $Q/2$。

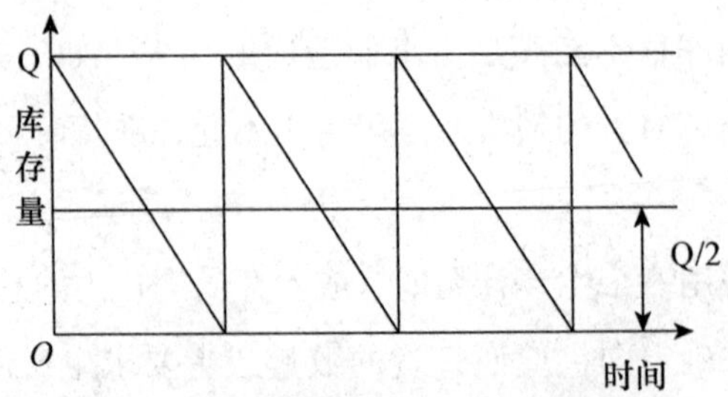

图 10-1　经济订货批量假设下的库存量变化

在 EOQ 模型的假设条件下，企业的年缺货成本为零，年采购成本与订货批量大小无关，为常量，因此，每次订购 Q 个产品的总成本是：

年总成本＝年采购成本＋年订货成本＋年存储成本

即
$$TC=DC+\frac{D}{Q}S+\frac{Q}{2}H \tag{10-1}$$

式中，TC 代表年总成本；D 代表年需求量；C 代表单位产品成本；Q 代表订货批量（最佳批量称为经济订货批量，即 EOQ）；S 代表生产准备成本或订货成本；H 代表单位产品的年平均存储成本（通常，存储成本以单位的百分率表示，如 $H=iC$，式中 i 是存储成本的百分率）。

在等式右边，DC 指产品年采购成本，$\frac{D}{Q}S$ 是年订货成本（订货次数 D/Q 乘以每次订货成本 S），$\frac{Q}{2}H$ 是年存储成本（$Q/2$ 乘以单位存储成本 H）。这些成本之间的关系如图 10-2 所示。年存储成本随订货批量 Q 增加，是 Q 的线性函数；年订购成本与 Q 的变化成反比，随 Q 增加而下降；年采购成本与订货批量无关，是一条与横坐标平行的直线。不计年采购成本，总成本 TC 曲线为年存储成本曲线与年订购成本曲线的叠加。

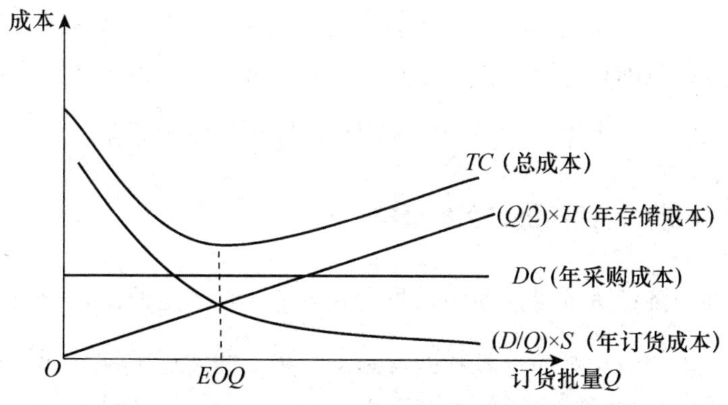

图 10-2　经济订货批量模型

建立 EOQ 模型，是要确定使总成本最小的订货批量 Q。等式右边三项的值

随 Q 的变化而变化的情况如图 10-2 所示，总成本曲线最低所对应的订货批量就是最佳订货批量，即经济订货批量（EOQ）。在图 10-2 中，总成本曲线上斜率为零的点是总成本最小的订货批量，我们将总成本函数对 Q 求导数，并设其等于零。计算结果为：

$$EOQ=\sqrt{\frac{2DS}{H}} \tag{10-2}$$

因为该模型假定需求和订货提前期固定，且没有安全库存，则再订购点 RL 为：

$$RL=d\times LT \tag{10-3}$$

式中，RL 代表再订购点；d 代表日平均需求量（常数）；LT 代表用天表示的订货提前期（常数）。

EOQ 模型是一个十分理想的抽象模型（因此也称为基本的经济订货批量模型），它对现实的库存系统作了相当的简化。在现实世界中，很少有这么简单、这么理想的情况，因为现实中需要考虑不同的订货批量来取得批量折扣，需要考虑不均衡的需求量以及不同产品之间的相互作用等。但是，EOQ 模型在库存管理中具有非常重要的作用，因为从这个模型中，可以得出对现实的复杂库存系统进行管理的重要原则和思想。正因如此，该模型这么多年以来才一直被使用，并且从这个模型中又派生出适合各种情况的具体库存模型。

（二）考虑价格折扣时的经济订货批量模型

在基本的经济订货批量模型中，我们假定了一个固定的采购价格，考虑到批量订货的价格折扣后，则需要另外的公式来确定怎样获得最佳利益。随着企业订货数量的增大，供货商一般会降低单位产品的价格。如果购货方的采购量大于供货厂商规定的折扣限量，购货方自然会欣然接受优惠的折扣；但是当欲购量小于这一限量时，购买者是否还应该增加购货量以取得这一价格优惠，是需要分析的。价格折扣对于供应厂家是有利的，因为生产批量大，则生产成本低，销售量扩大可以占领市场，获取更多利润。价格折扣对用户是否有利，要作具体分析：在价格折扣的情况下，由于每次订货量大，订货次数减少，年订货成本会降低；但订货量大会导致库存增加，从而使维持库存费增加。按价格折扣订货的优点是单价较低，年订货成本较低，较少发生缺货，装运成本较低，而且能比较有效地对付价格上涨。其缺点是库存量大，储存费用高，存货周转较慢且容易陈旧。因此，是否接受价格折扣，需要运用价格折扣模型分析决定。

当考虑价格折扣时，需要权衡减少的产品成本和增加的存储成本。当包括产品成本时，每年的库存总成本公式就变为：

年总成本＝年采购成本＋年订货成本＋年存储成本

即 $$TC=\frac{D}{Q}S+\left(\frac{Q}{2}\right)H+PD \tag{10-4}$$

式中，Q 代表订货批量；D 代表每年的需求量；S 代表每次订货的成本；P 代表每一数量下的单位产品价格。

如果提供价格折扣，那么对应于各单位价格都有一条独立的 U 形总成本曲线。不过，包括单位价格仅使各曲线增加一个常量。然而，由于单位价格互不相同，每条曲线增加的数量不尽相同。这里需要注意的是，没有一条曲线能够囊括整个数量范围，每一条曲线都只是整个范围内的一部分而已（见图 10-3）。因此，切实可行的总成本曲线总是从最高的单位价格开始，一条曲线一条曲线地以价格间断逐个递减，直到获得折扣所需的最小数量。总成本曲线以价格间断为台阶逐步递减。

应该注意的是，即使各个曲线有一最小值，那些点也未必切实可行。真正的总成本曲线均以实线表示，只有这些价格—数量组合才是真正可行的。建立价格折扣模型的目的是从整个曲线系列中识别总成本最低的订货批量。

价格折扣模型与 EOQ 模型的假设条件仅有一条不同，即允许价格折扣。由于有价格折扣时，物资的单价不再固定，因而传统的 EOQ 公式不能简单地套用。

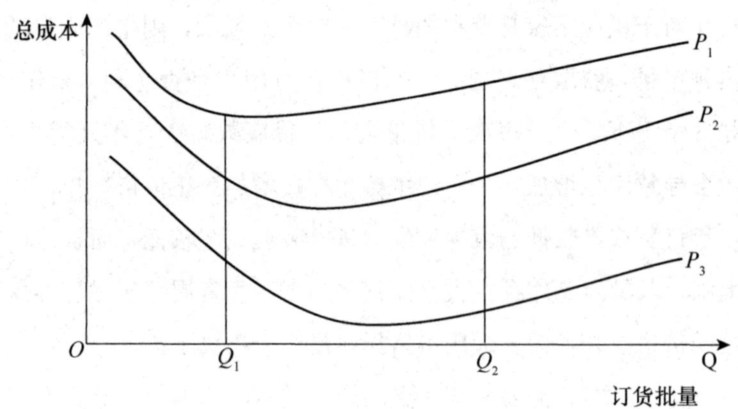

图 10-3 带价格折扣的总成本曲线

图 10-3 所示为有两个折扣点的数量折扣模型的费用，构成的总成本曲线是一条不连续的曲线。但是，不论如何变化，最经济的订货批量仍然是总成本曲线 *TC* 上最低点所对应的数量。

由于价格折扣模型的总成本曲线不连续，所以成本最低点或者是曲线斜率（即一阶导数）为零的点，或者是曲线的中断点。

计算有价格折扣的最优订货批量时，首先，计算通常的经济订货批量。然后，每个单位价格只在各自的可行范围内有一个经济订货批量，如果可行经济订货批量在最低价格范围内，即为最优订货批量；如果可行经济订货批量在其他范围内，为各最低单位价格的价格间断点计算经济订货批量总成本，其中最低总成本对应的数量（经济订货批量或价格间断点）便是最优订货批量。

（三）增加补充的经济订货批量模型

经济订货批量模型假定，每次订货的运送都很及时（即时补充）。然而，当公司既是生产者又是用户，或者送货延迟时，库存就只能随着时间的推移方能得到，而不是即时补充了。

如果使用与交货的速度相等，就不必形成库存，因为所有产出都会被立刻用掉，批量问题也就不会产生。在更典型的情况下，生产或交货的速度超过了使用速度，就会出现如图 10-4 所示的情况。生产过剩作为整个周期的一部分，只发生在生产速度大于使用速度时，而使用过剩在周期之中随时发生。在周期的生产阶段，库存增长速度等于生产速度与使用速度的差额。例如，日生产量为 20 单位，而日使用量为 5 单位，库存就会以每天 15 单位的速度增长。只要生产继续，库存水平就会持续增长；当生产停止，库存水平就开始下降。因此，库存水平在生产停止时达到最大。一旦持有库存用完，生产就要重新开始，依次类推，周而复始。

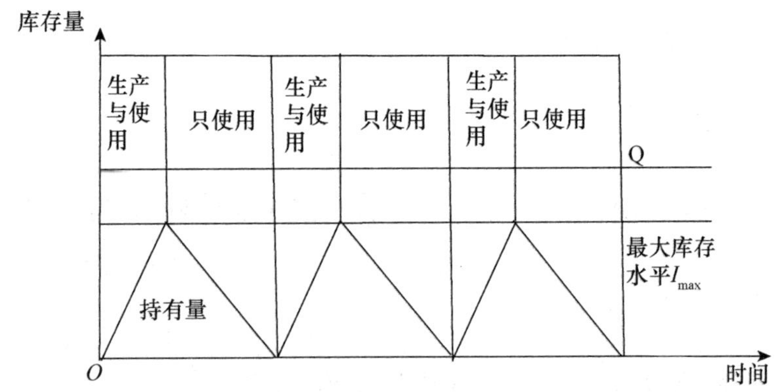

图 10-4　增加补充的经济订货批量

如果公司自行生产，就不会发生订货成本。虽然如此，但每一次生产都有生产准备成本——准备设备如清理、调整、变换工具与装置等所需的成本。生产准备成本类似于订货成本，因为二者都独立于批量（生产）规模。它们的公式表示方式相同，生产规模越大则所需生产的次数就越少，于是年生产准备成本也越低。生产次数是 D/Q，年生产准备成本等于生产次数乘以每次的准备成本，即 $(D/Q)\times S$。

年总成本公式为：

年总成本＝年产品成本＋年生产准备成本＋年存储成本

即
$$TC=DC+\frac{D}{Q}S+\frac{p-d}{p}\frac{Q}{2}H$$
$$=\frac{I_{max}}{2}H+\frac{D}{Q}S \qquad (10\text{-}5)$$

式中，p代表生产（或交货）速度；d代表使用速度（即日需求量）；I_{max}代表最大库存水平。

同样，对Q求导，并使其等于零，可得：

$$Q_0=\sqrt{\frac{2DS}{H}\frac{p}{p-d}} \tag{10-6}$$

经济生产量模型的循环时间（订货间隔时间或生产开端间隔时间）是关于生产规模与使用（需求）速度的函数：

$$循环时间=\frac{Q_0}{d} \tag{10-7}$$

类似地，生产时间（循环中的生产阶段）是关于生产规模与生产速度的函数：

$$生产时间=\frac{Q_0}{p} \tag{10-8}$$

最大库存水平I_{max}和平均库存水平$I_{average}$为：

$$I_{max}=\frac{Q_0}{p}(p-d) \tag{10-9}$$

$$I_{average}=\frac{I_{max}}{2} \tag{10-10}$$

（四）建立安全库存

经济订货批量模型回答了订多少货的问题，但还没有回答何时订货的问题。一旦库存持有数量降至某一事先确定的数量，就会发生再订货。这个数量一般包括生产提前期以及额外可能库存的期望需求，额外库存用于减少生产提前期内的缺货可能。需要注意的是，为确定再订货点，需要采用永续盘存制。

一旦需求或生产提前期发生变化，实际需求就有可能超过期望需求。因此，为减少生产提前期内耗尽库存（即缺货）的风险，持有额外库存即安全库存十分必要。于是，再订货点应该增加一个安全库存量：

$$RL=d\times LT+B \tag{10-11}$$

式中，B 代表安全库存量；其他字母的意义同前。

由于 $d\times LT$ 在很大程度上取决于顾客，所以决定 RL 时应主要考虑安全库存水平 B。

1. 安全库存

安全库存 B 的大小取决于对顾客服务水平和库存持有成本二者的折中。可以使用成本最小化模型来寻找最优的 B，但这需要估计缺货或延迟交货的成本，而实际上这不是一件容易的事情。因此管理者通常的做法是，基于判断选择一个合理的顾客服务水平，然后决定能够满足这一顾客服务水平的安全库存量。

2. 服务水平

由于持有安全库存需要支付现金成本，管理者务必仔细权衡持有安全库存的成本和遭遇缺货风险的损失。随着缺货风险的降低，客户服务水平会相应上升。订货服务水平的定义是，生产提前期内的需求不超过供给的可能性（即库存持有量足以满足需求）。因此，95%的服务水平表示，生产提前期内的需求不超过供给的可能性为95%。这里所指95%的需求满足，并不意味着能够满足95%的需求。缺货风险是服务水平的补充概念，95%的客户服务水平表示缺货风险为5%。也就是说，服务水平=100%－缺货风险。

与特定情势相应的安全库存量取决于以下因素：平均需求量与平均生产提前期；需求与生产提前期变化量；想要达到的服务水平。

对于特定的订货周期服务水平，需求量或生产提前期变动越大，则达到该服务水平所需的安全库存量也越大。同样，对应于特定需求量或生产提前期的变化量，提高服务水平需要增加安全库存。服务水平的选择也许会反映为缺货成本（如损失销售额、顾客不满等），还有可能只是一个政策变化（如管理者希望某特定细项达到某种服务水平）。

需求量或生产提前期发生变化时要用到的模型适用于生产提前期内的需求期

望与标准差均可接受的情形，其公式可以表示为：

$$RL = \text{生产提前期内期望需求} + Z\sigma_L \tag{10-12}$$

式中，Z 代表即定服务水平的标准差个数；σ_L 代表生产提前期需求的标准差。

该模型通常规定，需求量或生产提前期的任何变化都能用正态分布充分表示出来。然而，这个要求并不严格，当实际分布并非正态时该模型也能提供近似的再订货点。

式中的 Z 值（见图 10-5）取决于管理者愿意承担的缺货风险。一般情况下，管理者愿意承担的风险越小，则 Z 值越大。在生产提前期内，对给定的期望服务水平，通过查正态分布表可以得到 Z 值。

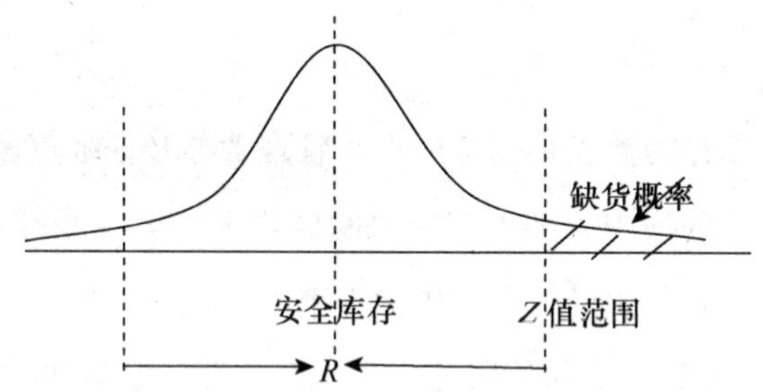

图 10-5　提前期内需求的概率分布

$Z\sigma_L$ 为安全库存。如果安全库存为正，则应当尽快再订货。在没有安全库存时，RL 的值就是提前期内的需求量。如果订货提前期内的使用量为 20 单位，安全库存量为 5 单位，则如果库存只剩 25 单位时，就应尽快再订货。安全库存量越大，则需要越快进行订货。

二、库存控制系统

（一）连续观测库存控制系统

这种系统也称为定量控制系统或订货点（recorder point，ROP）控制系统。

它的工作原理是：连续不断地监视库存余量的变化，当库存余量下降到某个预订数值时，就向供应商发出固定批量的订货请求，经过一段备运时间（即订货提前期），订货到达后补充库存。其模型如图 10-6 所示，图中 RL 点为补充库存的重新订货点（即再订货点），每次的订货量为 Q。订货提前期（lead time，LT）为：$ab=cd=ef$。

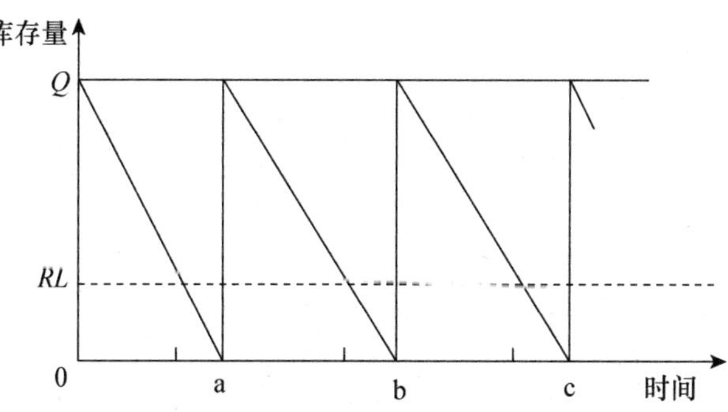

图 10-6　连续观测库存控制系统

这种库存控制的特点是根据库存项目的重要性，选择价值较大的关键零部件等作为控制对象，为其规定适当的订货批量，以此把库存量控制在一个合适的水准上，进而达到控制库存资金等目的。由于再订货点和订货批量固定了，订货时间就不可能是固定的。由于图中模型假定需求是均匀连续的，此时的订货间隔期也相等（$ac=ce$），这是一个特例。为了实现这种补充过程，需要为系统事先确定再订货点 RL 和订货量 Q。

再订货点 RL＝日需求量×订货提前期

订货批量可以根据经济订货批量模型进行确定。

这种控制方式的缺点是需要经常检查库存状态。

（二）定期观测库存控制系统

这种系统也称为定期控制系统或订货间隔期控制系统，其模型如图 10-7 所示，是一种以固定订货周期为基础的库存控制系统。在这个系统中，以固定的间

隔周期 T 提出订货。定期控制系统不存在固定的订货点，但有固定的订货周期 T。每次订货也没有固定的订货量，需要根据某种规则补充库存目标 S。目标库存量 S 与订货周期 T 是事先确定的主要参数，其中，目标库存量 S 是为库存设定的控制限额。

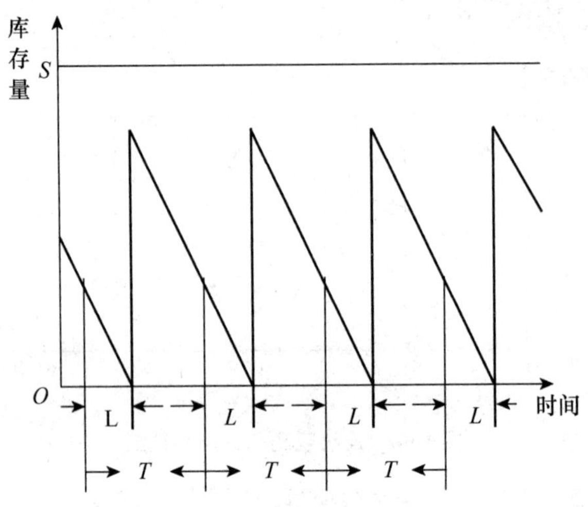

图 10-7　定期观测库存控制系统

这种控制方式可以省去许多库存检查工作，在规定订货的时候检查库存，简化了工作；缺点是如果某时期需求量突然增大，有可能发生缺货。所以，这种方式主要用于重要性较低的物资。

（三）库存控制的 ABC 分类法

当存货商品异常繁杂、价格高低悬殊、存量又多寡不一时，为了有效控制存货，就要对各类存货突出重点、区别对待，故采用 ABC 分析法较为简便易行。

ABC 分析法本是一种统计分类的方法。ABC 分类法又称巴雷托分析法，它是根据事物字技术或经济方面的主要特征，进行分类排队，分清重点和一般，从而有区别地确定管理方式的一种分析方法。由于它把被分析对象分为 A、B、C 三类，所以又称为 ABC 分析法。其基本原理是：首先把各种存货按其全年平均耗用量分别乘以它的单位成本，并根据一定金额标准划分为A、B、C三类；然后，计算各类存货所占耗用总数量、耗用总成本的比率；最后，根据具体情况对这三类存货分别采取不同的控制措施。实践证明，通常规模较大的企业，采用ABC分析法对商品材料物资存货进行控制，不仅十分方便，而且效果也异常显著。

为了对存货进行有效的控制，必须根据它们的具体情况，分清主次，抓住重点，区别对待。

对于A类（最重要）存货的控制，首先需根据前面讲的存货决策的方法，计算出每个存货项目的“经济订货批量”和“再订货点”，尽可能减少每次的订货量，适当增加全年的订货次数，使日常存量达到最优水平。其次要应用“永续盘存记录”及时登记每次订购、收入、发出和结存的数据。当实际库存达到“再订货点”时，需立即发出请购信号，通知采购部门订货。最后还要经常对存货的动态进行对比分析，严格监督，如发现问题，应及时查明原因，迅速纠正。

对于B类（重要）存货的控制，原则上也要事先为每个存货项目计算“经济订货批量”和“再订货点”，平时还要登记“永续盘存记录”，但无须经常逐项对比分析，严格监督，只要定期进行概括性的检查即可。

对于C类（不重要）存货的控制，由于它们数量多，而单价很低，因而无须逐项计算“经济订货批量”和“再订货点”，可以酌情增大每次的订货量，减少每年订货的次数。因为这类存货即使存量较大，对于保持存货的成本影响也不大。另外，对C类存货也无须采用“永续盘存记录”，可选择简易的“双货箱法”（two-bin method）或“警告线法”（red-line method）进行日常控制。前者适用于铁丝、螺丝、螺母等小件项目，即先将材料物资分装两个货箱，然后就其中之一发放，待第一箱用完，开始取用第二箱时，就提出订货申请。后者适用于液体材料，先在贮存容器外面距底部一定距离处画一条红线，当领用量达到红线时即提出订货申请。这两种方法简便易行，既能满足生产上的需要，也可实现一定的控制目的。

总之，在采用ABC分析法的情况下，对A类的全部项目和B类的大部分项目，由于它们保持存货的成本较高，故应严格按前述存货决策方法，分别确定“经济订货批量”和“再订货点”，然后加以控制。对于C类的全部项目以及B类的一小部分项目，由于它们保持存货的成本很低，可建立较高的储存量。

三、易腐物品的单阶段模型

一般来说，在黄金周、节假日到来之前，商家经常会增加库存，存储一些物品以备在黄金销售期间内大规模销售。但销售旺季过后，一些物品的价值会骤跌，如圣诞树、新鲜的糕点、时令水果和蔬菜、报纸、杂志等。对于这些物品，存储太少会丧失销售良机，存储太多则剩余的商品就会成为一种投资损失而使赢利减少。

为了确定适宜的存储量，服务企业应分析预期销售的分布。下面以报业为例进行说明，某报社的销售情况如表10-2所示。

D＝报纸的需求量；

Q＝报纸的库存量；

P＝报纸的销售价格，10美元；

C＝报纸的成本，4美元；

S＝回收后的报纸价值，2美元；

C_u＝单位销售回报，$P-C=6$美元（需求被低估时的机会成本）；

C_o＝未售出时的单位损失，$C-S=2$美元（需求被高估时的成本）；

$P(D<Q)$＝库存报纸未全部售出的概率；

$P(D\geq Q)$＝库存报纸全部售出的概率。

表 10-2 报纸销售情况统计表

D	频率	$P(D)$	Q	$P(P<Q)$
2	1	0.028	2	0.000
3	2	0.055	3	0.028
4	3	0.083	4	0.083
5	4	0.111	5	0.166
6	5	0.139	6	0.277
7	6	0.167	7	0.416
8	5	0.139	8	0.583
9	4	0.111	9	0.722
10	3	0.083	10	0.838
11	2	0.055	11	0.916
12	1	0.028	12	0.971

（一）期望值分析

为了计算方便，Q 取值在 6～10 之间（见表 10-3）。对每一种实际报纸需求与库存水平的组合，列出结算表，计算其利润贡献；代入需求概率，计算预期利润。能够产生最大预期利润的库存水平能够最好地平衡丧失销售时机的机会成本和滞存报纸的投资成本。

当 $D=2$，$Q=6$ 时，

销售价值为：$2\times10=20$（美元）

回收价值为：$(6-2)\times2=8$（美元）

总收益为：$20+8=28$（美元）

成本为：$6\times4=24$（美元）

利润为：$28-24=4$（美元）

当 $D=2$，$Q=7$ 时，滞存的报纸就会增加一份，利润就会减少 2 美元（$S-C$），以此类推。

当 $D=3$，$Q=6$ 时，报纸多卖出一份，利润就会增加 8 美元（$P-S$），以此类推。

表 10-3 报纸销售预期利润计算表

P（D）	D	Q				
		6	7	8	9	10
0.028	2	4	2	0	−2	−4
0.055	3	12	10	8	6	4
0.083	4	20	18	16	14	12
0.111	5	28	26	32	22	20
0.139	6	36	34	40	30	28
0.167	7	36	42	48	38	36
0.139	8	36	42	48	46	44
0.111	9	36	42	48	54	52
0.083	10	36	42	48	54	60
0.055	11	36	42	48	54	60
0.028	12	36	42	48	54	60
预期利润（美元）		31.54	34.43	35.77	35.99	35.33

$Q=6$ 时的预期利润：

$$0.028\times4+0.055\times12+0.083\times20+0.111\times28+0.139\times36+0.167\times36+0.139\times36+0.111\times36+0.083\times36+0.055\times36+0.028\times36$$

$$=31.54\text{（美元）}$$

同理，可得报纸其他库存量下的预期利润。比较可知，当 $Q=9$ 时，预期利润最大，为 35.99 美元。

（二）边际分析

边际分析法的思路是，不断增加报纸库存 Q，直到最后一单位的库存预期收益刚刚超出最后一笔销售的预期损失。

$$E(\text{最后一笔销售的收益})\geqslant E(\text{最后一笔销售的损失})$$

$$P(\text{收益})(\text{单位收益})\geqslant P(\text{损失})(\text{单位损失})$$

$$P(D\geqslant Q)C_u\geqslant P(D<Q)C_o$$

$$[1-P(D<Q)]C_u\geqslant P(D<Q)C_o$$

$$P(D<Q)\leqslant C_u/(C_u+C_o) \tag{10-13}$$

式中，C_u 表示报纸销售的单位贡献（低估需求时的机会成本）；C_o 表示未售出报纸的单位损失（高估需求时的成本）；D 表示需求量；Q 表示库存的报纸量。

$$P(D<Q)\leqslant 6/(6+2)=0.75$$

此时，$Q=9$，报纸需求从 2 到 8 的概率和是 0.722。

查看计算表的预期利润，报纸库存量从 6 开始逐渐加大 Q，利润逐渐增大；从 9 以后，利润以每单位 10%递减，产出预期损失 0.66 美元。

四、零售折扣模型

企业折扣销售的底线是不低于成本，所以，需要找到盈亏平衡的折扣价。

在零售业中，利润是毛利与库存流转率的函数。

S＝当前售价；

D＝折扣价；

P＝基于成本的边际利润（用小数表示的毛利百分比）；

Y＝以当前价格售完全部“瘦狗”类存货所需的平均年限（清空库存所需总年限除以 2）；

N＝库存流转次数，也就是一年中畅销商品库存的流转次数。

瘦狗类商品是指市场增长率低，相对市场占有率也低的商品。一般情况下，这类商品难以为企业创造较多的利润。为求出盈亏平衡的折扣价，可以使一件瘦狗类商品的损失等于对畅销商品库存的销售收入进行投资所获收益。

一件瘦狗类商品的损失＝来自畅销商品销售收入的收益，即

$$S-D=D(P\cdot N\cdot Y)$$

于是，折扣价为：

$$D=S/(1+P\cdot N\cdot Y) \tag{10-14}$$

［例 10-1］ 某商品在其成本上加价 40%，单位售价为 29.95 美元，但去年一

年仅售出 1 件，积压 10 件，其他销路较好的同类商品年均售量为 10 件。

S=29.95 美元

P=0.40

Y=10/2=5(年)

N=25/10=2.5

D=29.95/[1+0.40×2.5×5)]= 29.95/6=4.99(美元)

所以，该商品应以 4.99 美元的价格出售。单位产品的机会损失为 29.95－4.99=24.96（美元）。

【本章小结】

服务业的物料输入是为了满足消费需求，如果缺货，将意味着失去消费者。服务业存货的保存期一般都非常短，一次采购物料数量的多少取决于物料自身的物理特点、订货提前期及小批量购货的难易程度。如果从订货到交货这段时间相对较长，则必须存储更多的货品，反之同理。但库存受许多因素的限制，库存系统的相关成本包括订购成本、接货与验货成本、存储成本和缺货成本。

经济订货批量（EOQ）模型是一个十分理想的抽象模型，但是从中可以得出一些对现实的复杂库存系统进行管理的重要的管理原则和思想。这个模型一直被使用，并从中又派生出适合各种情况的具体库存模型。如考虑价格折扣时的库存模型、增加补充的经济订货批量模型。经济订货批量模型回答了订多少货的问题，但还没有回答何时订货的问题。一旦库存持有数量降至某一事先确定的数量，就会发生再订货，再订货点应该增加一个安全库存量。库存控制系统包括连续观测库存控制系统和定期观测库存控制系统，当存货商品异常繁杂但价格高低悬殊，存量又多寡不一时，采用 ABC 分析法较为适宜。此外，易腐物品的单阶段模型和零售折扣模型在服务业中应用也比较分泛。

【关键术语及其定义】

独立需求　来自最终消费者的对企业产品和服务的需求，最明显的特征是需求的对象和数量不确定，只能通过预测方法粗略地估计。

相关需求　企业内部物料转化各环节之间所发生的需求。

ABC 分析法　又称巴雷托分析法，是根据事物在技术或经济方面的主要特征，进行分类排队，分清重点和一般，从而有区别地确定管理方式的一种分析方法。

零售折扣模型　企业确定到盈亏平衡的折扣价的方法。

【讨论题】

1. 简述服务存货的特点。
2. 阐述库存系统的相关成本。
3. 如何运用 ABC 分类法分析库存物品?
4. 零售折扣模型的基本原理是什么?

【互动练习】

1. 假设某蛋糕房每年需要某种原料 1 800 千克，每次采购费为 2 000 元，每千克原料每月保管费为 60 元。求：(1) 经济订购批量。(2) 每年订货几次?

2. 某商场准备在 11 月份组织一批与圣诞、新年有关的商品。有一种圣诞树的进价为 50 元/只，市场可接受的价格为 80 元/只。若在一个月内卖不出去，则只能按 30 元/只卖出。按过去的记录，这种圣诞树的需求分布率如表 10-4 所示。那么，这种圣诞树进货量应该是多少?

表 10-4　　圣诞树需求分布率

需求量（只）	0	10	20	30	40	50
概率	0.05	0.15	0.20	0.25	0.20	0.15

【案　例】

案例背景资料：京东物流聚焦服装行业四大关注点[1]

服装行业具有产品品种多、批量小、周期短、季节性等特点，这些复杂的特性也反衬出服装行业中物流供应链管理的重要性。针对服装行业商家在试销期、畅销期、促销季、滞销期的不同需求，京东物流量身定制了快速响应方案。

单仓/多仓：针对商家一地备货和多地备货的不同需求，京东物流基于行业销售数据、消费者偏好、历史订单分布、季节性差异的大数据平台，结合客户体验与成本控制的平衡分析，为商家提供科学的分仓建议，并同时支持一地发全国和分仓模式下的多波次高效转运等特色服务。

灵活补货：服装行业各区域销售量差异大，拆单严重。剩余多少库存就开始补货？补多少货最经济？针对这些困扰商家的难题，京东物流提供补货建议，利用自营仓运体系支持商家各地仓之间的库存调拨需求，并提供仓间调拨的运输服务。

大促订单保障：6·18、双 11 等大型促销期间，商家单量通常为十倍增长，人员、场地、设备和现场管理都遇到瓶颈。京东物流拥有强大的弹性生产能力，专业的订单分拣设备和流程保证一单多件的发货准确率，仓配一体的运营机制和仓配联动的应急机制为大促提供发货保障。

退换货管理：针对服装商家退换货比例高，仓库签收退货后迟迟得不到反馈，客户天天催退款或换货的行业痛点，京东物流拥有完备的退仓库内操作流

[1] 资料来源：http://www.56sb.net/news/html/Market/14141.html，2015-6-25.

程，提供独立退货仓管理，收到退货后快速反馈退货情况，提供退货商品质检服务，实现快速可售化，使信息流转可视。

京东物流仓配一体的完美结合，保证联动生产、无缝连接和信息可视，创造了业界领先的订单履约时效，有效促进商家流量提升。在“互联网＋”新形势下，京东物流将继续利用大数据、供应链金融等前沿技术，提升服装行业物流供应链管理水平。

案例思考

分析京东库存管理的特点。

主要参考书目

［1］〔美〕詹姆斯·A·菲茨西蒙斯，莫娜·J·菲茨西蒙斯.服务管理——运营、战略和信息技术［M］.张金成，范秀成，等，译.北京：机械工业出版社，2003.

［2］〔美〕ROGER W SCHMENNER. 服务运作管理［M］. 刘丽文，译. 北京：清华大学出版社，2001.

［3］〔美〕森吉兹·哈克塞弗，巴里·伦德尔，罗伯塔·S·拉塞尔，罗伯特·G·默迪克. 服务经营管理学［M］. 顾宝炎，时启亮，等，译. 北京：中国人民大学出版社，2005.

［4］〔美〕威廉·J·史蒂文森. 生产与运作管理［M］. 张群，张杰，等，译. 北京：机械工业出版社，2000.

［5］〔美〕约翰·O·麦克莱恩，L·约瑟夫. 托马斯，约瑟夫·B·马佐拉. 运营管理［M］. 黄卫伟，宋远方，杨军，等，译. 北京：中国人民大学出版社，2001.

［6］南达，等. 专业服务业（哈佛商学院案例精选实务系列）［M］. 李晓光，刘晓宇，刘德元，译. 北京：中国人民大学出版社，2004.

[7] 雷蒙德·P·菲斯克，等. 互动服务营销 [M]. 张金成，等，译. 北京：机械工业出版社，2001.

[8] 克里斯托弗·H. 洛夫洛克. 服务营销 [M]. 陆雄文，庄莉，译. 北京：中国人民大学出版社，2001.

[9] 陈荣秋，马士华. 生产运作管理 [M]. 北京：机械工业出版社，2004.

[10] 刘丽文. 服务运营管理 [M]. 北京：清华大学出版社，2004.

[11] 范秀成. 服务管理学 [M]. 天津：南开大学出版社，2006.

[12] 蔺雷，吴贵生. 服务管理 [M]. 北京：清华大学出版社，2008.

[13] 王丽华. 服务管理 [M]. 北京：中国旅游出版社，2007.

[14] 宋彦军. TQM、ISO9000 与服务质量管理 [M]. 北京：机械工业出版社，2005.

[15] 韩经纶，董军. 顾客感知服务质量评价与管理 [M]. 天津：南开大学出版社，2006.

[16] 丁宁. 服务管理 [M]. 北京：清华大学出版社，北京交通大学出版社，2007.

[17] 尤建新. 顾客抱怨管理 [M]. 北京：石油工业出版社. 2003.

[18] 张淑君. 服务业就业效应研究 [M]. 北京：中国财经出版社，2007.

[19] 崔立新. 顾客感知服务质量管理研究 [D]. 天津：南开大学，2000.

[20] 申跃. 给予满意度的顾客抱怨模型研究 [D]. 北京：清华大学，2005.

[21] 范秀成，赵先德，庄贺均. 价值取向对服务业顾客抱怨倾向的影响 [J]. 南开管理评论，2002(5).

[22] 韦福祥. 对服务补救若干问题的探讨 [J]. 天津商学院学报，2002 (1).

[23] 杨俊，刘英姿，陈荣秋. 服务补救运作策略问题研究 [J]. 外国经济与管理，2002 (7).

[24] 梁新弘，张金成. 服务补救管理体系的战略竞争力逻辑——平衡记分卡 [J]. 科技管理研究，2005(11).

[25] 张汉林，张军生，刘洪敏等. 服务业承诺与开放和崛起 [M]. 北京：人民日报出版社，2002.

[26] 郑志海. 入世与服务业市场开放 [M]. 北京：中国对外经济贸易出版社，2002.

[27] 黄维兵. 现代服务经济理论与中国服务业发展 [M]. 成都：西南财经大学出版社，2003.

[28] 白仲尧. 服务经济论 [M]. 北京：东方出版社，1991.

[29] 〔美〕迈克尔·波特. 国家竞争优势 [M]. 北京：中信出版社，2012.

[30] 郭克莎. 结构优化与经济发展 [M]. 广州：广东经济出版社，2001.

[31] RIDDLE D. Service-Led Growth：the Role of the Service Sector in World Development [M]. NY：Praeger Publishers，1986.

[32] LOVELOCK C H. Classifying Services to Gain Strategic Marketing Insights [J]. Journal of Marketing，1983，47 (3).

[33] RATHMALL J M. Marketing in the Service Sector [J]. Cambridge：Winthrop Publishers Inc.，1974.

[34] FISHER A. The Clash of Progress and Security [M]. London：Mcmillian & Co. Ltd.，1935.

[35] JAMES L HESKETT. Managing in the Service Economy [M]. Boston，Harvard Business School Press，1986.

[36] JOHNSTON R. Service Operations Management：Return to Roots [J]. International Journal of Operations & Production Management，1999，19 (2).

[37] SHOSTACK G L. Breaking Free from Product Marketing [J]. Journal of Marketing，1977，41 (2).

[38] FUCHS V R. The Service Economy [M]. New York：Columbia University Press，1968.

[39] CLARK M A COLIN. The Conditions of Economic Progress [M]. London：Mcmillian & Co. Ltd.，1974.

[40] DANIEL BELL. The Coming of Post-industrial Society [M]. Heinemann Educational Books Ltd.，1974.

[41] W W ROSTOW. The Stages of Economic Growth [M]. Cambridge University Press，1960.

[42] SINGELMANN JOACHIN. From Agriculture to Services：the Transformation of Industrial Employment [M]. Beverly Hills and London：Sage Publications，1978.

[43] SINGH J. Consumer Complaint Intentions and Behavior：Definitional and Taxonomical Issues [J]. Journal of Marketing，1988，52 (1).